侵权法的哲学基础

张铁薇/著

法律出版社
LAW PRESS·CHINA
北京

图书在版编目(CIP)数据

侵权法的哲学基础 / 张铁薇著. -- 北京 : 法律出版社, 2022
ISBN 978-7-5197-6882-9

Ⅰ. ①侵… Ⅱ. ①张… Ⅲ. ①侵权行为-民法-法哲学-研究 Ⅳ. ①D913.01

中国版本图书馆 CIP 数据核字(2022)第 113147 号

侵权法的哲学基础
QINQUANFA DE ZHEXUE JICHU

张铁薇 著

策划编辑 解 锟
责任编辑 解 锟
装帧设计 贾丹丹

出版发行 法律出版社
编辑统筹 重大项目办公室
责任校对 晁明慧
责任印制 吕亚莉
经　　销 新华书店

开本 710 毫米×1000 毫米 1/16
印张 13.25 **字数** 192 千
版本 2022 年 9 月第 1 版
印次 2022 年 9 月第 1 次印刷
印刷 北京建宏印刷有限公司

地址:北京市丰台区莲花池西里 7 号(100073)
网址:www.lawpress.com.cn
投稿邮箱:info@lawpress.com.cn
举报盗版邮箱:jbwq@lawpress.com.cn

销售电话:010-83938349
客服电话:010-83938350
咨询电话:010-63939796

书号:ISBN 978-7-5197-6882-9
定价:78.00 元
凡购买本社图书,如有印装错误,我社负责退换。电话:010-83938349

国家社会科学基金一般项目“侵权法的哲学基础”(项目批准号:08BF031)成果

目录

绪论:哲学之于侵权法的重要性

侵权法与人的自由和人格尊严紧密相连,因此有学者言称:“侵权法有着一张人类的面孔,随处可见又各具特色。”“相较公司法、税法或宪法,可以说,侵权法更大程度地调整着普通人的普遍性活动并致力于解决由这些活动所制造的不幸,侵权案件最详细地记录了可触摸的、活生生的人类痛苦。”[1]侵权法与人们的生活亲密接触,因此,也可以说侵权法是社会的面孔,反映着民众的个性、思想、情感、态度和文明程度。无论是大陆法系还是英美法系,侵权法都在构筑其市民社会的生活秩序,在安全结构方面发挥着非常重要的作用。在哲学早已“取代了权威而成为法律制度的基础”[2]的今天,侵权法的论题一经展开,就会辐射到侵权法的制度层面和实践领域,而侵权法学的研究深入一步就会触及哲学的神经。当哲学成为侵权法的时代标签,哲学方法论武装的状况和水平便也成为突破侵权法理论困境的根本前提,是衡量侵权法功能迷思的深层标准,也是考察侵权法制度体系优劣的重要标志,更是破解侵权法实践难题的思想资源。

---

〔1〕 Peter H. Schuck, *Tort Law and the Public Interest: Competition, Innovation, and Consumer Welfare*, W. W. Norton & Company, New York, London, 1991, p. 21.

〔2〕 [美]罗斯科·庞德:《法理学》(第2卷),封丽霞译,法律出版社2007年版,第35页。

一、侵权法的危机：自负与贫困的双重面相

“侵权法还有未来吗？”[1]约翰·G.弗莱明的疑问代表了西方审视侵权法发展趋势的一种典型观点，被视为侵权法的危机。伴随现实社会、经济、政治及文化生活的不断发展和演进，侵权行为有了无限扩张的空间和场域，与人身及财产损害相关的违法类型呈现出复杂性和多样性，觉醒的权利及其诉求不断拷问人类的实践理性。经济和科技的高速发展无疑极大地满足了社会的需求和扩展了人类的行为能力，不可否认的是，我们的社会还必须背负由此所带来的“副产品”：风险的无限溢出和损害的大规模性。面对这样的社会现实，社会学家不断给这个社会贴上各式标签：汽车社会、资本社会、知识社会、消费社会、信息社会、老龄社会、风险社会乃至诉讼社会。于是乎，存在于侵权法领域的潜在加害人与潜在被害人旋即也被法学家烙以各色印记：强者与弱者、富人与穷人、生产者与消费者、雇主与雇员，同时，私法上的个人常常还须面对庞大的社会组织，诸如跨国公司、保险公司、工业污染者，甚至国家。这一切都将导致侵权法背后的利益衡量与价值判断趋于多元和复杂，在理论与现实紧张关系的拉扯之下，侵权法开始表现出自负与贫困的双重面向。

（一）侵权责任的扩张适用与功能不彰

现代侵权法于当代正在经历着一项重大的变革，侵权责任的适用领域已急剧扩张，侵权法将其触角伸入社会生活的每一个角落，由日常人际交往到社会活动场景，由市场交易行为到家庭伦理生活，加之网络化与全球化的助燃作用，侵权责任异军突起，自信能够担纲解决损害事故与风险的社会责任。起初，法国法利用侵权法一般条款的开放性，保持了侵权法与社会生活的链接，反倒是要法官通过实践限制过分扩张的权益概念。而在美国，由于契约法的功能缺陷，极具弹性的侵权法逐渐扩张，“产品责任与医疗事故这两个与科学和技术联系最为密切的领域发生的快速转变

---

[1] John. G. Fleming, *Is there a Future for Trot Law*?, 44 La. L. Rew(1193).

尤为真实。施加新的、扩张的保护义务和避免伤害他人的义务,从而使有资格得到法律保护的利益类型成倍增长”。[1] 美国侵权法还从抗辩事由着手,限制了“被吹嘘为有利于实现自我依靠的美德及有助于彰显个人主义”的自担风险和与有过失的免责。日本法上,侵权行为责任扩大化的倾向表现为从过失责任到无过失责任的趋向;邻人诉讼型的出现;不作为责任的扩大化;侵权行为法的契约责任化;说明义务的扩张。[2] 德国法上,通过学说与实务扩大了“权利保护”的范围,确立了危险责任及“一般的交易安全义务”。有学者把20世纪侵权法的扩张总结为以下四个方面:一是无过失责任的引入本身就丰富和扩张了传统侵权法的调整范围,使侵权法的结构更显合理;二是侵权法的团体责任进一步发展,包括法人、组织和国家都被纳入侵权损害赔偿义务主体的范围;三是侵权法所保护的权利范围越来越大,人格权、身份权和知识产权等受到侵权法更为全面和更加周密的保护;四是侵权法对合法利益的保护范围不断拓宽,使侵权法的保护对象推进到各种法律尚未确定为单独的类型化权利的利益,从而将一些期待利益也纳入侵权法的保护范围。[3] 侵权法边界的扩张在当代继续上演,由行为—权利受到损害—救济,已经模糊了合同法与侵权法、公法与私法的传统畛域,甚至侵入婚姻家庭,谋求对婚内侵权进行救济。英国法庭对丈夫抛弃妻子的离婚案件,已作出多个判令男方赔偿女方因照顾家庭、放弃工作所丧失的可能性财产收入。由于这样的法制现实,侵权法的重要性愈益凸显,其在民法体系中的地位得到了明显的提升。对此,反映到我国民法典制定中,侵权法独立成编便成为学者一致的呼声,且在民法典中实现了这一立法建言。故而,学者断言,侵权法是“现

---

〔1〕 Peter H. Schuck, *Tort Law and the Public Interst: Competition, Innovation, and Consumer Welfare*, W. W. Norton & Company, New York, London, 1991, p. 19.

〔2〕 参见林美惠:《侵权行为法上交易安全义务之研究》,台湾大学1999年博士学位论文,第4页。

〔3〕 参见程宗璋:《侵权法的危机初探》,载《中国矿业大学学报(社会科学版)》1999年第1期。

代社会最富有生命力的法律”。[1] 然而,侵权法的极度扩张也会导致社会生活与法律生活的摩擦增大。“当侵权行为法像今天这样扩张其范围,将触角伸及学校内、邻里关系间、甚至家庭生活等亲密型日常活动的时候,人便有可能产生对法律的逆反,进而否定侵权行为法的介入,反而要求遵守固有的社会和生活伦理。”此种现象被学者称为“反侵权行为法化”[2]。具有警示意义的还有美国的侵权法,在责任保险的支持下,权利保护的范围扩大和严格责任的适用扩张带来的是“侵权诉讼的爆炸”,进而引发了“责任保险的危机”并联动导致“侵权法危机”,美国至今还在探讨侵权法的改革,并出现了过错责任的回归的法制现象。也许,“责任保险正是以自身的危机来警示侵权法保持适度的责任幅度,对侵权法盲目扩张责任的势头给予及时的提醒和必要的制约”。[3]

侵权法的功能随着适用范围的不断扩张而发生裂变,表现为多元与单一、显性与隐性等变幻不定的复杂图像,学者对侵权法的功能定位至今亦未达成一致共识。有学者主张现代侵权法的社会功能应该是多方位的,只有顺应这种历史潮流,才不会哀叹侵权法走上穷途末路。[4] 有学者主张应把侵权法定位为救济法,其基本功能在于对受害人所造成的损害提供救济。[5] 但是传统的理论大多认为侵权法的基本功能为遏制和补偿。不可否认,现代侵权法出现了进一步强化补偿功能的发展趋势,而传统侵权法的遏制功能则逐渐丧失了主导地位。侵权法功能上的重心之所以发生这种位移,一方面源于现实生活中的各类事故(非故意侵权)大量涌现,造成了受者重、规模大、程度深的各式人身损害,产生了影响深远的社会问题,政治正义和社会责任的压力之下,侵权法的思考重心开始从

---

〔1〕 李响编著:《美国侵权法原理及案例研究》,中国政法大学出版社 2004 年版,第 6 页。

〔2〕 [日]棚濑孝雄:《现代日本的法和秩序》,易平译,中国政法大学出版社 2002 年版,第 56 页。

〔3〕 李兵:《论责任保险对于侵权法的影响》,中国政法大学 2004 年硕士学位论文,第 34 页。

〔4〕 参见张新宝:《中国侵权行为法》,中国社会科学出版社 1998 年版,第 13 页。

〔5〕 王利明:《我国侵权法的体系构建——以救济法为中心的思考》,载《中国法学》2008 年第 4 期。

行为转变为损害结果。侵权法的关注目光也就自然地由行为人移向受害人；另一方面，侵权法为增强补偿功能实现的力道而寻找到了有能力分散损害的“深口袋”，培植了自己的援助性制度伙伴——责任保险与社会保障，随着这种由多数人分担损害的思想渗透开来，侵权法化解了自身的压力，也使社会大众广泛“体认到这是一个福祸与共的社会”〔1〕，侵权损害赔偿呈现集体化、社会化的发展趋势。然而，事故毕竟只是侵权法调整的一种类型（包含几种原因），作为严格责任适用的领域虽然广泛但并未涵盖所有的市民生活，只要还承认过错原则为侵权法的基本归责原则，就无法否认侵权法的抑制功能。构成私法之部分的侵权法必须在宏观的法体系中思考制度功能：一方面，侵权法脱离刑法，天然带来了母体的某些基因，故意和过失的概念本身证明了为移转损失而施加责任是基于主观可责难性，尤其在被告必须用个人财富支付赔偿金的情况下，这种威慑就会立刻变得真实和切肤；另一方面，侵权法在救济事故损害的努力过程中，催生并动员了经济法和社会法的一体参与，同时寄希望于保险、金融和行政救济等社会制度的共同作用，形成了密集的社会安全网络，可以说，救济受害人并非侵权法独擅胜场。然而，近来在这种扩大救济范围的反面，明显地出现了一种阴影，这就是，人们在考虑到有可能负责任时的消极行动。例如，医生对患者进行治疗时的“畏缩现象”；新药开发的停滞；学校不再允许学生在学校进行课外活动，等等。这些现象如果从侵权行为的个人责任方面考虑，可以认为人们各自所采取的自我保护的态度是极其自然的，但如果从社会整体上看，只能认为这是现行制度的“负作用”。〔2〕事实上，侵权法的逻辑起点存在过错模式（区分故意、过失和危险）、行为模式（区分一般侵权行为和特殊侵权行为）和损害模式（区分人身损害、财产损害和纯经济损失），相应地，侵权法的功能则分别表现为以抑制、制裁和赔偿为主。此外，还有一种我们忽略讨论却又极为重要的以关系为

---

〔1〕 王泽鉴：《侵权行为法》（第1册），中国政法大学出版社2001年版，第8页。

〔2〕 渠涛：《从损害赔偿走向社会保障性救济——加藤雅信教授对侵权行为法的构想》，载梁慧星主编：《民商法论丛》第2卷，法律出版社1994年版，第309页。

基础确定的侵权责任,如监护关系、雇佣关系、医患关系、相邻关系、消费关系等,责任思考的基点转变为被告是否应该采取一定的预防措施以避免损害的发生,侵权法的性质也会因功能定位的不同而区别为行为规范、裁判规范和救济手段。还要思考侵权法对意外事故损害赔偿可能的作用,其与其他损害赔偿制度的关系:基本方式、补充方式抑或畛域分别。反观我国侵权法制现实,解释侵权法这种扩张趋势及其功能演变还有一种可能性,在于我们对受害人所拥有的同情心,由于没有发达国家的保险和保障体系,侵权法也承担了这样的功能。

如何期望侵权法所能承载的补偿受害人的功能,尤其是在这样的现实之下,国家正在努力推进社会保险和社会保障体制,以扩大其适用的范围并增加其受利的群体(真正的需要者),相信这个过程是缓慢而渐进的,由此可见,这是一个关系现在也涉及未来的问题。我们也应该始终牢记侵权法所起的作用范围是有限的,侵权法不应该是解决意外伤害的唯一机制:一方面,侵权法本身存在制度缺陷,如交易费用、诉讼成本的困扰,赔偿效果受制于行为人的个人财力,司法制度的运行障碍等,无法为所有的事故受害人提供所需要的补偿保障,这样的制度会持续地"制造出不平衡的个人正义"〔1〕。许多受害人发现进行侵权诉讼的过程使自己受到了第二次伤害,有相当大比例按照侵权法规则被授权获得赔偿的受害人从侵权制度中一无所获。产品责任、交通事故、医疗过失等现代化事故的大量发生,连带出现因果关系认定的新手段、救济要求的逐步提高等,使以裁判为中心的传统的赔偿制度的非效率性与现代社会所要求的对损害的迅速、确定的救济之间的矛盾日显突出。这也就难怪会出现绕开侵权行为法而寻求别的更为有效的制度的"脱侵权行为法化"现象。损害保险和责任保险,以及由新西兰所开创的一元化的社会保障体系制度等,都是这一背景下的产物。〔2〕 另一方面,对工业化进程中的风险和事故,更适宜

〔1〕 参见[美]史蒂芬·D. 苏格曼:《人身伤害与社会政策:制度与意识形态的几种选择》,载陈小君主编:《私法研究》第3卷,中国政法大学出版社2003年版,第164页。

〔2〕 姚辉:《侵权法危机:带入新时代的旧问题》,载《人大法律评论》2002年第4期。

预先由适当的政治实体建立相应的规则,包括对受害人进行行政补偿,建立诉讼激励机制,成立监督机构等,因为一个特定国家对其社会成员可采用的赔偿类型与标准在很大程度上取决于该社会的财富积累。如果问:侵权法与其他赔偿制度之间何者优先、救济受害人与其他公共支出何者紧迫,这是一个政治问题;如果问:社会如何寻求事故预防与事故赔偿之间的恰当平衡,这又是一个经济问题。加之人与人之间的容忍、宽容及慈善等社会问题,确定赔偿制度理性运作的条件需要回答许多相关的问题,缺此绝不可能形成深思熟虑的法律政策。

(二)侵权法解决社会问题的努力与局促

以自由经济理论和理性主义哲学为基础的《法国民法典》为自由竞争的近代社会奠定了法律基础,从而极大地促进了资本主义的发展,使自由经济社会几乎成了整个19世纪的社会理想。《法国民法典》通过契约自由和过错责任全面肯定了人们行动的自由,却丝毫没有顾及具体的个人由于在自身能力、社会地位及家庭背景等方面存在的差异而导致了自由程度的不同,人们创造财富的能力迥然有别。“智力与经济来源的不平等,尽管为人所注意,但从法律角度看,却无关紧要。”[1]因而,《法国民法典》对这种差异可能带来的社会问题重视不足,在立法时未加考虑。在德国,由于工业化的发展,使人们较早地见识了无产者与有产者的现实境遇,看到了所谓的“契约自由”的实质,以及“所有权自由”“过错责任”所带来的社会问题,自由主义的哲学观念开始动摇。1888年,民法典草案公布后,人们指责该草案缺乏社会政策,牺牲了社会经济的弱者,而起草委员们则认为“以弱者为核心形成法律秩序,是一种怪诞的思想方法……专心致力于保护弱者的法律秩序,即使能对强者有所抑制,但同时也必然会牺牲健全人和有能力者。而给予这些人以生活的基础,赋予其呼吸的空气,即契约自由,才是正义的要求”[2]。对此,学者评价道,“个人主义的

[1] [美]艾伦·沃森:《民法法系的演变及形成》,李静冰、姚新华译,中国政法大学出版社1992年版,第30页。

[2] [日]大木雅夫:《比较法》,范愉译,法律出版社1999年版,第204~205页。

经济观点和经济思想,由自由放任的个人经济力量产生出最共同的福利理论,完全的自私自利与共同繁荣兴盛间先已存在的和谐的理论已经呈现衰落。但是,新的社会经济思想,即国家义务或许在于有规律地干预各种力量的自由放任,从而保护经济上的弱者,这种思想仍然还没有深入到私法观念之中”。[1] 及至《德国民法典》制定的时代,德国社会的工业化和社会结构的变化给社会带来的不利影响已经引起人们的关注,并且在法典中有所表达。“虽然它的双足仍然立于自由市民的、罗马个人主义法律思想的土壤之上,但是,它的双手却已踌躇迟疑地、偶尔不时地向新的社会法律思想伸出。”[2]更具特色的是,考虑到社会事实的诸多变更,如贫困、危及生存和不幸损害,联邦最高法院在司法裁判中明白承认法官应承担社会性调整的功能。该法院日益扩建出一般性的、补充性的构成要件,结果除了侵权行为与不当得利,又发展出第三种非契约的利益调整原因,其目的在于强化关照他人的社会责任。美国最高法院提出工人的事故损害赔偿的权利不再是契约上的权利,而是基于身份关系,并声明雇主赔偿责任的基础不是雇主的行为或疏忽,而是受雇人和雇主之间的关系。[3] “随着不能允许的社会地位差别的日益扩大,个别化处理问题的需要也相应增长起来。不管实质正义如何定义,它只能通过具体问题具体处理的方法才能实现。”[4]为寻求缓解社会矛盾,侵权法法律秩序从19世纪抽象的平等过渡到根据个人负担能力而调整负担,而侵权法保护的重点也从个人自由和个人权利逐步转向社会一般安全和社会利益,侵权法的发展进入了可以称为“社会化法律”的阶段。进入20世纪以来,各种工业事故、交通事故、环境污染、医疗损害、产品责任、网络侵权等已成为

[1] [德]拉德布鲁赫:《法学导论》,米健、朱林译,中国大百科全书出版社1997年版,第65~66页。

[2] [德]拉德布鲁赫:《法学导论》,米健、朱林译,中国大百科全书出版社1997年版,第66页。

[3] 参见傅静坤:《二十世纪契约法》,法律出版社1997年版,第212页。

[4] [美]昂格尔:《现代社会中的法律》,吴玉章、周汉华译,译林出版社2001年版,第191页。

严重的社会问题,侵权法追踪调整这些新形势下的社会存在,反映到责任立法上出现两大目的参数:第一,以受害人为考虑的基点,加强对受害人的法律救济和社会救济,以缓和社会矛盾;第二,以“社会利益”为准则,对个人自由施加必要的国家干预,以维护社会关系平衡。[1] 现代侵权法中生长出来的企业责任、行业责任、市场份额责任及相应规则,正是通过私人之间的财富转移而努力传达着“扶贫济弱”的社会政策。时至今日,我们已经可以看到,随着侵权法社会指向和和谐指向的觉醒,多少能够通过理性思考的途径将人类作为道德源泉的宽容情怀和恻隐之心化为一种“制度的不忍”,致力于解除人的不幸、痛苦与焦虑,缓解社会的各种冲突与矛盾。这样的理性之光通过侵权法对博爱取向的“邻人关系”、安全取向的“群己关系”以及生态取向的“天人关系”的调整已经能够照耀到人们的日常生活。

事实上,侵权法在解决社会问题的同时,也会因自身制度的短视和局限性而诱发社会问题,有学者批评现代侵权法体系“在某种程度上造成了一种公共政策的困境”[2]。近代侵权法基于当时发展经济这一压倒一切的社会需求,确立了以个人主义为哲学基础的过错原则,“建立了一套鼓励人们为实现发展生产的目标去冒险的责任制度”[3]。正是这样一套有助于减少投资者的风险、促进社会财富增长的规则体系却制造了众多权利无法得到救济的无辜受害人的悲剧,工业事故导致劳资矛盾、生产者与消费者关系紧张、大规模环境损害等,经过日益积累后上升为不同群体之间的社会冲突,最后引发轰轰烈烈的劳动者运动和消费者运动,甚至触发政治危机。现代侵权法基于解决社会问题的努力而大量繁衍严格责任和无过错责任,过错责任中的过错因素也逐渐被客观化所冲淡,于是,责任

---

〔1〕 王卫国:《过错责任原则:第三次勃兴》,中国法制出版社2000年版,第83页。

〔2〕 [美]肯尼斯·S.亚伯拉罕:《责任的世纪——美国保险法和侵权法的协同》,中国社会科学出版社2019年版,第5页。

〔3〕 [美]伯纳德·施瓦茨:《美国法律史》,王军、洪德、杨静辉译,潘华仿校,中国政法大学出版社1990年版,第65页。

爆炸、保险危机、医患关系恶化便纷纷登场，造成伦理道德观念发生危机并使社会关系紧张，人与人之间丧失了弥足珍贵的信任与尊重。从中可以观察到，一方面，侵权法中正义观念与制度实践、社会生活之间存在内在的张力，侵权法作为社会的调整器已经在扮演着一个重要而又活跃的角色。侵权法既适应社会也型塑社会，像一条沿着河床流动的河流，河床决定着河流的流向同时也因流经河流的冲刷而慢慢发生改变。另一方面，侵权法在致力于解决社会问题时有很大的局限性，侵权法实现社会功能需要有责任保险作为后援，这一“沉默的说服者”提升了侵权法救济受害人的能力和效果，可以说，如果没有责任保险，作为一种补偿机制的侵权法不会良好运作。保险是侵权法分散风险的主要机制。随侵权责任扩展而发展的新型保险，有时产生于新型侵权责任创设之前，有时产生于新型侵权责任创设之后。[1] 然而，侵权诉讼与责任保险又是联动的，保险危机和责任危机已经说明了其中的逻辑。至于侵权法输出却无法在体系内加以妥当解决的社会问题，如不正当竞争、工伤事故和环境污染等，则需要与不可辩驳地具有经济政策、社会政策性因素的经济法、社会法和行政法等其他法律秩序协同调整，方能共同构成一个严密的社会安全网络。镶嵌于中国现实中的侵权法，应思考的是如何致力于有效解决社会问题而不是向社会输送更多的社会问题。不可否认，我们的侵权法体系曾在社会中生发诸多歧义，如“同命不同价”、“撞残不如撞死”、防御性医疗等，这不只是通过修辞学就能解释过关的社会生态，也许可以辩解说侵权法无法消除社会的不平等、侵权法的作用范围是有限的、赔偿标准不是侵权法固有的而是司法的现实操作需要，并随手把分配正义推给税收，寄希望于富人阶层的社会责任感。然而，这样的解释与辩解只具有逻辑上的说服力却不具有正当性的证明力。侵权法作为社会工程和社会规划的一部分，负责任的立法和司法应注重法律效果与社会效果的统一，努力缓解

---

〔1〕［美］肯尼斯·S. 亚伯拉罕：《责任的世纪——美国保险法和侵权法的协同》，中国社会科学出版社 2019 年版，第 5 页。

社会的不平等而不是制造和维持不平等，至少不平等规则的确立要考虑社会理解的能力。

（三）侵权法适用场域的拓展与混同

近代社会不同于古代社会的一个最关键特征就是政治国家与市民社会的分界，市民社会是私人独立于政治社会而从事伦理生活和物质财富创造的领域，私人在这个领域的日常生活和社会活动是以自己的意志、利益和需求为前提而由私人自治的，正是由于市民社会的繁荣发达，才促进了文化进步、科技发展和财富增长。政治与社会的二分划定了法律作为公法的政治功能和作为私法的社会功能，作为私法之部分的侵权法，其发挥作用的领域自然也是市民社会，对应市民的行为与活动方式、社会关系模式以及利益界分。市民社会是由若干个大大小小的伦理共同体构成的，个体既然是“社会人”，在社会生活中就应符合相应的伦理。及至现代社会，随着新技术的开发、利用以及社会中国家之外的、成员之间具有密切关系的团体数量的增加，狭义的市民社会领域也在不断拓展，具有复杂人性的市民在社会生活中的多种角色形成了不同的社会关系网络。首先，市民生活中的日常生活领域与经济生活领域相对分离，日常生活逐渐清晰出日常伦理生活领域和日常社会生活领域。日常伦理生活可区分为家庭伦理生活和人际交往生活，以行为和活动为基础，呈现人的伦理性存在；社会生活表现为两愿关系和互助合作关系，表征人的社会性存在；经济生活诉说人类的竞争与协作，突出人的经济性存在。这些新的社会生活事实对侵权法体系均产生了巨大的影响，侵权法必须展示其尊重人的多义性的发展方向，无论在理念方面，在法律技术方面，还是在人的对待方法方面，都要坦然承认并现实面对。其次，市民生活由现实世界拓展到虚拟世界（虚拟世界有时就是真实的人生），由劳动力市场延伸到资本市场，并呈现了全球化的趋势，致使侵权损害后果蔓延迅速、波及广众、损害巨大，侵权法面临技术性、政策性及利益关系复杂化等诸多问题的挑战，采用制度推衍的方式已无法适应现实需要。再者，随着由私人进行的“市民社会”活动的增加，作为私法基础的社会模式在当代早已被超越，长久以来，私法已被公法与社会法的新建构淹没与改造。[1] 在人的生活中，作为“公的”生活领域被扩大。有学者把这样的社会描述成了混合社会，称“我们生活在一个建立在政治与经济原则混合物基础之上的社会中。它是一个人民生活的许多方面被国家调整与人民财力的重要部分被国家花费的社会。但是，它也是一个在相当广阔的空间内人民有权将他们余下的钱花费在他们喜欢的地方并按照他们的意愿安排自己事务的社会。它是一个遵循商品与服务的价格根据供需决定以便价格反映消费者喜好的基本原则运转的社会，但是它也是一个以税收与补助将消费者喜好从完全不受国家干预影响方向上偏转的社会。它是一个存在巨大收入与财富不平等的社会，而且是不平等的实质程度似乎被许多人接受的社会，但它也是一个一些收入不平等的最极端与显著的程度通过税收与保障社会保证制度减少的社会”[2]。其所表达的不过是公法私法化和私法公法化的发展趋势，说明的是政治国家对市民社会的渗透。侵权法上的积极主义“使得法院担负起使侵权行为法现代化的任务，并使其从规范当事人间平均正义的传统机能，转为担负分配财富的使命，成为一种隐蔽的公法”[3]。从形式来看，侵权法表现为所规制的社会领域在缩小而缩小的部分被公法和社会法所置换，但实质上，这些规制私人间关系的法规范只不过是以侵权法的特别法的形式存在，与其他法律体系共同调整变化了的市民社会生活，而且，伴随新的社会现象的发生和新的私法理念的进一步渗透，这样的侵权法还会迅速增加。

有人说，“侵权法有着一张人类的面孔，既可以识别又无处不在”[4]，这一描述十分生动地表达了侵权法与人类生活的亲密关系，然而，在不同

---

〔1〕 [德]弗朗茨·维亚克尔：《近代私法史——以德意志的发展为观察重点》，陈爱娥、黄建辉译，上海三联书店 2006 年版，第 585 页。

〔2〕 [英]彼得·凯恩：《阿蒂亚论事故、赔偿及法律》，王仰光、朱呈义、陈龙业、吕杰译，中国人民大学出版社 2008 年版，第 6 页。

〔3〕 王泽鉴：《侵权行为法》（第 1 册），中国政法大学出版社 2001 年版，第 55 页。

〔4〕 Peter H. Schuck, *Tort Law and the Public Interest: Competition, Innovation, and Consumer Welfare*, W. W. Norton & Company, New York, London, 1991, p. 21.

的场域,侵权法所呈现的面孔是有差别的。如果我们混同了这些场域,就会模糊侵权法的影像,使我们无法看清侵权法的真实面孔,影响对其功能与目标的合理性和正当性判断。这样一种线性思考的模式,把侵权法发生作用的场域概况地界定为市民社会,企图从中抽象出一个观念或理念来关照整个侵权法秩序,从而忽略了生活世界的复杂性和生动性、法律价值的多元性,制造了通过法律实现规则之治的技术性难题。也许可以把线性思维模式转换为球型思考方式,厘定侵权法发生作用的不同场域,类型化不同的侵权行为,洞察其中牵涉的社会关系和利益冲突,从中审慎地抽象出适用不同场域的基本理念,并通过制度性构建实现侵权法的整个意义脉络,使侵权法体系在平衡中达致和谐。在日常伦理生活中,“法律责任的一般性基础在于可责性,而这一点是由社会现有的通行标准所决定的;我们应当永远牢记这一点,从而使这样的具体规则能够与时共进,始终与日常生活相吻合”。[1] 因此,这一领域的侵权法关系到生活在这个拥挤的社会中的人们该如何照顾自己的家人及怎样尊重邻人的安全、财产和人格,质言之,牵涉人们该怎样相处的问题,重在解决民心和生活方式的问题,而解决这一根本性问题,则必须接近和求助于伦理学。过错责任——“无过错则无责任”应是这一领域极具道德力量的侵权法表达,有助于塑造人们彼此关照、相互尊重、容忍克制的生活态度,侵权法反映的是不断变化的社会理解能力。在这方面,澳大利亚侵权法表现得比较极端,认为“即使是由于别的过失侵权,家人之间危难之中相互帮助也是合情合理的”,“从而撤销了全额赔偿原则的适用”。[2] 在日常的社会生活领域,人们之间由一些社会性活动连接起来,人与人分处不同的共同体之中,共同体成员相互之间扶贫济困、互助合作,不同共同体成员之间利益诉求相互对立又相互依存,达成两愿和依赖关系,而损害却丧失互换性

〔1〕 [美]小奥利弗·温德尔·霍姆斯:《普通法》,中国政法大学出版社2006年版,第32页。

〔2〕 [美]彼得·凯恩:《阿蒂亚论事故、赔偿及法律》,王仰光、朱呈义、陈龙业、吕杰译,中国人民大学出版社2008年版,第158~159页。

而表现为单向度。这一领域的侵权主要表现为过失,造成损害的行为人或者说责任者的行为基本上没有不法性可言,[1]因此,侵权法更应关心的是由过失行为向正常关系的回复,基于关系和谐的社会政策考量,应将当事人之间的对抗放在一个整体性图景加以考虑,在交往理性指引下确定侵权法介入的深度,重在解决民权问题。社会性活动即为社会高度需要又会生发无数损害,摆在侵权法面前的技术性难题是如何平衡事故预防与事故救济。在这方面,以宪法与侵权法的关系为视角思考秩序的内容,比例原则的适用也许是一个重要的突破。侵权法基于信赖伦理要求或社会性危险共同分摊的思想,通过客观过失及危险归责等原理,完成"有损害就有救济"的社会理想在这一领域的基本要求。在市场经济生活领域,充斥着以有利于自己的形式多样的方式追求利益、目标和理想的理性人,同时他们也会对他人的利益表示应有的尊重,市场活动表现为竞争与协作的关系,竞争政策和商业伦理同时发挥作用。这一领域的侵权多以主观恶意或不良意图为表现,损害也多为商业信誉和商业利益。因此,侵权法更多关注的是竞争的公平性和交易的诚实与信用,基于公平与效率、规制与发展的多元价值追求,从实用的维度出发确立侵权法的作用空间,重在参与解决民生问题。无论哪个适用场域,侵权法都不应放松对故意侵权行为的规制,不能免除故意侵权行为人应该承担的赔偿责任,因此,一方面有了一次性地实施了损害填补的机关可以向故意者请求已支付部分(追偿)的制度,另一方面也为侵权法发挥惩罚功能预留了空间。如果这种依据球型原理所作的界分有一定道理,那么,侵权法的道德努力就具有了明确的方向,也可避免相对主义带来的混乱和自说自话。

二、侵权法的基础面临哲学性改造

究竟什么是侵权法的制度原点,"这一被找寻的对象只能是人类,但

---

〔1〕［美］史蒂芬·R. 佩里:《结果责任、风险与侵权行为法》,载［美］格瑞尔德·J. 波斯特马:《哲学与侵权行为法》,易继明译校,北京大学出版社 2005 年版。

并非纯粹境遇上的人类,也不是纯粹本体的人类,而是作为个人的人类,也就是说,作为人类与相互间或人类与物之间之整体。所有的秩序都有一个此类的关系性质”[1]。探究侵权法的现实境遇会促成我们对侵权法理论与实践之间实质关系的深刻理解,即生存于这个世界上的人们应当如何行为及如何相互对待。然而,只要是关于人的存在的研究,无论是哪一种学科,最后都将归结为哲学性问题,哲学就是其中创造性的思想过程。正如学者所言,“法学”之学,首先,是指(哲学)学问,即对法律之根本原理的哲学追问;其次,它是指(理论)“学术”,即对法律本身的实存结构(原则、规则等)所作的理论分析(规范研究);再者,它是指(实证)科学,即按照自然科学标准对法律的结构、功能等所进行的实证研究;最后,它也可能是“技术”之学,即将法律作为一门实用的技艺加以研究。[2] 侵权法学需要哲学上广博的基础知识,否则,就会使侵权法由于先天不足而导致浅盘性格。“法学常常只是把先在哲学或政治等其他方面表现出来的观念或趋向在法的方向反映出来……各国都依靠法学家在法律上反映新的哲学和政治思想与制订法的新门类。”[3]侵权制度出现的“危机症候群”正是作为哲学基础的不同理念相互纠结、竞争和排斥而导致在法律生活中的病态反映。

(一)侵权法的哲学方法论

吕特斯在批判拉伦茨时,曾讥讽其《法学方法论》一书为“方法论上的盲目飞行指南”[4],魏德士也强调法律方法的合宪性,认为选择方法必须符合宪法和基本价值,不能在方法上盲目飞行。[5] 对于侵权法来说,无论是法学方法还是法律方法,为了避免这种盲目飞行,需要先行“搜寻

[1] [德]考夫曼:《法律哲学》,刘幸义等译,法律出版社2004年版,第404页。

[2] 参见颜厥安:《规范、论证与行动:法认识论论文集》,台北,元照出版有限公司2004年版,第5页。

[3] [法]勒内·达维德:《当代主要法律体系》,漆竹生译,上海译文出版社1984年版,第80页。

[4] 黄瑞明:《纳粹时期的拉伦茨:德国法学界的一页黑暗史》,载《台大法学论丛》第32卷第5期。

[5] 参见[德]魏德士:《法理学》,丁小春等译,法律出版社2003年版,第421页。

法律制度的哲学基础"[1]。尽管哲学很难给我们具体的指示,但它终归是一种哲学,一种如果我们真的求助,将使我们免于大错的法宝。据此,哲学对于侵权法绝不仅是一种方法,也反映出一种态度和深度。在一定意义上,哲学的功能便是替人类勾画出一些理想和方向,一些值得我们努力去实现的目标。如果说哲学对法学有极深的影响,那么其最重要之处还在于对人性、道德、社会和政治的探求和揭示。"努力保持领域自主性的观念似乎已开始成为时代的错误"[2],侵权法已经自觉地尝试了把诸如经济学、政治和道德哲学等其他学科运用于解决传统的法律问题。古罗马哲学家西塞罗在提到法律哲学时说,法学并不来自裁判官的告示或《十二铜表法》,而是"来自最深刻的哲学"奥妙[3]。侵权法理念要接近正义的内容要求,最基本的方法是展开对可能之法伦理意义的开放讨论。有担当的侵权法无疑要表达社会主流的哲学观念,掌握整体社会事实和发展趋向,并形成与时代法律精神符节相应的可靠方法论。

(二)侵权法哲学的短暂知识史

侵权法学者认为,侵权法的目标与其哲学基础相关,而如何认识侵权法的理论问题在漫长的岁月中也始终萦绕在哲学家的心头。"如果我们能理解我们是怎样到达这里的,我们就能够更好地理解我们现在身在何处。"[4]按传统的说法,侵权法的哲学解读可以追溯到几千年前亚里士多德在《尼各马科伦理学》中有关矫正正义的论述。然而,亚里士多德只不过是提供了关于法律在纠正侵权行为(不法侵害他人的行为)方面所具有的矫正功能的概观以及如何使这种矫正的功能与法律根据分配正义的普遍性原则所具有的、在其成员间分配稀缺社会资源的更广泛的功能相契合。随着时间的推移,人们开始深入领会亚里士多德矫正正义观的精

---

[1] [美]庞德:《庞德法学文述》,雷宾南、张文伯译,中国政法大学出版社 2006 年版,第 80 页。

[2] [美]波斯纳:《法理学问题》,苏力译,中国政法大学出版社 1994 年版,第 539 页。

[3] 参见沈宗灵:《现代西方法理学》,北京大学出版社 2003 年版,第 8 页。

[4] [美]约翰·V. 奥尔特:《正当法律程序简史》,商务印书馆 2006 年版,序言。

神实质,首先是阿奎那及其中世纪时期的追随者们,随后是启蒙运动时期的一些自然法学家,及至18世纪末,康德阐述了极具影响力的平等自由论,即平等自由是权利、正义和法律的道德基础,其开始成为近代侵权法理论的重要支撑。尽管康德的平等自由论为亚里士多德的矫正正义理论添加了有意义的实体内容,然而他对相关问题还只是一种概括性和抽象性的阐述,在探究更加具体的问题时,人们可能会随时代向前而迈进到英美法理学的思想宝库,在这里,霍姆斯的《普通法》会引起人们的关注,这是运用基础性的哲学名词阐释包括侵权行为法在内的普通法理论所作的现代意义上的努力。之后,庞德的"一般社会安全"理论、波斯纳的"成本—效益"分析理论、狄骥的"社会连带"理论以及罗尔斯的"社会正义"理论纷纷成了侵权法法学家笔下的哲学基础。在大陆法系国家,由于理性主义和实证主义法学在侵权法实践中出现了重重危机,学者也开始反思侵权法的哲学基础,以缓解社会现实与实定法之间的紧张关系。哲学关照侵权法的过程就是理想照进现实的努力。至此,侵权法与哲学之间沟通的桥梁持续存在并供学者在上面游走了几十年,为侵权法建成了丰富的思想宝库。

(三)我国侵权法学研究的哲学缺位

随着政治、经济、社会及文化的不断发展和演进,侵权法背后的利益衡量与价值判断趋于多元和复杂,在理论与现实紧张关系的拉扯之下,侵权法开始表现出自负与贫困的双重面向,一方面,侵权法通过不断扩展适用领域而侵入社会生活的方方面面;另一方面,却是人们极力逃避侵权法的适用而寻求损害的极端救济方式。探究侵权法的现实境遇会促成对侵权法理论与实践之间实质关系的深刻理解,即生存于这个世界上的人们应当如何行为及如何相互对待。可以说,侵权法与人的自由和人格尊严紧密相连,因而有一张"人类的面孔";侵权法与人的日常生活亲密接触,因而,侵权法是"社会的形象";侵权法反映民众的个性、思想、情感、态度和文明程度,因而具有"文化的神经"。无论是大陆法系还是英美法系,侵权法都在构筑其市民社会的生活秩序和安全结构方面发挥着非常重要的作用。

我国的私法立法马力十足,《民法典》已傲然屹立于世界法典之林,彰显着社会治理的能力和立法技术的发达。2012 年我国提出“富强、民主、文明、和谐;自由、平等、公正、法治;爱国、敬业、诚信、友善”24 字的社会主义核心价值观,此后便进入了彰显、落实社会主义核心价值观的民法典编纂之路,立法者关注的重点则是核心价值观在多大程度上可以内生于侵权法等民事规则。法典之下,侵权责任立法嘈杂的争论之声渐趋平静,侵权法的研究开始淡出理论的整理而专注于文本的解释与适用,侵权法解释的新时代已经开启:力透文本的文字表达而进入妥切适用法律规范的现实世界。如何通过侵权法规则体系在社会生活中分享作为共同体情感、伦常和美德的社会主义核心价值观,便成为侵权法实践的历史使命。对于侵权法来说,无论是法学方法还是法律方法,为了避免“方法论上的盲目飞行”,需要先行“搜寻法律制度的哲学基础”[1]。努力保持法学领域自主性的时代已经过去,侵权法早就开始了与社会科学甚至自然科学的合作。离开哲学,侵权法学只是一种无根的骄傲。哲学对于侵权法绝不仅是一种方法,也反映出一种态度和深度。对于哲学性问题,侵权法必须通过社会实践给出答案。

然而,侵权法与哲学之间的交流在我国至今却还明显保持着疏离的状态,学者通常把侵权法当作一项立法技术和裁判规则加以研究,大量的工作在于展开比较法分析及制度体系的内在合理性论证,很少有学者关注制度构建背后的哲学理念及所处社会语境。而这两项工作的实质性区别似乎可以用我们所了解的交通常识加以形象的表述:前者能够向人们呈现道路的交通系统,后者则在于告诉人们该走向何方。也许,侵权法需要的正是这种说服人们选择通向人性解放、社会发展和文化进步的“交通指示灯”。

---

〔1〕 [美]庞德:《庞德法学文述》,雷宾南、张文伯译,中国政法大学出版社 2006 年版,第 80 页。

(四)哲学基础与侵权法的未来

为了能发现适合一个民族的最好的社会规则,就需要有一个能通达人类的种种感情而自己又不受任何一种感情影响的最高的智慧。它虽与我们的天性没有任何关系,但它又深深了解我们的天性;它的幸福与我们无关,但它又十分关心我们的幸福。随着时间的推移,它着眼的是未来的光荣:在这个世纪工作,在下个世纪享受。要为人类制定法律,简直是需要神明。[1] 立法是大事,即使没有神明的启示,哲学的导引确是基础性的。侵权法一旦抛弃哲学,就会失去改变历史和社会的力量,等于没有认真思考"为什么"就直接给出了"怎么样"的回答。侵权法学的研究如果失去哲学的导向作用,我们会发现自己或者在法律的丛林中迷失了方向,或者在社会事实的乱麻中丧失了判断的能力。侵权法理论进化和制度演变也正是由于侵权法本身的哲学在起作用:哲学通过理论化身规则潜入实在法。因此,经过哲学"过滤"后所生成的理论才会促进侵权法的解释和发展。对哲学和侵权法之间联系的关注能够开启哲学进入侵权法领域以挽救其命运的多方途径,或许侵权法并不需要哲学的挽救,但哲学确实能够教会我们如何表达在侵权法中所面临的难题。思辨性的哲学论证为侵权法问题的解决提供了正确的方法论,开放性的哲学思考可以照亮侵权法学的方向,侵权法实践在哲学目光的注视下正在发生内在的变化,开始从哲学批判性的思维中受益并促成了理念的更生和理论的演变。

20 世纪末,侵权法已经反映出社会冲突与矛盾的新动向,以往以物质占有和利用关系为中心的冲突协调开始向社会权贵这一问题移动,侵权法努力想干涉制度性压制以及不平等的社会问题,希望破解影响社会团结实现的治理难题,其中包括不同的共同体或阶层之间的关系问题。当代侵权法作为努力实现社会正义的工具,其最重要的目的在于补救人格尊严的损害,促进社会平等,加强人类团结与合作。侵权法应更加致力于建构人性化的规则体系,加强社会平等与团结意在推进社会文化的发

---

〔1〕 [法]卢梭:《社会契约论》,袁浩译,北京理工大学出版社 2018 年版,第 49 ~ 50 页。

展，促成和谐的人际关系。基于社会道德对协作的诉求，侵权法的制度设计应注重人际关系的修复和信赖关系的维系。人的可诱导性能够成就侵权法的塑造力，这种塑造力具备创造未来的功能，可以将人的行为和人际关系导向美好。

引起普遍关注的侵权事件在某种程度上反映了侵权法所承载的社会功能，这类纠纷的个案解决表面上还是某种法教义学的分析路径，实质上却是在回应社会问题，深层次则是政策性考量。考夫曼的提示也许可以给我们一定的启发，“历史经验昭示，不仅古典的自然法，而且传统的法实证主义都不灵了。具有一成不变的规范体系的自然法，可能在一个结构非常简单的社会还转得开，之于一个带着极其敏感的经济体系的高度复杂社会，则可能显得不够用。另外，法实证主义虽在 19 世纪末取得了很大的立法成就，因为当时的立法者仍受浓烈的道德意识所引导，然而，在我们这个存有各种专制的时代中，此一前提不复存在，恶法不仅仅是课堂上的例子，而变成为现实，那种纯形式的法律概念已不听使唤了”[1]。侵权法作为社会工程和社会规划的一部分，负责任的立法和司法绝不应忽视侵权法在社会中的作用，也许个人责任与财富转移并不会使其沦落为社会底层，但是这样的判决显然会极大地搅扰人们的心理从而形成一种不良的社会生态。侵权法需要努力缓解社会的不平等但也不能蔓延一种道德恐慌，至少在确立不平等规则时要考虑社会理解与接受的能力。我们既不希望看到受害者躺在病床上绝望地呻吟，也不希望人与人之间形成一种对抗性的戒备和紧张关系。当侵权法最终不得不面对离散社会或者对某些无赖更有利的指责时，侵权法的“危机”就会变成“危害”。镶嵌于工业化与城市化进程中的中国社会现实之中的侵权法，既要关注现代的问题同时也要关注未来的问题：在风险中谋求安全，在和谐中促进发展。侵权法应该通过它的理论创新、立法决策和司法判断将人们的思维

---

〔1〕［德］阿图尔·考夫曼、温弗里德·哈斯默尔：《当代法哲学和法律理论导论》，郑永流译，法律出版社 2002 年版，第 119 页。

和社会的进化引至这样的方向。

三、侵权法哲学基础的思考维度

有学者在描述私法的未来时，如是说道："必须处理今日私法在人文精神、学术上的前提条件，为此必须观察近五百年来德意志私法的整体发展，并且始终关注其与整个欧洲文化的法律纠结关系。"[1]作为私法之部分的侵权法亦应自觉接受这种思想的引领。虽然侵权法很多的制度构建和分析都是建立在经验和逻辑之上，但是这样的论证最终还是会引导人们作出这样的追问和思考：什么样的理念或者称为哲学基础在支配和影响着侵权法制度的发展态势？这样的追问与思考所照亮的侵权法未来之路将呈现给我们一个怎样的理想社会？侵权法背后隐含的人性基础、社会事实基础和价值基础是侵权法丰厚的哲学资源，只有从侵权法的哲学关照中命定其当代的社会担当，侵权法伦理政策和立法技术才会更加接近正义。

（一）侵权法的哲学基础由人性奠定

法是人类社会特有的现象，它的产生与发展、制定与实施都无法脱离人的要素，这就决定了任何法的研究，如果要上升到哲学的高度，都必须从人的本性出发，这样才能探查到法的根基，并寻找到开启法律理解之门的钥匙。关于这一点，霍姆斯的论断是精辟的："法律从人类本性的需要中找到了它的哲学。"[2]

侵权法最终是对人起作用，因而需要思考采取什么方式对待人，这一切的关键还在于对人的认识，它决定了侵权法的出发点和方向。因此，实证法在逻辑上首先要预设人的形象，作为法律秩序的必要前提条件。侵权法作为一种规范性秩序，包含一种应然性——建立在人性的认识基础之上并符合人性，其预设了作为规范的承受者和受约束者的人类形象：自

---

〔1〕［德］弗朗茨·维亚克尔：《近代私法史——以德意志的发展为观察重点》，陈爱娥、黄建辉译，上海三联书店 2006 年版，第 2 页。

〔2〕［美］伯纳德·施瓦茨：《美国法律史》，中国政法大学出版社 1989 年版，第 134 页。

然人、经济人和理性人。侵权法预设的抽象平等的自然人特征暗合了形式正义的要求，与私法的自由权利和意思自治理念天然相依，为过错责任和自己责任打下了坚实的伦理基础。从法律制度来说，它不仅是一种满足人们现存期待与理想的制度图式，而且也是一种塑造人们未来欲望和抱负的远景规划。侵权法应当为人的自由保有空间，正确解决人的活动与损害补偿之间的平衡关系，为人充分发挥聪明才智和创新能力营造制度氛围。正是由于这种“追求经济利益的人”在侵权法中居于中心地位，侵权法即使意图使其对自己的行为后果负责，也不应阻碍其追求经济利益的动力。侵权法必须深刻清醒于这样的制度使命，积极克服或抑制人性中可悲的弱点，而绝不是迁就它们，否则，要么是人性将侵权法引向歧途，要么是侵权法把人性导向深渊。

当代侵权法不断遭遇现代性问题，其对人性的理解不应再是单向性的简单认识，而应呈现多维性和立体性：个体性与社会性、利己心与有限的利他心、理性与经验。人的个体性存在确证了侵权法中的自我人格——人的尊严、自由与侵权法的人权标准，人的社会性存在注定了侵权法的社会化发展趋势。侵权法制度中利己主义要素和利他主义因子均有所体现，并通过相应的规范、标准等立法技术和司法实践反映出来。侵权法所要表达的正是人性中相互矛盾的两种诉求，一方面，承认人的一己私利并予以保护，同时限定有节制的责任范围为人们追逐利益划定自由的疆界以实现个性化的幸福追求；另一方面，也要小心呵护人类稀薄的利他之心，通过各种理念的强化培植人们的性格和美德，创设好的制度环境引导和说服人们追求向“善”的幸福生活。侵权法中利他主义立法表现已清晰可见，如某些领域的高标准注意义务、“好撒玛利亚人”的国外立法实践以及我国民法典中的“好意施惠”制度。

现代侵权法对近代侵权法一路扬弃而发展到当代，其始终坚持对人性的关怀与尊重，伴随人性的历史性发展而完成了制度的启蒙。然而，为了完成预设的制度使命，侵权法在努力克服传统体系因对人性认识的单向度而导致的不良后果的过程中，呈现出价值悖反与社会生活失衡的矛盾运动态势，甚至出现“无过错的过错责任”这种异化的侵权法制度，最终反而走向了人性的背离。当侵权法的这种矛盾性格表现为外在体系无法与内在体系相合致时，当其制度规则的运行结果已经背离了人们的道德直觉和伦理期望时，侵权法便被一片危机之声淹没了。不可否认，侵权法不仅为个体的权利和利益提供保护，它还具有积极的伦理功能：完善人性，使人具有更多的美德。如果不能将侵权法作为“一套个人对待他人的行为有关的伦理原则”[1]来看待，就可能导致其背离人性从而引发伦理性危机。因此，现实生活中人的多义性与抽象掉了人的差异性的侵权法之间的矛盾应该受到足够的关注：侵权法的类型化应与人的身份和角色相关联；侵权法的物化趋势必须摒弃对人的尊严的漠视；侵权法需要关注个体的内心感受和社会的理解。

（二）侵权法规范蕴含丰富的道德元素及正义观念

侵权法是追求正义的各项努力的记录，起源于人类对伦理观念的表达，其规则充斥着大量的道德术语。伴随社会的突进和时代的变迁，侵权法的道德基础早已超越亚里士多德的矫正正义和康德的权利哲学，以理性为基础所凝练的道德共识——分配正义、共同体正义和社会正义已稳稳地高坐于侵权法的理念大堂。

实现正义素来被认为侵权法的基本制度使命。古代侵权法由最初的同态复仇到报偿正义的损害赔偿，体现了人类的修养：是人类从野蛮、盲目的狂热和复仇心向节制、自制和正义的进步。传统侵权法深受古代哲学思想的启蒙，从其产生之初便被烙上了清晰的道德印记，这样的影响至今没有消散，甚至仍然主导着侵权责任基础的理论之争。亚里士多德矫正正义观因其所蕴含的、可供发掘的丰富道德思想而成为道义论侵权责任理论的哲学基础和近代侵权法的思想渊源。阿奎那拓宽了亚里士多德矫正正义观的思考范围，为其填充了神学自然法的思想内容提供了一种更好的侵权法表述。欧洲大陆的侵权法更直接的历史根植于启蒙时期自

---

〔1〕［澳］彼得·凯恩：《侵权法解剖》，汪志刚译，北京大学出版社2010年版，第26页。

然法学家的批判研究，理性自然法学派对侵权责任的分析，直接影响了近代民法的制定，为大多数欧洲国家侵权法接下来的发展奠定了基础，并最终成就了欧洲大陆的民法典。

18 世纪康德提出了有力的平等自由概念，并视其为权利、正义与法律的道德基础后，康德的道德与法哲学已成为近现代侵权法理论的重要支柱，直至当代仍然是侵权法学家论证侵权责任本质时无尽的思想宝藏，有非常多的极具影响力的现代追随者。从哲学基础上看，侵权法中过错责任的张扬正是自由意志哲学发展的现实产物，是人的道德标准对法律不断浸润的结果。康德把法律的权威性渊源建立在伦理和道德的基础上，他的法哲学概括起来就是尊重人，因为只有承认人的道德法则的存在，才能揭示出人的自由意志的本质。“人性尊严”所包含的“把人当作目的”之人性观，以及个人承担责任、受道德义务、社会责任约束的理念，均来自康德的思想。康德的意志自由理论，以及根据意志自由理论而形成的对于人的权利与责任的法律观，奠定了近代侵权法的权利观念和责任观念。侵权法要为行为自由划出必要的界限：此界限要最大限度地满足个人自由，又要维护必要的社会秩序和社会公平。温里布在《私法的理念》中声称侵权法复杂的体系中隐含着矫正正义和康德的权利理论，他的目的在于展现这种隐含的道德秩序并使之具有可理解性。

曾经在侵权法取得精神支配力量并促成其文化自觉和实证化潮流的理性主义自然法，经历了 18 世纪末历史法学派到 19 世纪末概念法学这样一个理性主义不断张扬的理论发展过程，至 20 世纪逐渐失去了公共意识的确认，在被掏空伦理内涵后发生崩溃并导致法律危机。现代技术主义的立法造就的是脱离生活质地的法律表达，异化为与民众生活相分疏的工具理性，人们接受了法律的制度拜物教。于是，侵权法开始转向新的哲学和法律意识以寻找文化的更新和正义的替代品。实现正义素来被认为侵权法的基本制度使命，只是侵权法通过制度所表达的内容随着人类对法与正义关联的认识提升，不断会有新的元素渗透进来，侵权法的正义观在社会演进过程中不断丰富着内涵。体现分配正义观念的侵权法实体规范逐渐被整合到私法的、矫正正义的理论框架中去。当侵权法理论被要求揭开侵权实践的面纱时,承诺实现个人正义的侵权法呈现在人们面前的却是其持续制造的人与人之间不平等的社会恶果,微观的个人正义导致了宏观的社会不正义,作为私法之道德部门的侵权法变得极为空洞。20 世纪以后,侵权法学理论的研究发生了一场“哥白尼式”的革命,倾向于受害人的意识开始占据上风,人们不再从侵权行为本身而是从受害人所遭受的损失中寻找责任的基础,受害人被置于侵权法的核心地位。侵权法应关注实践“随之而来的社会后果”[1],完全忠实地遵循个人责任的规则和原则可能会以其他法律和道德价值(如对非法或者不道德的行为的威慑)为代价,而且还会以更大的社会和经济价值,例如,健康与教育为代价。新的贫穷理论认为贫穷很大程度是不公正的制度造成的,宪法将福利国家托付给法律制度,人身伤害与死亡的责任在世界范围出现了社会化的趋势,侵权法被注入政治哲学的正当分析,“抽象的个人主义正义原则向着新的正义观念转变”[2],共同体正义和社会正义观念在侵权法领域与个人正义发生融汇。

(三)社会事实赋予侵权法真实的内涵和正当性基础

侵权法的概念和理论并非由人的思维凭空塑造出来,侵权法的规范也绝不是在别人起草的文本上加盖自己的图章那么简单,无论是概念诉求还是形而上学,侵权法都是为了说明我们对世界的理解并描述世界的真实存在方式。侵权法需更多地考虑所依据的或被适用的社会事实,并通过对它的诠释进而影响社会的伦理和文化。为了通过法律达致正义,我们就必须系统地阐释当下时代的社会理想,并且努力确使法律的制定能够在实践中推进和保障这种理想。侵权法作为一种意义体系,应将不同社会事实状态下的伦理诉求传达于规则世界,同时借由制度性安排满足价值追求,进而实现形上意义与形下利益的制度性和谐。侵权法学无

---

〔1〕 [美]詹姆斯·戈德雷:《私法的基础:财产、侵权、合同和不当得利》,张家勇译,法律出版社 2007 年版,第 98 页。

〔2〕 [美]罗斯科·庞德:《普通法的精神》,夏登峻等译,法律出版社 2010 年版,第 5 页。

时不在时代思想的浸淫之中:17～18世纪的人们信赖的是理性,19世纪的人们崇尚的是进化,20世纪人们开始向往福利国家,21世纪人们渴求一种安全和谐的社会氛围。

侵权法的规则世界必然要与伦理诉求建立起联系,而沟通二者的只能是社会生活的需要。以主体性哲学为基础的近现代侵权法认同担当责任的自由,侵权法中的过错责任正是以否定的、强制的形式限制个人滥用自由的行为,其价值在于协调人们之间的意志和自由。伴随社会事实的不断更新,侵权法的规则世界出现了与生活世界某种程度的背离,主体之间不同的伦理诉求无法在这样的制度体系内求得和谐共存。基于对侵权法中主体性哲学的反思,侵权法的叙事方式开始发生变化:从人与人之间交往秩序的角度出发,呈现出主体间性的语言结构。沟通与协商的交往理性成为搭建在侵权法规范与社会事实之间的一座浮桥,伦理诉求于其上得以表达并达成相互妥协,侵权法在获得社会认同的基础上保持与外部社会的动态适应性。侵权法是关于人与人之间关系的责任体系,因此侵权责任是一个人际性的概念和实践,需要关注行为人、受害人以及更为广泛的共同体和社会等多方面的关系,表现出对平等的执着追求。主观间性所指的主体不再是自主的主体,而是作为关系性的主体,使在关系性中得到定位的人,能以自己的语言言说法律,通过主体间性的叙事方式在自我与他人之间建构侵权法的规范世界。这里所说的"关系",实际上并不是从外部强加某种特定的地位乃至角色的类型性关系,而是通过彼此间的行为积累起来的具体的关系。"沟通也许会增进对于有益信赖和互惠互利来说必不可少的信任。当你在行动之前进行沟通时,就是向对方当事人表明你关注他的利益,他对你信任程度很可能由此得到提高。"[1]在此意义上,要不辜负信赖,或是想继续保持这种关系,就不能不考虑对方,这种对相对方的照应成为侵权责任的基础。侵权法的正当化一方面系取决于健全的个人责任伦理原则的体现程度,另一方面又取决于其对

〔1〕［美］亨利·马瑟:《合同法与道德》,中国政法大学出版社2005年版,第93页。

理想的人类和社会目的的促进程度。

侵权法是各个阶层的社会成员都有着强烈情感的主题，从机动车事故到专家不当行为责任诉讼，到性骚扰以及名誉侵权，其深入社会生活之深以至于会触及文化的神经。“在美国，很少听到关于改革合同法或废除财产法的政治运动，但几乎每星期都被淹没在关于侵权法目的的故事与攻击之中，人们被侵权法新的改革主张或者彻底放弃侵权法的激进观点所包围着，侵权法甚至成为总统竞选中频繁出现的话题。”[1]随着经济的高速增长和社会的深刻变革，文化的重要性和文化元素的影响力渐趋凸显并日益受到人们的重视，侵权法不能低估自身的文化意义，文化共识可以获得侵权问题解决的社会力量。侵权法这一法律体系作为文化的反映物之所以成为公众所关注并能够成为政治性话题，其中的一个原因便是它能够充当文化态度的指示灯，表达社会大众的物质欲望和精神诉求。侵权法深刻介入社会各个阶层和各个领域的日常生活与社会生活，其实践背后往往隐藏着很高程度的文化冲突，纠纷解决的表面虽然呈现诸如过错、因果关系、举证责任等规则性探讨，而这些技术上的争论正是对于文化分歧的一种伪装，它们以“碎片化”的方式存在于侵权法思考与侵权纠纷解决的方式中。这种分歧以社会关注的形式表现出来，并深刻影响了立法与司法的态度。侵权法对于复制了各种文化分歧的相互对立的观点的选择与折中——从原则、制度到规则，现实地代表了一种寻找社会灵魂的努力。文化共识是人与人之间的社会维系力量，也是侵权法制度获得有效性的基点。法律制度可以表达文化也可以生成文化，侵权法通过各种理念的强化和规则的训诫能够塑造人们的社会品性，引导和说服人们过良善的生活。

---

〔1〕 Leslie Bender, *Tort Law's Role as Tool for Social Justice Struggle*, Washburn Law Journal, p. 106(1998).

第一章　侵权法的人性基础

休谟认为，“一切科学总是或多或少地和人性有些联系，任何科学不论似乎与人性离得多远，它们总是会通过这样或那样的途径回到人性”[1]。侵权法的哲学基础是由人性奠定的，强调一种“哲学的”人之生存方式。所谓“哲学的”人之生存方式，即根据纯粹的理性和哲学，自由地塑造自己和整个生活，包括法律生活。法是人类社会特有的现象，它的产生与发展、制定与实施都无法脱离人的要素，这就决定了任何法的研究，如果要上升到哲学的高度，都必须从人的本性出发，这样才能探查到法的根基，并寻找到开启法律理解之门的钥匙。有学者认为，自然法学之所以有如此强大的吸引力，是因为他们能够“从人类乃至于整个世界事物的本性的角度来思考法律现象，努力探索法律的客观基础或人性基础。因而就使他们能站在哲学的高度认识和把握法律现象，把法律看成是使人的行为符合人性的一种努力”[2]。“法和正义只能是源于人的自私和有限的慷慨，以及自然为人类所提供的不充足的供应。”[3]解释侵权法科学体系中的一般特征应当从人类本性中去寻找，侵权法哲学研究获得成功的唯一可能途径就在于准确把握人性，因为，只有关于人性的科学才是真正

---

〔1〕［英］休谟：《人性论》（上册），关文运译，商务印书馆1980年版，第6～8页。

〔2〕严存生：《探索法的人性基础》，载《华东政法学院学报》2005年第5期。

〔3〕［英］休谟：《人性论》（上册），关文运译，商务印书馆1980年版，第536页。

的哲学,也才是其他科学的基础。

法律与人的关系直接关系到哲学的问题,哲学作为“世界观”的理论,它面对的虽然是外部的世界,但它表达的却是对人的观点。[1] 西方的法学家大多从人的本性的角度来理解法律现象,并把法律视为从属于和服务于人性的一种存在。亦有学者以人性分析为视角确立了法的价值理论[2],可谓卓见。关于人性与法律的关系,亚里士多德曾有这样的描述,“人类本来是社会的动物,法律实在是完成这种性质的东西”[3]。西塞罗则认为,法律“非基于人的意见之上,而是基于本性上的”。正因如此,他认为要研究法现象就必须研究人的本性,“我们需要的是解释法律的本质,而这个本质需要从人的本性中去寻找”[4]。“人性”是所有伦理问题的基础,因为要判断道德体系的优劣,只能根据这种体系在怎样的程度上符合人性。[5] 耶林从罗马法源中发现了私法所蕴含的目的,其公式可以表述为“所有的法律,都是为了人的缘故而被创制”[6]。自然法学家更是深信存在一种基于人性的比现实中存在的法更高级的法,试图从人性中寻找理解一切法律现象的钥匙。他们大多以研究和论述人性作为其出发点,首先从人性中推导出自然法,然后再从中论证实在法或制定法。侵权法这一学科牵涉社会中的人们该怎样相处的问题,因而,需要从人性中寻找制度的基础,只有通过对人性、伦理和社会交往模式的研究,侵权法的理论才能跟上随时可能进入人类以前并不了解的社会现实的发展步伐。“法律制度的发展必须服务于人性的表达之发展”。[7] 侵权法正是通过

---

〔1〕 姜淑梅:《法律的人性基础》,载《山东社会科学》2008年第1期。

〔2〕 参见杨震:《法价值哲学导论》,中国社会科学出版社2004年版,第80~150页。

〔3〕 [古希腊]亚里士多德:《政治学》,吴寿彭译,商务印书馆1995年版,第8页。

〔4〕 [古罗马]西塞罗:《论共和国　论法律》,王焕生译,中国政法大学出版社1997年版,第187页。

〔5〕 王明海:《人性论》,商务出版社2006年版,第52页。

〔6〕 [德]鲁道夫·冯·耶林、奥科·贝伦茨:《法学是一门科学吗?》,法律出版社2010年版,第148页。

〔7〕 [英]韦恩·莫里森:《法理学——从古希腊到后现代》,李桂林等译,武汉大学出版社2003年版,第181页。

其理论生成和制度演进一次次地向我们展示其对人性关怀的坚持，侵权法从未停止关于人性的追问，其中除了概念，我们还应真切感受到历史、哲学和社会的启蒙。

第一节 侵权法预设的人像

人性，顾名思义，也就是人的本性，它从来都是一个难以辨明的哲学话题。舍勒在《论人的观点》一文中指出："在某种意义上，所有哲学的中心问题应追溯到人是什么这个问题。"〔1〕"人类形象"，是整个人类、人类的群体或个体在社会生活中所呈现出来的总体映像，是人类学、哲学、社会学、政治学、心理学以及法学诸学科共同探讨的课题。法是被人类所创制，也是人类必须为其负责的创造物。〔2〕 法律以人性为缘起，以人性关怀为归宿。追根究底，法律的存在，法律的演变蜕化，实乃人的生存所呈现的一种文化现象，法律之源于人、游于人、依于人，法律之以人为本，以人的社会生活为经纬，诚毋庸置疑。〔3〕 同时，"社会的制度形式影响着社会成员，并在很大程度上决定着他们想要成为的那种个人，以及他们所是的那种个人"〔4〕。因此，实证法在逻辑上首先要预设人的形象，作为法律秩序的必要前提条件。侵权法最终是对人起作用，因而需要思考采取什么方式对待人，这一切的关键还在于对人的认识，它决定了侵权法的出发点和方向。

一、抽象平等意义上的人：形式伦理中的自然人

人，尤其是作为万物之灵的自然人，是侵权法的目的所在。侵权法不

---

〔1〕 转引自［德］蓝德曼：《哲学人类学》，彭富春译，工人出版社1988年版，第55页。

〔2〕 ［德］鲁道夫·冯·耶林、奥科·贝伦茨：《法学是一门科学吗?》，法律出版社2010年版，第159页。

〔3〕 杨奕华：《法律人本主义——法理学研究诠论》，台北，汉兴书局有限公司1997年版，第24页。

〔4〕 ［美］罗尔斯：《政治自由主义》，万俊人译，江苏译林出版社2000年版，第285页。

仅要面对人是法律关系的参加者以及法律后果的承受者，而且始终要面对着一个“人应当怎样相处与怎样被对待”的问题，这就涉及关于人的哲理。作为人学的侵权法而言，理解自然人的人性就是理解侵权法的本质。

罗马法时代以及18世纪之前的社会是一个身份的社会，自然人本身并非平等主体，而是按照不同的身份来加以区分。不同身份的人对应着不同的利益和负担，因而，自然人并不具有独立平等的法律人格，人的伦理价值还没有被充分发现。但是，罗马法中确立了生物人与法律人的分立，即人的现实存在与人的法律存在相分立，而法律人纯粹是法律的构造物，这对后世民法的人像产生了深远的影响。“这种来自生物人与法律人相互分离的立法观念的影响，并不仅意味着法律人是法律在生物人之中选择适格者的结果，而且意味着生物人要成为法律上的人，必须具备‘适格’的条件。这就是说，在采取生物人与法律人相互分离的立法模式之下，符合怎样条件的生物人才可以成为法律人这个‘适格判断’问题，是一个法律技术必然要面临，也是一定要回答的问题。显然，在罗马法中，这个问题的答案，就是人的身份。”[1]在罗马法中自然人不等于法律人，奴隶不是法律上的人，是客体。由于奴隶的存在，“罗马法就不可能对人下定义，因为奴隶并不包括在人之内，奴隶等级的存在实已破坏了人的概念”[2]。因而，“并非一切人均为罗马社会的权利主体。除了是人之外，还需具备其他基本条件：是自由的，而且，就市民关系法而言，还应当是市民”[3]。因而，梅因将古代社会概括为“身份社会”是具有普遍性的。罗马法中的以家父为代表的法律人形象，可以支配的范围包括家子、妇女以及奴隶，侵权法在身份等级的基础上建构民事责任制度，并经由结果责任最终发展出了过错责任，奠定了民事侵权责任的个人责任与主观责任的

〔1〕　马俊驹等：《人与人格分离技术的形成、发展与变迁——兼论德国民法中的权利能力》，载《现代法学》2006年第4期。

〔2〕　［德］黑格尔：《法哲学原理》，范扬、张企泰译，商务印书馆1961年版，第2页。

〔3〕　［意］彼德罗·彭梵得：《罗马法教科书》，黄风译，中国政法大学出版社1992年版，第29页。

私法性格。

“真正与身份之治构成对照的，乃是一般性、平等适用的法律之治”，“如果真的是法律使我们获得了自由，那么，这里的法律只能是那种抽象且一般意义上的规则”。[1] 这样的规则之治源于近代民法对人性的伦理认识，罗马法关于人的分离模式在全新的法律意识影响之下发生了同一，生物人在《法国民法典》中不加区分地成为法律上的人，完成了实证法上的“人”由身份向伦理的转变。这样的转变是经过文艺复兴、宗教改革、科学革命以及洛克、笛卡尔的经验主义哲学的启蒙，在18世纪进入理性时代后完成的。当时法学的主题是自然法，自然法已经脱掉了神学的外衣，存在于仅基于理性的世俗空间里，在理性的基础上人人平等，一系列的人权，如自由、安全和追求幸福的权利均可从人生而平等这一理念中推导出来。这其中包含形式平等的思想，意味着每个人都是独立的，自己能够成为自己的主人。私法规则同时把个人看作抽象的，并以抽象方式对待个人，即将自然人抽离于具体社会的物质条件与精神条件状况，而以中性的、不食人间烟火的抽象人格出现，将个人作为无差别的平等主体加以对待。这种抽象平等的自然人形象不仅是可能的，而且对人类社会生活来说也是必要的。“人们必须把自己以及他人看作‘不过是任何一个人’或者‘一个不特别的人’”，“因为规则要求行为模式足够的简单以至于能够（以一种相对简短的命令）为正常人所认知”。[2] 侵权法正是以这样的人性认识设定其制度和规则，仅在责任能力方面区分了责任主体，这种形式意义上的抽象平等，完全模糊了人的差异性，并绕开了不同人的特殊处境。侵权法预设的抽象平等的自然人特征暗合了形式正义的要求，与私法的自由权利和意思自治理念天然相依，为过错责任和自己责任打下了坚实的伦理基础。然而，侵权法却也固化了现在的损害赔偿制度：物质损

---

〔1〕［英］哈耶克：《自由秩序原理》，邓正来译，生活·读书·新知三联书店1997年版，第191、193～194页。

〔2〕［美］安德鲁·奥尔特曼：《批评法学——一个自由主义的批判》，信春鹰、杨晓锋译，中国政法大学出版社2009年版，第198页。

害赔偿是以不平等对待平等——平等的人给予不平等的赔偿,精神损害的赔偿是平等地对待不平等——经历和感受各不相同的人给予平等的赔偿。

二、趋利避害意义上的人:经济伦理中的经济人

民法是以经济人为基本假设的,呈现的是趋利避害的利己心推动下进行活动的人像。经济人的概念是 19 世纪末的意大利经济学家帕累托正式提出的,但人们习惯于把经济人假设归因于亚当·斯密于 1776 年出版的《国富论》。其中他说:"由于他管理产业的方式目的在于使其生产物的价值达到最大程度,他所盘算的只是他自己的利益……他追求自己的利益,往往使他能比在真正出于本意的情况下更有效地促进社会的利益。"[1]在亚当·斯密之后,经济人假设成为古典经济学的拱心石之一。[2] 斯密的"经济人"形象的最基本要点是自利心,每个人天然地是他自己利益的判断者,如果不受干预,他的行为可以使他达到自己的目的(最大利益),追求自身利益最大化是驱策人的经济行为的根本动机,这由人的本性所决定。当然,斯密的"经济人"并非不考虑他人的利益,而这种考虑也是基于利己的需要,并认为:当每个人都能自由地选择某种方式追求自己的最大利益时,"一只无形的手"——市场和竞争,能将人们对私利的追求引导到公共利益最大化的途径上去,历史的发展与人类的进步正是在经济人相互竞争、对抗和冲突中不断发生的。据此,拉德布鲁赫认为,自然法学与古典国民经济学对人性持相同的看法,即经济人看法。以波斯纳为代表的主流法律经济学诠释了"人们都是其自身满足的理性的最大化者"这样的命题,日本学者牧野星一也认为,传统民法假定的人就

---

〔1〕 [英]亚当·斯密:《国民财富的性质和原因的研究》(下卷),郭大力、王亚南译,商务印书馆 1974 年版,第 27 页。

〔2〕 参见徐国栋:《人性论与市民法》,法律出版社 2006 年版,第 54 页。

是经济人,按星野英一的说法,传统民法假定的人则是“强有力的智者”。[1] 这样的描述为近代侵权法预设了人像,即趋利避害的经济人。

从人类本能的角度来说,人总是趋利避害的,即人的自利性(利己性)。人一旦进入社会以后,为了自己的生存与发展,就有可能会与他人产生冲突,冲突产生的根本原因在于物质与资源的有限性。柏拉图认为,人类的本性将永远倾向于贪婪与自私,逃避痛苦,追求快乐而无任何理性,人们会先考虑这些,然后才考虑到公正和善德。[2] 对于人性中的趋利避害倾向,斯宾诺莎也有很好的诠释,他认为,“人性的一条普遍规律是,凡人断为有利的,他必不会等闲视之,除非是获得更大的好处,或是出于害怕更大的祸患;人也不会忍受祸患,除非是为避免更大的祸患,或获得更大的好处。也就是说,人是会两利相权取其大,两害相权取其轻。说人权衡取其大,权衡取其轻,是有深意的,因为这不一定说判断得正确。这条规律是深入人心,应该列为永恒的真理与公理之一”。[3] 霍布斯在《利维坦》中也认为人的本性是恶的,人人都是利己主义者,进而推出自然状态是一种战争状态,人正是为了摆脱战争状态和求得和平才建立了国家和法律。哲学家们关于人性的真切思考,能够帮助我们触碰侵权法冰冷的基石,那里才是侵权制度生发时幽暗的微光。

从人性的角度来研究侵权法,不仅在于把侵权法视为实现人性的工具,还在于通过侵权法的制度设计能够克服人性中的弱点,填补人性中的漏洞。一方面,法律反映事物的规律,那么当然要顺应事物的本性。法律以人为目的,而“人性的首要法则是维护自身的生存,人性的首要关怀,是对于其自身所应有的关怀”[4]。古希腊晚期自然法学的主要代表斯多葛派哲学家在谈到善的时候就说:“因为我们个人的本性都是普遍本性的一

---

[1] [日]星野英一:《私法中的人》,王闯译,载梁慧星主编:《民商法论丛》第8卷,法律出版社1997年版,第170页。

[2] 参见章礼强:《民法本位的人性基础论析》,载《学术探索》2006年第2期。

[3] 法学教材编辑部、《西方法律思想史》编写组编:《西方法律思想史资料选编》,北京大学出版社1983年版,第168页。

[4] [法]卢梭:《社会契约论》,何兆武译,商务印书馆1994年版,第9页。

部分,因此,主要的善就是以一种顺从自然的方式生活,这意思就是顺从一个人自己的本性和服从普遍的本性,不作人类的共同法律惯常禁止的事情……”[1]就法律制度来说,它不仅是一种满足人们现存欲望和抱负的制度图式,而且也是一种塑造人们未来欲望和抱负的远景规划。侵权法应当为人的自由保有空间,正确解决人的活动与损害补偿之间的平衡关系,为人充分发挥聪明才智和创新能力营造制度氛围。正是由于这种“追求经济利益的人”在侵权法中居于中心地位,侵权法即使意图使其对自己的行为后果负责,也不应阻碍其追求经济利益的动力。侵权法认同自由对于个人发展其人格,特别是从事其职业是必要的。[2] 另一方面,法律也要正视人性中的冲突与缺陷,通过制度与规则帮助经济人克服自利本能的冲动,使人性缺陷的修复和人性冲突的平衡在制度与规则的引导下成为可能。很多自然法学家在探寻法律的人性基础时,显然意识到经济人的某种成分包含着人性的弱点,这些弱点使人自私自利,损人利己,甚至相互间尔虞我诈,不能平等对待与和平相处,制造了人与人之间的紧张关系,并最终损及社会团结与和谐。

三、区辨是非与善恶意义上的人:道德伦理中的理性人

理性人是理性主义在理性时代孕育的产物,即基于自由意志而在伦理上自负其责的人。在“理性主义”的术语中,“理性”指一种不依赖于经验的认识能力,是帮助人们达成正确认识的天赋观念。简单地说,人有思维和语言,具有辨别是非和区分善恶的能力和价值观念。波斯纳则把理性理解为“选择者选择最好的手段实现其目的”的能力。[3] 理性人运用逻辑推理和所有相关的可以获得的信息,去实现愿望和价值,决定如何行

---

[1] 北京大学哲学系外国哲学史教研室编译:《西方古典哲学原著选辑:古希腊罗马哲学》,商务印书馆 1982 年版,第 375 页。

[2] 参见[德]马克西米利安·福克斯:《侵权行为法》,法律出版社 2002 年版,第 1 页。

[3] Richard A. Posner, *Rational Choice, Behavioral Economics, and the Law*, In 50 Stanford Law Review, p. 1551(1998).

动,以及接受法律原则。[1] 正如康德所言,“没有理性的东西只具有一种相对的价值,只能作为手段……而有理性的生灵叫作‘人’”。[2] 康德所描述的人的形象在法律领域中是实践理性的载体,是能够“按照自己的表述去行动”[3]的强而智的人,在康德看来,理性不仅是指人类认识可感知世界的事物及其规律性的能力,而且也包括人类识别道德要求并根据道德要求处世行事的能力。道德要求的本质就是理性本身。人类的这种绝对价值,即人的尊严,就是以人所有的这种能力为基础的。[4] 哈耶克关于课以责任的本质的洞见,对于认识理性人标准具有深刻的意义:“课以责任,因此也就预设了人具有采取理性行动的能力,而课以责任的目的则在于使他们的行动比他们在不具责任的情况下更具理性。”[5]理性中的意志要素反映人的一种道德实践能力,激励人采取行动。正是由于意志的参与,某人才是其行为的作者。肯认一个人为自己的行为承担责任的首要理由,便是其出于自己的意志实施了这样的行为。“在共同生活中,能力在道德意义上被理解为一定程度的、通常被判定为足够的、以可能的理性为基础的智能、精明、谨慎。”[6]那些尚无理性的人则被排除在私法自治和责任自负的制度之外,并通过监护制度和替代责任对这种不理性加以弥补。

亚里士多德尝言,“人类所不同于其他动物的特点就在他对善恶和是否合乎正义以及其他类似观念的辨认(这些都是由语言为之互相传达),

---

〔1〕 [美]贝勒斯:《法律的原则——一个规范的分析》,张文显等译,中国大百科全书出版社1996年版,第4页。

〔2〕 转引自[德]卡尔·拉伦茨:《德国民法通论》(上册),王晓晔译,法律出版社2003年版,第46页。

〔3〕 [德]康德:《法的形而上学原理——权利的科学》,沈叔平译,商务印书馆1991年版,第10页。

〔4〕 转引自[德]卡尔·拉伦茨:《德国民法通论》,王晓晔等译,法律出版社2003年版,第46页。

〔5〕 [英]哈耶克:《自由秩序原理》(上册),生活·读书·新知三联书店1997年版,第90页。

〔6〕 转引自徐国栋:《人性论与市民法》,法律出版社2006年版,第85页。

而家庭和城邦的结合正是这类义理的结合”。[1] 法律的一般原则是由人的实践理性揭示的,它源自人性中的道德感。人在经验世界是不自由的,人的意志和行为要服从因果律,而“人的内在经验和实践理性却告诉他,人是一种自由且道德的能动力量,他能够在善与恶之间作出选择”[2]。正是基于这样的认识,康德把法律归入了伦理学研究的范畴,法律制度的权威要建立在道德伦理的证成上。这种伦理学上的人格主义被拉伦茨称之为《德国民法典》的精神基础,其对《德国民法典》的制定产生了深远的影响。[3] “《德国民法典》认为每一个人(Mensch)都生而为人(Person),对这一基本观念的内涵及其产生的全部后果,我们只有从伦理学上的人的概念出发才能理解。对我们的整个法律制度来说,伦理学上的人的概念须臾也不可或缺。这一概念的内涵是:人依其本质属性,有能力在给定的各种可能性的范围内,自主地和负责地决定他的存在和关系、为自己设定目标并对自己的行为加以限制。”[4] 人既然是有理性的,那么便是可以归责的,当其意志和智力处于不良状态并造成损害时,就可以将责任归于其上。正是这种自主决定与自己负责的观念奠定了过错责任原则的人性基础,并表达了侵权法制度的责难倾向。

在古典侵权法中,理性人是衡量过错的标准。按照罗马法的分类,过错分为“故意”和“过失”,前者是“意志的瑕疵”,属于善恶问题,归实践理性管辖;后者是“智力的瑕疵”,即未预见到的事情,属于认识能力问题,归理论理性管辖。[5] 不具有这两种缺陷者即为“善良家父”,他是社会的一

---

〔1〕 [古希腊]亚里士多德:《政治学》,吴寿彭译,商务印书馆 1995 年版,第 8 页。

〔2〕 [美]E. 博登海默:《法理学:法哲学与法律方法》,邓正来译,中国政法大学出版社 1999 年版,第 76 页。

〔3〕 参见[德]拉伦茨:《德国民法通论》(上册),王晓晔、邵建东等译,法律出版社 2003 版,第 48 ~ 56 页。

〔4〕 [德]拉伦茨:《德国民法通论》(上册),王晓晔、邵建东等译,法律出版社 2003 年版,第 45 ~ 46 页。

〔5〕 丁玫:《罗马法契约责任》,中国政法大学出版社 1998 年版,第 128 页。理性区分为理论理性和实践理性,前者是指人的认识能力,解决“真”的问题,后者是指人选择善恶的能力,解决“善”的问题。参见徐国栋:《人性论与市民法》,法律出版社 2006 年版,第 56 页。

般的认识能力和意志力的标杆，就认识能力而言，他应预见行为的一切可能的后果并趋利避害地处置之；就意志力而言，他应照料自己管领的人和物不使其遭受损害，为此在收获季节要不畏蚊虫，夜露睡在打谷场上。达到了其行为标准的，谓之尽到了“注意”；达不到其行为标准的，谓之有了故意或过失，因此，“善良家父”是罗马法为侵权法预设的理性人形象。[1]在法国，“过错实际上就是指行为人的行为没有达到一个善良家父所应达到的行为标准，它不考虑行为人的知识、机能和灵巧程度”[2]。英美侵权法在认定过错时采用理性人的行为标准，参照的是那些与责任人同类性质、同类资质、同种能力和处于同样境况中的人的理性的行为标准。也有现代学者主张，理性人概念在现代接近于统计意义上的平均，类似于19世纪比利时统计学家阿道夫·奎特雷的“普通人”概念。[3] 如果一个人的行为背离了普通人在同样情境下会采取的行为方式或行为标准，他就会受到过错的追究，需要对自己的行为给他人造成的损害与负担承担责任。

第二节　侵权法对人性的揭示

“法律是一种媒介，它记录了合乎伦理的具体人性进步，创造了下一个发展阶段的条件。”[4]经由近代侵权法发展而来的现代侵权法，就人性的理解始终内含着相互矛盾的方面，直至当代。一方面，侵权法需满足尊重人性这一基本要求，因而赋予所有人以抽象平等的法律人格，并将责任限定在可预测的风险范围内，通过自己责任原则与过失责任原则的制度

[1] 参见徐国栋：《人性论与市民法》，法律出版社2006年版，第78页。

[2] 张民安：《法国侵权责任根据研究》，载吴汉东主编：《私法》第3卷，中国政法大学出版社2003年版。

[3] [美]约翰·法比安·维特：《事故共和国——残疾的工人、贫穷的寡妇与美国法的重构》，田雷译，上海三联书店2008年版。

[4] [英]韦恩·莫里森：《法理学——从古希腊到后现代》，李桂林等译，武汉大学出版社2003年版，第181页。

化来反映这种思想。另一方面,侵权法还需克服近代侵权法在现代社会所起到的“轻视人性的作用”[1],基于侵权制度在现实运行过程中带来的社会恶果的反思,随时追补人性理解的偏差以避免侵权法制度持续制造对人性的威胁,并在这种反思的基础上形成制度的平衡,进而在侵权法体系内生成了过错推定责任与无过错责任,并在体系外通过责任保险、社会保障等援助性制度共同编织社会安全网络,尝试搭建人性的回归之途。当代侵权法不断受到现代性问题的挑战,其对人性的理解也不再是单向度的简单认识,呈现出多维立体的面向并因而变得深刻和完整。

一、侵权法与人性的生存论：人的个体性与社会性

但凡人类的进步、文化的发展,甚至是万物的存在、进化,皆为个体与总体的协调,即有机的融合。[2] 人的唯一性和不可重复性是一个本体论的事实,每一个人相对于他人而言,都是一种独特的个体性存在。同时,人还是社会性的动物,每个人都要与他人一起融入社会中去,并通过相互之间的合作与交流维系着社会的存在。因此,涂尔干社会结构论的人性预设是“二元论”,即人性同时具有个体性和社会性。“只有人才可能是法律对话的‘对象’,但此之人不是作为实体之人,而是与他人之间有关联之人,亦即人作为人,不是伦理学或人类学意义之人,而是关系的——存有论的人。”[3]一切法律制度的构建,只有以这样的人性思考为基础,才能设计出真正符合人的生存方式的规则体系与制度模式。“从哲学角度观之,自我与大我一致就是人类的进步、文化的发展。结伴、互助、共存,乃是人类的本性。亚里士多德说过,人是社会动物,这真是千古不磨的真理,人类不可能单独孤立地生活。人们只有通过互帮互助、与社会和谐一

---

〔1〕［日］北川善太郎:《近未来的法律模型——由近未来而思考现代》,吴晓燕译,载梁慧星编:《民商法论丛》第4卷,法律出版社1996年版。

〔2〕［日］穗积陈重:《法律进化论:复仇与法律》,曾玉婷、魏磊杰译,中国法制出版社2022年版,第3页。

〔3〕［德］考夫曼:《法律哲学》,刘幸义等译,法律出版社2011年版,第293页。

致才能得以生存、发展和进步。"[1]侵权法与人的生存紧密相关,它的触角遍布社会生活的各个领域,一方面,它的制度体系深受内含于人性中的个体性存在与社会性存在之间张力的牵引,通过二者冲突的可能调适,适时反映立法和司法的技术性对策,有时甚至是以逻辑上相互矛盾的方式呈现其政策性选择;另一方面,侵权法面对的是丰富的人类生活,它的技术性选择时刻会影响个体在社会中的生存状态,甚至会影响人们对个体生活与社会生活的态度与立场,并最终决定人与人之间关系的未来走向。

(一)个体性存在确证侵权法中的"自我"人格

德国学者埃里亚斯将"个人心智功能的独具个性的形成和差异化"作为人的个体性的标志。[2] 英国学者鲍曼甚至把这种"个体性"看作"人类诸多普遍特性中最具普遍性和决定意义的特性",认为"个体性作为一种价值,是对个体差异性和独特性的强烈关注,也是一种同时成为'自我'和'拥有'自我的强烈经验"。[3] 人的个体性存在强调的是人与人之间在个性、经验和能力方面都有其差异性和独特性,"自我"人格的重视与维护是个体人行动的根本。

第一,个体性存在确立"人的尊严"在侵权法中的伦理地位。

人必须首先要认识到自己作为人的价值,是不隶属于任何人的独立存在。康德认为,每个人都是独立、自由而有人格尊严的,都是神圣不可侵犯的。若非有自愿,谁也不能被牺牲或被用作实现他人利益的手段。[4]当今世界各国的法律制度,普遍以"人的尊严"作为最高的伦理总纲。[5] 每个人都是独特的存在,具有不可复制性。人与人之间不存在高低贵贱之分,每个人因其具有独特的价值而被同等珍视和尊重。侵权法

---

〔1〕 [日]穗积陈重:《法律进化论:复仇与法律》,曾玉婷、魏磊杰译,中国法制出版社 2022 年版,第 4 页。

〔2〕 [德]诺贝特·埃利亚斯:《个体的社会》,翟三江、陆兴华译,译林出版社 2003 年版,第 20 页。

〔3〕 [英]泽格蒙特·鲍曼:《自由》,杨光、蒋焕新译,吉林人民出版社 2005 年版,第 47、52 页。

〔4〕 张文显:《二十世纪西方法哲学思潮》,法律出版社 2006 年版,第 225 页。

〔5〕 胡玉鸿:《个人独特性与法律普遍性之调适》,载《法学研究》2010 年第 6 期。

始终体现其对人性的尊重,将个体化的人当作目的看待,禁止行为个体将他人作为手段。从人是个体性存在——人具有无条件的自我价值,以自我存在为其本身目的——这一前提出发,侵权法承认个体在自我发展方面,有一些领域应由其个人来确定,与此相关地对他人提出了尊重每个人的私人领域的伦理要求。基于这样的人性认识,侵权法尚需在法律政策层面考虑侵权法介入伦理生活的深度,以及侵权法对道德要求其运用责任手段进行规制的程度。

"自我"人格的伦理含义也包括人必须对自己的行为和不行为承担责任的思想。承担责任是人类生存中的一个基本现象,即个体的人必须接受其行为所产生的后果,并对这种后果负责。"如果一个人知道他应对自己的行为及其后果负责,那么他就会将这种责任归结于自身;他不能将责任作为某种与自己无关的东西推诿掉。他一旦认识到自己对他人从事了非法行为,那么他就会感受到一种道德上的迫切要求,去把他人所遭受的不利后果承担过来,去赔偿非法行为所产生的损害。被施加非法行为的人,则把请求赔偿要求视为他的权利。主动承担责任以及被对方要求承担责任,是人的特权,也是人的负担。"〔1〕

然而,侵权法并不考虑不同个体在智力、能力、性格、运气和教育等内在特质的差异性,而是通过制度肯认个体之间抽象的平等人格,制定普遍适用的标准以引导个体化的人负责任地生活并激发其内心的责任感。侵权法选择抽象化和类型化的立法技术,源于"精细地测量一个人的能力和限度之不可能性",为了确定侵权责任,推定每个人都"拥有避免伤害他的邻人的正常能力"〔2〕。从哲学的角度,侵权法通过设立这种人格性的世界来达到控制个体的目的,统一了人的行为模式与特性,不仅使法律政策的控制变得容易,而且使每个人的行为具有可预测性,从而为个体提供其

〔1〕[德]卡尔·拉伦茨:《德国民法通论》(上册),王晓晔等译,法律出版社2002年版,第50页。

〔2〕[美]小奥利弗·温德尔·霍姆斯:《普通法》,冉昊、姚中秋译,中国政法大学出版社2006年版,第94页以下。

所需要的安全。

第二,个体性存在奠定人权标准在侵权法中的根基作用。

人格一般包含着权利能力,并且构成抽象的从而是形式的法的概念,既是法的本身,也是抽象的基础。所以法的命令是:"成为一个人,并尊敬他人为人"。[1] "人权"是当今世界性语言和时代性话题。[2] 作为人类社会中每一成员所应享有的权利,人权契合每一个体的需要,是私人权利正当性的基础。很多学者将人权归根于"最低限度的理性或人性",是具有某种永恒性、固然性的东西。"每一个个体在某种意义上都是绝对的,不可还原为另一个体。这也许是人权这一现代问题最主要的推动力。人权捍卫个体的尊严,个体笼统地说与社会相对,具体地说则与国家相对。"[3]通过人权条款,可以保证个人既不受国家的压迫,也不受社会的同化,这样才能造就一个个拥有个性、自主独立的权利主体。将人的独特性排除在外,人权就可能成为一种许多人并不需要的奢侈品。[4] 美国学者米尔恩提出一种"最低限度标准"的人权观,"最低限度"标准"在消极的方面,要求人不能被仅仅当作手段;在积极的方面,则要求全人类在一切交往中始终遵循共同道德原则"。[5] 侵权法不仅保障人类共同的社会生活所必需的人权类型,如人身权、财产权等,而且能够通过因应社会现实的日常运行来促进各种公共目标的实现,包括风险性及类似不良行为的抑制、生活和谐的维持、个人权利的证立、法律人格平等的确认以及有限政府理念的执行。[6] 侵权法的上述目标有其受宪法保护的人权基础,

---

〔1〕 [德]霍尔斯特·埃曼:《德国民法中的一般人格权制度——论从非道德行为到侵权行为的转变》,邵建东等译,载梁慧星主编:《民商法论丛》总第23卷,金桥文化出版(香港)有限公司2002年版,第412页。

〔2〕 参见张文显:《二十世纪西方法哲学思潮研究》,法律出版社2006年版,第428页。

〔3〕 [西]雷蒙·潘尼卡、[美]哈里·詹姆斯·卡格斯编:《看不见的和谐》,王志成、思竹译,江苏人民出版社2001年版,第177页。

〔4〕 胡玉鸿:《个人独特性与法律普遍性之调适》,载《法学研究》2010年第6期。

〔5〕 [英]A. J. M. 米尔恩:《人的权利与人的多样性——人权哲学》,夏勇译,中国大百科全书出版社1995年版,第7、153页。

〔6〕 John C. P. Goldberg, *Tort Law Federalists (and the Rest of Us): Private Law in Disguise*, Harvard Journal of Law and Public Policy, 2004, 28, 1, p. 3.

因此,有学者认为“侵权法具有宪法的地位”[1]。从私法的角度来看,人身自由与人格尊严保护所关注的主要问题贯穿整个侵权法领域。在德国,对一般人格权进行保护的唯一依据是判例法,而此等判例的直接依据就是宪法中关于人格尊严保护(《德国基本法》第1条)和人格自由发展权保护(《德国基本法》第2条第2款)之规定。[2] 侵权法之所以被看作宪法这样的公法,就在于它通过对人的基本权利的保障和人格尊严的确证,最终帮助实现个人独特性的共同存在、培养与发展,这可以说是侵权法最根本的制度基础。

第三,个体性存在提供行为自由在侵权法中的价值基础。

自由是人们为了寻求更美好的生活方式、更有利的生存条件所需的一种能力和资质。因为人有自由,所以人才能选择,从而成就其独特性。著名侵权法专家托马斯·库利则这样解释,公民自由所以得以确立,路径在于“限制和约束”个人的行为“以阻止可能对他人的伤害”。[3] 法律上对行为自由的保障,为个体的独立性存在与发展奠定基础。制定内容广泛的规则,规定人们自己承担其行为的风险、自己对自己行为可能造成的后果负责,将会严重地妨碍人们——社会的每一个成员以某种勤勉的、奋发的方式行事。[4] 个人可以依其所愿决定其私人事务,并塑造其自我负责的个人命运。“如果忽视人与人之间差异的重要性,那么自由的重要性就会丧失,个人价值的理念也就更不重要了。”[5]《法国民法典》就因为其确立了过错责任原则,被认为最大限度地尊重人的行为自由,“是向在私

---

〔1〕 John C. P. Goldberg, *The Constitutional Status of Tort Law*(2004).

〔2〕 参见[德]克里斯蒂安·冯·巴尔、乌里希·德罗布尼希主编:《欧洲合同法与侵权法及财产法的互动》,吴越等译,法律出版社2007年版,第28~29页。

〔3〕 [美]约翰·法比安·维特:《事故共和国——残疾的工人、贫穷的寡妇与美国法的重构》,田雷译,上海三联书店2008年版,第74页。

〔4〕 参见[美]彼得·斯坦、约翰·香德:《西方社会的法律价值》,王献平译,郑成思校,中国人民公安大学出版社1990年版,第153~154页。

〔5〕 转引自[英]哈耶克:《自由秩序原理》(上册),邓正来译,生活·读书·新知三联书店1997年版,第104页。

法上也以合适于人的方式对待人的方向迈出的基础性的第一步"[1]。德国学者在论证过错原则的基本价值观时谈道,"当维护法律地位和行为自由这两种利益发生冲突时,行为自由优先"。"自由对于个人发展其人格,特别是从事其职业是必要的。新生代的人如若使自己得以充分发展,需要特别的活动空间。"导致选择行为自由优先的原因还在于"一个人在物质和利益方面所欠缺的东西,将在行为自由方面得到补偿"。[2]《德国民法典》的立法者以这样的社会学理论和法哲学观点为前提,认为制定一部原则上有利于个人行为自由的侵权行为法是十分必要的,并且明确表示反对扩展归责原因,特别是对于参照《帝国赔偿义务法》(RHG)中所确定的对危险责任加以扩展的理论予以了拒绝,因为扩展归责原因可能造成限制行为自由的危险。[3] 个体性的独立存在也决定了个人应当尽可能地照顾自身利益,对他人的要求只是不要干涉本人自身事务,由命运造成的不幸,应当由其本人以最大限度的冷静和坚忍加以承受。

(二)人的社会性存在与侵权法的社会化趋势

终究文明就是个体性和联合性的同化,是个体的社会化。[4]人总是作为社会的成员而生活于社会之中,因而必然具有社会性,人的社会性存在是人与其他生命体的根本区别之一。"个体的人格并不能穷尽人的本质属性,即使其自身可以为权利的初始领域提供基础。人的社会性跟他的理性一样是人的本质性自然的构成部分。事实上,社会性对于人的自然是至关重要的,因此,一个忽略了这一构成性要素的定义,必然会被人们认为是不完整的。"[5]共同体主义伦理学对此有独到的见解,认为人们的共同性、关系性与交互性优于个人的独特性、自我性与唯一性,社会、历

---

[1] 参见[美]科佩尔·S.平森:《德国近现代史——它的历史和文化》(上),范德一译,商务印书馆1987年版,第50页。

[2] [德]马克西米利安·福克斯:《侵权行为法》,法律出版社2002年版,第1页。

[3] 参见[德]马克西米利安·福克斯:《侵权行为法》,法律出版社2002年版,第1页。

[4] [日]穗积陈重:《法律进化论:复仇与法律》,曾玉婷、魏磊杰译,中国法制出版社2022年版,第5页。

[5] [德]海因里希·罗门:《自然法观念史和哲学》,生活·读书·新知三联书店2007年版,第214页。

史、整体与关系等非个人性因素在人类道德生活中具有基础性和必然性意义。受这种伦理观念的影响,近代法意识认同人的社会性存在是其最根本的基础性因素。人是社会性动物,作为侵权责任伦理基础的个人责任也必须顾及人的社会性存在。人与人之间的某些交往对整个社会也许不会产生什么影响,但大多数的人际交往关系只有根据其所处的社会背景才能获得正确的理解,因而,个体对其个人行为所承担的侵权责任会受到行为的社会意义的影响。同时,个人之间侵权纠纷的解决对于其他许多人往往具有普遍意义。也正是在这种由个人所编织的社会之网中,侵权法在人的社会性因素影响之下呈现社会化的趋势。

第一,侵权法是人类共同生活的准则。

作为社会性动物,每个个人都和他人一样,共同融合在社会之中,并以共同的行为准则作为维系社会秩序和支撑社会存在的纽带,使人与人之间的合作、交流具有现实可能性。每个人的欲望、追求及选择存在很大差异性,在资源有限这个根本的前提之下,个人愿望要得以满足必定会与他人的愿望产生冲突。法律作为人的创造物,其存在的根基恰恰就在于人除了扩张性的本能之外,还拥有分享共同社会情感、建立彼此合作关系的社会本能与愿望。正因如此,国家通过法律为社会中的人设定一个共同的最低限度的行为标准,迫使人们克制自身的欲望,而按法律所宣示和维护的共同行为准则行事。基于这样的人性认识,拉德布鲁赫将法律规则的本质确定为"具有实证的与同时也是规范的、社会的与一般的本质的规则",是"人类共同生活的一般规则的总和"[1]。侵权法作为与人类接触最为亲密的法律之一,可以渗透人类生活的方方面面,深刻反映着人的社会性存在要素。一方面,侵权法规则确立的个人责任要受行为的社会意义的影响。某一单纯的侵权行为——如甲出手打伤乙——并不具有很强的社会意义,责任承担的规则易于确定,反映了法律对此类行为的责难

---

〔1〕 参见[奥]凯尔森:《法与国家的一般理论》,沈宗灵译,中国大百科全书出版社 1996 年版,第 106 页。

态度。但是如果某一侵权行为涉及公共利益，侵权责任的施加则需考虑人与人共同生活的立场。例如，一篇不利于某一公众人物的真实报道使得该公众人物受到了名誉贬损，报社对损害所承担的侵权责任会受到公众知悉真情权这一事实的影响。侵权法规范必须关注和体现社会生活中的共同信念和集体良知，因为那是隐藏在人性深处的要求。另一方面，侵权法规则对个人施加责任还需考虑社会生活的需要。作为一种社会性存在，人无疑是生活在社会关系的脉络之中，个人需要的满足依赖于同其他人进行各种形式的合作。如果人们可以完全不顾及他人的利益而自由行动，那就可能会导致彼此怨恨，甚至社会冲突。侵权法调整的很多社会生活是以信赖和合作为基础的，侵权责任的施加必须审慎考虑人性中对信赖与合作的要求。正如卢曼所言，信赖乃是“社会生活的基本事实”和“人性和世界的自明事态的‘本性’”。[1] 侵权法是社会制度，是组织和诠释社会生活的方法，因而“不能仅从保护个人免受侵害、冒犯、腐化或剥削而履行自己的职能”，还“必须保护制度和政治、伦理等观念的共同性”。[2] 正因信赖和合作如此重要，现代社会的法律原则、规范与制度无不体现了对信赖和合作的提倡、尊重和保护，这当然也是侵权法的根本目标之一。

第二，侵权法影响人类共同生活的方式。

人们在法律的引导下从事社会生活，久而久之，法律就会因其不断被遵守和适用而具有深厚的社会、思想、文化基础，而且会更加深入人心，得到社会的普遍认可。由此，法律会进一步内化为人们的精神气质，其对一切善良与美好的追求都会成为人类向善的动力，在人们的内心发挥更大的作用，进而作用于人们的行为，使个体及其活动符合法律对人的期盼。通过为所有人的行为建立行为标准，法律可以促进社会团结，尤其是在法律代表了一种对相冲突的道德立场的合理折射时，更是如此。[3] 可以

---

〔1〕［德］卢曼：《信任》，翟铁鹏、李强译，上海人民出版社2005年版，第1页。

〔2〕张文显：《二十世纪西方法哲学思潮研究》，法律出版社2006年版，第359页。

〔3〕［澳］彼得·凯恩：《侵权法解剖》，汪志刚译，北京大学出版社2010年版，第29页。

说,在正确的价值引导下,侵权法在社会实在与社会心理两个方面诠释和解放人性,同时实现社会的发展。侵权法通过其各种规则所确立的伦理律令,如勿故意伤害他人、无过错既无责任,引导人们在社会中负责任地生活,并培植人类在社会交往中的责任心与正义感。侵权法不仅可以帮助人们合理规划自己的行为以避免伤害他人并对伤害积极承担责任,而且可以帮助人们合理预期他人的行为以实现个人自由的最大化。无论是通过立法程序还是司法审判,侵权法通过其制度和规则反复向我们传递着这样的信息:什么是我们应该做和不能做的,而且它还会告诉我们,作为我们日常生活的一部分,什么是我们必须容忍和接受的。社会团结的观念开始浸染侵权法,立法或司法决定的侵权责任规则不仅会对当事者提供个别指导,而且会对社会产生普遍意义,例如,各国对过失造成他人纯粹经济损失的行为拒绝施加侵权责任或限制侵权责任的现实,已经促使人们开始到保险市场中寻求对其纯粹经济利益的保护。如果侵权法丧失了对人性中社会性因素的洞察力,仅关注个体的权利保护和救济而忽视对社会团结和合作的维护与忠诚,那么,我们所身处的这个社会将会持续上演医患关系恶化、劳资关系紧张和生态环境破坏这样的人间悲剧,并终将导致社会秩序的崩溃。事实上,人们及舆论对日常生活中的侵权"故事"极为关注,而侵权责任规则的变化亦会深刻影响社会关系和社会心理,并最终影响到人与人之间的交往方式。

第三,侵权法呈现出社会化的发展趋势。

社会学意义上的社会化表达了社会将个人吸纳进来或个人融入社会的一种倾向,即涂尔干所说的社会整合,从而使社会分化成为可接受的过程。"私法的社会化属于私法本身内部发生的变化——指导原则社会化。其具体的表现一般包括:人类形象的修正、对所有权绝对原则的限制、对契约自由原则的限制、对过失责任原则的修正等。"[1]在欧洲,19世纪是

---

〔1〕 参见[日]四宫和夫:《日本民法总则》,唐晖、钱孟珊译,台北,五南图书出版股份有限公司1995年版,第21~24页。

自由主义的世纪,个人自由处于强势地位,而在20世纪,普遍(公共)利益变得越来越重要。人不是离群索居的动物,而是——至少应当是——社会性动物。[1] 深受自然法启蒙的《法国民法典》中并没有关于互助、权利滥用或者结果责任的原则性规定,立法者仅仅承认有明显的对待义务的权利,而没有调节权利或扩大义务范围的责任观念。[2] 《德国民法典》制定之时,"乃处于两个时代的交接点上,它的双足仍然立足于自由市民的、罗马个人主义法律思想的土壤之上,但是它的双足却已踌躇迟缓地、偶尔不时地向新的社会法律思想伸出"。这种新的社会思想,"即国家义务或许在于有规律地干预各种力量的自由放任,从而保护经济上的弱者"。[3] 其时,民法典对雇佣合同和租赁权规定了有关社会保护方面的法律规范,但因其数量少而在当时只被认为是在民法典上涂了一层"社会的润滑油"。第二次世界大战后这一社会化的需求,通过另行制定民事特别法得到了比较充分的体现。《荷兰民法典》从19世纪的个人本位传统转向社会本位与个人本位相协调,出现"取向于普通人利益和公共利益的文化变迁",表现为"更少自由性而更多社会性"[4],加大了对弱者(包括未成年人、被雇佣者、消费者、侵权行为的受害人)的保护。公共利益也被视为私法内的相关因素。[5] 个人与社会的结合并不是一种随便地拼凑,侵权法通过对20世纪以来复杂多变的多元社会形势的积极应对,细微调整了规则的立场、制度的模式和责任的方式,进而实现了侵权法适应人的社会性存在的渐进转变,趋向社会化的公法性发展。在侵权法成为公正的、可行的、系统的、私法的持续努力中,有一些广泛的政策性考量催生了体系内

---

〔1〕 [荷]J. 海玛:《荷兰新民法典的基础及体现的趋势》,载王卫国主编:《荷兰经验与民法再法典化》,中国政法大学出版社2007年版,第18页。

〔2〕 何勤华、李秀清主编:《民国法学论文精萃·基础法律篇》,法律出版社2003年版,第652页。

〔3〕 [德]拉德布鲁赫:《法学总论》,中国大百科全书出版社1997年版,第66页。

〔4〕 参见[荷]亨克·J. 施奈德:《荷兰民法典中的文化》,载王卫国主编:《荷兰经验与民法再法典化》,中国政法大学出版社2007年版,第99页。

〔5〕 [荷]J. 海玛:《荷兰新民法典的基础及体现的趋势》,载王卫国主编:《荷兰经验与民法再法典化》,中国政法大学出版社2007年版,第57页。

与其私法性相异质的规范体。侵权法中开始渗入公法因素，呈现社会化的发展趋向。在19世纪，侵权法将行为自由的保护作为法政策上最紧迫的关切，受经济自由主义思想的影响，“行为人自负其责”成为当时侵权法损害分配的决定性标准，因为年轻的工业国需要经济的发展。随着工业社会的成熟，人们广泛开展具有重大隐藏性危险的活动，而这种隐藏性的危险又经常会随着科技活动的操作而突然具体化、现实化，以致在活动过程中时常造成非人力所能控制的严重损害事故。此时行为自由的要求变得不那么强烈了，损害赔偿法开始面对人们日益增加的社会安全需要。一些国家或地区的现代侵权责任法，显著地体现了“社会安全”“社会团结”的思想：被告承担无过错责任只是基于一种“社会过错”——被告应对原告的不幸给予同情并帮助原告分担损失。这种无过错责任原则充分体现了社会连带法学派的法哲学思想，“实系法律之社会化所要求者也”[1]。德国侵权法借助于交往安全义务，不仅过错的个人非难色彩被淡化，而且实现了符合社会需要的、从主观归责向客观归责的移转。诚如律格麦尔教授所言，民法上的客观过失实际上就是“特定社会角色的保证”，也被誉为“责任原理脱离‘意志自由理论’的第一步”[2]。随之，“合理照顾他人的利益”这一被广泛接受的社会伦理和不成文法规则的箴言逐渐被认可为判断侵权行为的一个标准。侵权法学家在讨论美国侵权行为法时也认为分配正义取代矫正正义是侵权行为法的现代化。法院的侵权损害赔偿判决中关于当事人之间责任分担的个案陈词，似乎影响的只是当事人之间的利益，然而，每一个判决最终会对法庭之外的社会施加作用，因为侵权事实言说的正是民众的社会生活。由此可见，当代的侵权法只保留了传统的外壳，它的内部已经发生了重大的变化。特别是随着企业责任理论的发展及其在实践中的普遍运用，侵权法的主要目的不再专注于矫正正义，转而强调社会福利的实现。也就是说，人们期待侵权法能

---

〔1〕［日］牧野英一：《法律上之进化与进步》，朱广文译，中国政法大学出版社2002年版，第23页。

〔2〕周友军：《交往安全义务理论研究》，中国人民大学出版社2007年版，第63页。

为社会福利国家的实现作出贡献。

二、侵权法与人性的伦理观：利己心与有限的利他心

(一)侵权法的制度出发点：性善与性恶

每一个法律原则都源自相关的伦理观念，并从中获得制度力量。在伦理学领域，向来有人性善与人性恶之分，而人性的善恶更是法理学领域长期争论不休的一个基本命题。霍布斯说，“每个人都被看成是天性要追求他自己的利益”[1]；休谟则认为，自私和人性是不可分离的，并且是我们组织和结构中所固有的。[2] 使人类走向联合的原因正是人类的自私性，而非他们的群体感或同情心。英国哲学家米尔恩与休谟的看法不同，他认为无论社会共同体的形式如何，也不管其特定的制度和实践怎么样，对所有伙伴成员的福利的实际关心是任何社会共同体所必须做的，“如果一些成员遭受苦难，他们的伙伴成员就有义务采取各种实际步骤去解除他们的痛苦”，“在人们对相互的命运漠不关心的地方，不会有社会共同体存在”。[3] 事实上，实践已经证明了人的本性是善还是恶的争论并没有太大的意义，因为人具有二重的存在性，既有自私的一面，也有利他的方面。对此，富勒曾经意味深长地发问：“如果我们不为自己，谁会为我们？如果我们只为自己，我们是什么？”[4]美国著名法官霍姆斯极为精准地表达了这一人性观：“正是由于人之自私与有限度慷慨，加上自然无法满足我们所有的欲求，正义始生焉。”[5]求利是人的本性，加之社会上的利益和资源存在稀缺性，因此冲突是不可避免的。激烈的利益冲突会影响共同体的维系，损害每个人的利益和自由。于是在这种不断的冲突性交往

---

[1] [英]霍布斯：《论公民》，应星、冯克利译，贵州人民出版社2003年版，第19页。

[2] 参见[英]大卫·休谟：《人性论》，商务印书馆1981年版，第625页。

[3] 米尔恩：《人的权利与人的多样性——人权哲学》，夏勇、张志铭译，中国大百科全书出版社1995年版，第47页。

[4] [美]富勒：《法律的道德性》，郑戈译，商务印书馆2005年版，第212页。

[5] [德]乔治·恩德勒：《经济伦理学大辞典》，王淼洋等译，上海人民出版社2001年版，第20页。

中,人们认识到只有合作并让渡自己的部分利益和自由,适度地承认别人的利益和自由,自己的部分的利益和自由才能得以保留。在这种利益和自由的相互承认中规则和权利便产生了。[1] 即使法律假定了经济人的形象,他也"并非如同一般所设想的那样是纯粹为金钱动因所驱使的人,而是一个行为完全由各种动因决定的人"[2]。既然我们已认识到人性中有"善"的方面和"恶"的方面,那么研究侵权法的人性基础,就不应该只以人性的一个方面为基础,而是要兼顾两个方面。因为,失去了人性中善的方面,法是无法产生的,而没有了人性中恶的方面,法也就没有了存在的价值。"法首先应该接受人真实的样子,并且预计到它的一切特性,但是同时,法不能到此而止步不前。它必须遏制人的某些特性,鼓励促进另一些特性,并使它们发挥作用。为此它必须有所评价。"[3]徐国栋教授主张主客观相结合的人性论,一方面,治者要以法律圈围人性中恶的一面,张扬善的一面是道德的任务;另一方面,要创造好的环境让人不必要为恶,例如,制定约翰·克里式的好撒马利亚人法向贫穷和失业开战。[4] 法律对形式问题的反应必然会涉及重大的互不相容的伦理概念——个人主义和利他主义。[5] 批判法学的代表人物肯尼迪在《私法裁判中的形式和实质》中,甚至认为侵权法的实质内容经历了利他主义—利己主义—利他主义和利己主义混合三个阶段。[6] 从另外的角度来看,人性的所谓善恶通常是针对刚出生的人而言的一种可能性,而人的善恶观念的形成主要还是后天的习得,包括自我和社会的双重塑造,因而教育对人性善恶的形成极为重要。基于这样的人性思考,侵权法制度中利己主义要素和利他主义因子均有所体现,并通过相应的规范、标准等立法技术和司法实践

---

〔1〕 李拥军:《论权利的生成》,载《学术研究》2005年第8期。

〔2〕 [美]波斯纳:《法理学问题》,苏力译,中国政法大学出版社1994年版,第479页。

〔3〕 [德]H.科殷:《法哲学的特征》,华夏出版社2004年版,第152页。

〔4〕 徐国栋:《人性论与市民法》,法律出版社2006年版,第155页。

〔5〕 [美]安德鲁·奥尔特曼:《批判法学——一个自由主义的批评》,信春鹰、杨晓峰译,中国政法大学出版社2009年版,第134页。

〔6〕 参见[美]肯尼迪:《私法裁判中的形式和实质》,肖宁译,载易继明主编:《私法》第7辑·第1卷,北京大学出版社2007年版,第245~252、255~265页。

反映出来。侵权法所要表达的正是人性中相互矛盾的两种诉求,一方面承认人的一己私利并予以保护,同时限定有节制的责任范围为人们追逐利益划定自由的疆界以实现个性化的幸福追求;另一方面也要小心呵护人类稀薄的利他之心,通过各种理念的强化培植人们的性格和美德,创设好的制度环境引导和说服人们追求向"善"的幸福生活。

(二)利己心与个人主义侵权法

休谟认为,"在设计任何政治制度和确定几种宪法的制约和控制时,应把每个人视为无赖——在他的全部行动中,除了谋求一己的私利外,别无其他目的"。[1] 尽管这一人性观极为偏执,但在西方文化传统中却有极强的认同度,并为西方国家确立一套法律制度奠定了个人主义的理论基础。在私法的领域中,确立了法律规范中比较低的人性标准。利己心是指人在自己行为的效果只能或有利于他人或利于自己的情况下,为了自我利益而做有利于自己的选择的倾向。个人主义伦理主张追求私利的合法性,强调经济对抗和竞争的自然性和获利性,提倡自立、自治和自决。按照这一观点,法律应为个体获利保留一套有力的激励机制,那么从长远来看,社会福利也将得到最大化。一个人的财富和幸福更多地依靠他们的自立,只要在现存的权利架构中持续地寻求个人利益的努力,就将推动社会的进步。因而侵权法首先应该接受人的这种真实存在,基于人性中强烈的利己倾向,从行为自由和利益保护两个角度思考具体制度的正当性根据。"如果我们的主要目标是鼓励自立,那么我们就有充分的理由选择一个能够避免给人们带来损失,而且难以或者不可能预见此类损失的法律制度。我们所需要的法律规范,就是那些使每一个人都清楚地知晓在一系列既定事实情况下,法律后果将是什么的法律规范。通过这种方式,个人将能够安排他们的生活,以避免求助于他人的仁慈。"[2]还存在一种针对个人主义侵权法的正当化理由,被称为"咬紧牙关"(clenched

---

〔1〕 转引自杨宏山:《公共政策的人性预设》,载《行政与法》2004 年第 1 期。

〔2〕 [美]安德鲁·奥尔特曼:《批判法学——一个自由主义的批评》,信春鹰、杨晓峰译,中国政法大学出版社 2009 年版,第 141 页。

teeth)理论。尽管不顾及他人利益也是一种恶,但对于国家来说,努力压制这种恶可能导致一种更大的恶。一旦国家试图立法规定一种比个人主义更苛刻的伦理规则时,它将面临两个难以克服的问题:法律制度在改变人性方面的无能和官员在道德的幌子下实施专制的可能性。因此,法律的不道德性就成为避免试图使法律道德化而可能导致更大的不道德性的必要代价。[1] 从法律与道德相分离的命题出发,国家干预的合法性标准与道德判断的标准之间存在根本的区别,支持个人主义的侵权法体系,并不代表赞同这种体系所允许甚至鼓励的行为。人的利他主义的范围是有限的并且是间歇性的,而侵犯倾向却是时常存在的,如果不加限制,就足以导致社会生活毁灭。[2] 在制度上认可人性某种程度的不完美性,法律至少可以防止纯利己主义后果的出现,同时也可以促进社会经济的增长。侵权法的基本正义在于对权利的尊重,而不是强加道德义务。通过个人责任原则和损害赔偿等救济手段补偿受害人的权利损害或惩罚行为人的不当行为,侵权法在弥补自私的人性弱点并合理限制它在社会生活中的恶性扩张与膨胀方面发挥着作用。个人主义立场的侵权法"反对责任的扩大、加深和延展,以及责任成立时免责的自由化"[3],进而给人们的利己行为留下更大的空间。

(三)利他主义与侵权法的教育功能

将制度建立在利己心的人性预设之上,能够有效地实现法治、限权与自由保障,但并不能真正地实现人的善良本性的回归。侵权制度不能忽视人的社会性,更不能抑制个体对同胞的"同情心"。侵权法不仅要正视人性的缺陷并压制人性中最坏的可能,在此基础之上,还要调动和激发人性中最好的基因,从而使侵权法的制度实践真正做到合乎人的善良本性

---

〔1〕 参见[美]肯尼迪:《私法裁判中的形式和实质》,肖宁译,载易继明主编:《私法》第7辑·第1卷,北京大学出版社2007年版,第248页。

〔2〕 张文显:《二十世纪西方法哲学思潮研究》,法律出版社2006年版,第82页。

〔3〕 参见[美]肯尼迪:《私法裁判中的形式和实质》,肖宁译,载易继明主编:《私法》第7辑·第1卷,北京大学出版社2007年版,第248页。

与愿望。“或许损害填补法制更能清楚显示,强调相互之社会责任以及私法伦理化的一般趋势”,不仅是在决定抚慰金的金额时考量双方当事人的经济与社会关系,在损害赔偿与损害分担时,依有责性的程度来决定的趋势也日益明显,“联邦最高法院放弃了民事损害赔偿法制的严格形式主义,而日益考量社会与个人的衡平观点”,“受害者伤害业已不存在并不会导致加害者对损害的免责”,这些都显示,“被德意志民法典所摒弃的、私法中之教育性、伦理性的赎罪思想已日益突进”〔1〕。尊重、容忍、不侵害他人权利,是侵权法的最低要求。为了增进人与人之间的团结与合作,侵权法还应关注个人的宽恕、慷慨、仁慈、博爱等美德,强化个体的共同体意识,提升社会生活的整体质量。侵权法不仅是“补偿者、抑制者”,还是“教育者、心理治疗师”〔2〕,虽然个人主义修辞完全主导着当代侵权法的话语系统,但其制度体系中仍然存在一种完会与个人主义相对立的普遍观念,即利他主义思想,毕竟“人们有帮助陌生人的义务”这一观念的影响“已超越了自我克制以避免违反那些在利己的个体和自立的个体之间和平共处的规则”。〔3〕 利他主义的本质在于这样一种信念,即一个人不应该过分注重自己的利益而忽视他人的利益,利他主义要求人们作出牺牲、分享并充满仁慈,其目标为干涉、管制及家长主义。利他主义根源于文化、宗教、伦理及艺术,并与个人主义的根源一样深厚(爱你的邻居如同爱你自己)。〔4〕 利他主义不等于完全彻底的大公无私,它只是要求人们,在追求个人利益时不得超出一定的范围或限度。〔5〕 事实上,几乎所有的法律规则都强加人以利他义务,人们在没有法律时完全受丛林法则的支配,

---

〔1〕 参见[德]弗朗茨·维亚克尔:《近代私法史——以德意志的发展为观察重点》,陈爱娥、黄建辉译,上海三联书店2006年版,第507页。

〔2〕 Allen M. Linden, *Viva Torts*, Journal of High Technology Law(2005).

〔3〕 参见[美]安德鲁·奥尔特曼:《批判法学——一个自由主义的批评》,信春鹰、杨晓峰译,中国政法大学出版社2009年版,第151~152页。

〔4〕 参见[美]肯尼迪:《私法裁判中的形式和实质》,肖宁译,载易继明主编:《私法》第7辑·第1卷,北京大学出版社2007年版,第248页。

〔5〕 朱景文主编:《对西方法律传统的挑战——美国批判法律研究运动》,广西师范大学出版社2004年版,第83页。

而在有法律的情况下则会被要求更多地关注他人的利益。侵权法规则亦被视为具有一定程度的利他性,损害赔偿责任的承担本身就意味着侵权人在决定如何行为时,必须顾及受害人的利益和损失而不能只考虑自身的利益和损失。尽管如此,"对于19世纪的法律思想而言,没有人是其兄弟的监管人,以最快速度赛跑及人人自保而不顾他人的主张似乎不仅很明显而且在道德意义上是正确的"[1]。贯穿于整个20世纪侵权法的则是"朝着扩大义务与责任的范围及数量的方向上演进",50年前经常被否定的直接或间接损害的赔偿现在已变得非常的容易。[2] 利他主义在侵权法中的最初表现是过失标准的修正,美国侵权法的"某些领域业已形成一整套的特殊知识和公认的行为标准,因此对这些领域应当建立和适用一种不同于一般的,而且是要求更高的注意标准"。[3] 日本通过判例提出了针对医师的"最善的注意义务",即从事人的生命及健康管理业务的人,与其业务的性质相对照,要求负有为防止危险而在实际经验上必要的最善的注意义务。作为医师,对于患者的症状应予以注意,并在依当时的医学知识考虑效果及副作用的前提下,确定治疗方法及程度,在万全的注意之下实施治疗。[4] "好撒马利亚人"立法的出现,则直接反映了侵权法对利他义务的施加,间接表达对社会守望相助的鼓励。现代各国已经突破了传统认为不救助不承担侵权责任的思想,基本上确立了容易的救助(或不费力的救助)义务及其侵权责任,旁观者的救助义务[5]不再是单纯的道德义务。《荷兰民法典》甚至规定了"作出利他行为的义务",而学者起草的《欧洲侵权法》中也规定,当"一方面损害非常严重,另一方面非常

---

[1] F. Kessler & Gilmore, *Contracts, Cases and Materials*, 1118(2d ed., 1970).

[2] F. Kessler & Gilmore, *Contracts, Cases and Materials*, 1118(2d ed., 1970).

[3] [美]文森特·R. 约翰逊:《美国侵权法》,中国人民大学出版社2004年版,第9页。

[4] 龚赛红:《医疗损害赔偿立法研究》,法律出版社2009年版,第168页。

[5] 救助义务包括积极实施救助义务,即是否需对受害人的损害后果承担不作为的侵权责任,也包括一旦实施救助是否就要由此可能产生的损害承担责任,还包括延伸的问题:救助者受到损害由谁承担责任问题。参见徐国栋:《人性论与市民法》,法律出版社2006年版,第35页。

容易避免损害时”,存在采取积极的行为保护他人的义务。[1] 即使是在坚持个人主义传统的英美侵权法国家,也开始出现一般无义务原则的大量例外,救助义务不再以遭难者与旁人间存在亲属关系或特殊关系为条件。这样的立法伴随着公司社会责任的趋势,法人也被要求承担一定的利他义务。侵权法由“爱你的邻居”,扩大为“爱你的同胞”。[2]

(四)个人主义与利他主义在侵权法中的冲突

批判法学的理论家除了在现实中看到利他主义和个人主义把法律变成一个毫无原则的拼凑物之外,还看到了利他主义与个人主义之间的冲突。[3] 认为无过错无责任与两个无辜者之间由引起损害的一方承担责任是侵权法中的“理论之谜”。所谓“理论之谜”是指一个层次上被接受并用来为某种规则选择辩护的理由在下一个理论层次以及在其他理论领域往往会被拒绝。[4] 肯尼迪认为,私法领域存在个人主义与利他主义两种彼此对立的解决纠纷形式,一种形式以坚持依明确规定、普遍运用的规范办事为特点,另一种形式则要求依衡平的标准办事。与这两种形式相适应,法院在处理私法实体问题时往往采用两种对立的论证方式,即个人主义方式和利他主义方式。[5] 在无过错侵权案件中,主张无过错无责任代表了个人主义,而主张在无过错时引起损害的一方承担责任则代表了利他主义。“个人主义与集体主义的矛盾在侵权法理论选择的每个层次上都发生。在某些规则选择中,法律采取了相对个人主义的立场,在其他的选择中,它选择了相对集体主义的立场。理论之谜在于似乎不存在任何清晰的解释为什么在某些案件中个人主义获胜,而在其他案件中集体

---

〔1〕 *Group on European Private Law at the University of Girona European Group on Tort Law*, 载 www. egt. 1 org,2004 年 4 月 22 日最后访问。

〔2〕 谢鸿飞:《民法典与人的美德》,载《中国法律评论》2015 年第 4 期。

〔3〕 [美]安德鲁·奥尔特曼:《批判法学——一个自由主义的批评》,信春鹰、杨晓峰译,中国政法大学出版社 2009 年版,第 148 页。

〔4〕 朱景文主编:《对西方法律传统的挑战——美国批判法律研究运动》,广西师范大学出版社 2004 年版,第 154 页。

〔5〕 [美]肯尼迪:《私法裁判中的形式和实质》,肖宁译,载易继明主编:《私法》第 7 辑·第 1 卷,北京大学出版社 2007 年版。

主义获胜。”[1]事实上,以个人主义为基础的侵权法表达了这样一种人性认识,世界由“满怀信心地描绘并精力充沛地追逐他们自己的人生计划”的独立自主的个人组成,而集体主义的侵权法则认为“世界由独立又协作的人们组成”,应“鼓励更进一步的团结和利他主义”。[2]罗纳德·德沃金在思考侵权法的这个问题时提出了两个基本原则,并认为任何一个在道德上体面的法律制度都应包含这样两个原则:一是限制过失者的责任范围的原则,避免因反常的因果链条导致其承担巨大的赔偿责任,该反常的因果链条会把一个较小的过失事件扩大为范围广泛的损失;二是对无辜者在行为人所过失实施的伤害是无法预见的某些情况下能够获得赔偿的原则,避免这些无辜者被不公平地要求对他人的过失行为所导致的难以预测的后果承担损失。[3]正是因为人性中所具有的利己心与利他心两个方面的因素,才在侵权法中反映出了这种伦理冲突。事实上,法律制度既不会是纯粹个人主义的,也不可能是纯粹利他主义的,否则人性中的某一方面就会被忽略。当然,某一法律制度也不可能既是个人主义的,同时又是利他主义的,这样的制度中人性是分裂的。应该肯定,肯尼迪关于规则与标准的解释方法确实具有某种合理性,但笔者认为,这样的冲突可以通过在侵权法中采取一般条款的立法模式以及基本原则与例外情形相结合的立法技术加以解决。侵权法内部个人主义与利他主义的理论矛盾不在于其对人性认识不足,而是完全可以通过开放外部体系的方式以求助于社会法和经济法的外援即可妥适解决。20世纪后期,许多国家在努力将普通法和衡平法结合起来,并试图在合法的利己主义(受勿伤害他人的义务的限制)和适当的利他主义要求(体现于一个人不应不正当地占他

---

[1] 依照批判法学的代表人物肯尼迪的概念,个人主义思想淡化行为者对社会中其他人的责任,而集体主义思想强调行为者对社会中其他人的责任。参见朱景文主编:《对西方法律传统的挑战——美国批判法律研究运动》,广西师范大学出版社2004年版,第154~155页。

[2] 参见[美]安德鲁·奥尔特曼:《批判法学——一个自由主义的批评》,信春鹰、杨晓峰译,中国政法大学出版社2009年版,第151~152页。

[3] 参见[美]安德鲁·奥尔特曼:《批判法学——一个自由主义的批评》,信春鹰、杨晓峰译,中国政法大学出版社2009年版,第153页。

人的便宜的思想之中)之间发展出一种可接受的关系,例如,这样的努力过程就在呼吁创设一个“不正当竞争”的一般侵权行为或创设一个“善意地”进行合同磋商的一般义务中有所体现。[1] 现代侵权法呈现在当事人之间,甚至“路人”之间建立一个福祸相依的共同体的发展面向。

三、侵权法与人性的认识论:理性与经验

认识论上的人性存在理性与经验之争,理性是指人类具有推理和以行为实现目的和结果的能力,经验是人类能够通过实践获得知识的能力。“在西方哲学中,性之善恶虽然是一个与人性有关的问题,但人性研究主要集中在理性与经验之争。人到底是理性的还是经验的,这个问题成为西方人性论的永恒主题,它不仅影响世界观和方法论,而且是一切科学的基础。”[2]在认识论的视域里,人性中既有理性的因素又有经验的因素,二者是辩证统一的。对人性这一层面的认识,会影响侵权法制度的选择模式和功能的作用范围。

斯多葛学派认为:宇宙的灵魂体现在人类理性中,理性主宰着世界。[3] 西塞罗认为:“一般法的法令原则对所有民族生效的基础是,一般法是以自然的理性为基础的。”[4]格劳修斯认为:“人的特征中有一种在社会中和平共处的社会生活能力,凡符合作为一种理性的社会存在的人的本性的,便是正确的和正义的。”[5]格劳修斯及其追随者把罗马法的准则——不得伤害他人并使每个人自己的东西归其所有的准则(也就是尊重人格和尊重既得权利的准则),当作与理性造物之性质相符合的原则接受下来,并试图根据一种最终称之为自然权利的理论来回答什么是对他

---

[1] [澳]彼得·凯恩:《侵权法解剖》,汪志刚译,北京大学出版社2010年版,第215页。

[2] 陈兴良:《刑法的人性基础》,中国方正出版社1999年版,第1页。

[3] 参见[美]梯利、伍德:《西方哲学史》,葛利译,商务印书馆2005年版,第116~119页。

[4] [德]N.霍恩:《法律科学与法哲学导论》,罗莉译,法律出版社2005年版,第186~187页。

[5] [美]E.博登海默:《法理学:法哲学与法律方法》,邓正来译,中国政法大学出版社1999年版,第42页。

人的伤害这样的问题。这里所讲的自然权利,并不只是此前的自然的法律,也并不只是具有永恒效力的原则,而是某些为人们所固有的、根据理性得到证明的并得到自然法承认的品质。因此,国家法应当实施这些品质。[1] 人虽然有种种的感性欲望,但决定其行为的永远是理性而并不是这些欲望,正因如此,对人的行为进行道德评价才有可能性。侵权法上反映出的社会成员之主导形象是理性、有判断能力且自主的。在理性哲学中,康德的自由意志理论对19世纪的侵权法影响最大,该理论可以很好地解释侵权责任中的"过错",因为人具有意志自由,即理性的选择能力,任何违法或犯罪行为都是人的意志自由选择的结果,这种选择从道德的角度来看,行为人的意志是具有"过错"的,具有道义上的可谴责性,因而具有可归责性。根据这一理论,滥用意志自由,违反道德标准的意志,乃法律所谴责的过错。以"意志自由"为哲学基础的侵权行为法理论标榜尊重个人人格尊严和自由,认为人类的意志能力才能产生法律后果,为个人主义侵权法及整个民法精神的产生提供了极强的助力,也正是这种纯粹个人主义学说构成当时侵权法基础的主观过错观念、过错归责原则和自己责任原理的理论支撑,与19世纪的自由资本主义时期的政治经济条件极为吻合,正如施瓦茨所言"以证明有过失为前提的责任原则完成了它对侵权行为法的征服"[2]。

"随着理性主义的式微,经验的人性观在西方文明中逐渐盛行,经验主义哲学大行其道,逐渐成为现代西方哲学的主流。"[3] 此种哲学理论逐渐渗透包括法律科学在内的社会科学的各个领域,同时也深刻地影响了侵权法理论。孔德言称:"真正的实证精神用对象的不变规律的研究来取

---

〔1〕 参见邓正来编译:《西方法律哲学文选》,法律出版社2008年版,第299页。

〔2〕 [美]伯纳德·施瓦茨:《美国法律史》,王军等译,中国政法大学出版社1997年版,第62页。

〔3〕 朱新力主编:《行政法律责任研究——多元视角下的诠释》,法律出版社2004年版,第294页。

代所谓原因,一句话,用研究怎样来代替为何。"[1]这种人性认识对西方侵权法理论的影响主要体现在主张客观过错论,认为证实人的心理状态不具有可能性和必要性,判断过错应根据行为人客观的外在行为,过错是一个社会的概念而不是一种道德的评价。"过错的本质,不是对于原告遭受的损失和该损失是否应当预见,而是在于被告的行为和行为的危害性。"[2]也正因如此,现代侵权法不再推究人的思想和心理活动,而仅就人的外部动作所可能造成的结果进行评价。

哈耶克认为:"人的心智的发展乃是文明发展的一部分,人的心智本身也是这样一种系统,它在努力使自己适应外部环境的过程中不断发生着变化。"[3]理性行为并非人类唯一的行为方式,人类在社会生活中,往往依靠理性、直觉、试错或无数次的检验将从实践中得到的成功经验变为习俗,经人们的模仿,将之复制和普及。法律其实就是经验与理性相结合的产物,因而,庞德指出,"法既是理性,也是经验。它是经过理性发展了的经验,又是经过经验检验了的理性。除非造法者的意志受到理性和经验的支配,否则我们就没有理由期待他制订的东西能得到执行"[4]。因此,在认识论视域内,人是理性人与经验人的统一,理性行为和经验行为都是人类的行为方式,人的经验能力和自觉能动性的理性能力是使法治得以产生的根源之一。一方面,侵权法中的"囚徒困境"理论也提示我们,一种行为模式对于个人看起来是很理性的,但是对于个人构成的集体来说却是非理性的,最后对于每个人来说也是非理性的。[5] 德富林曾说,

---

〔1〕 [法]孔德:《实证主义概念》,T. H. Bridges,伦敦,第 50 页。转引自王利明:《侵权行为法归责原则研究》,中国政法大学出版社 2003 年版,第 193 页。

〔2〕 [捷]维克托·纳普:《国际比较法百科全书·侵权行为·概述》,法律出版社 2002 年版,第 70 页。

〔3〕 [德]K. 茨威格特、H. 克茨:《比较法总论》,潘汉典、米健译,贵州人民出版社 1992 年版,第 21 页。

〔4〕 [美]庞德:《通过法律的社会控制——法律的任务》,沈宗灵译,商务印书馆 1984 年版,第 131 页。

〔5〕 关于囚徒困境的阐述,参见[美]波斯纳:《法理学问题》,苏力译,中国政法大学出版社 1994 年版。

“不要把理智健全和有正义感的人同有理性的人混淆，不要期望他对每件事情都进行推理，他的判断可能主要是一个感情问题”。[1] 因而，过于强调人性中的个人理性要素，恐会“阻碍公共福利之实现或妨碍社会之进步发展”，侵权法还需关注人性中的非理性与感性的成分，思考个人偏好和社会习惯对行为选择的影响，通过制度和规则的设定激发人的责任心和正义感，将人的理性引向更加符合人性发展的行为合理性。[2] 另一方面，“实证科学只研究怎么样，而不研究为什么”[3] 的特点，虽然促进了侵权法补偿功能的强化，但因其完全否定了意志与行为之间的内在与外在关系，无法真正把握侵权行为本质，从而导致侵权法理论忽略过错中故意与过失、主观过失与客观过失的区别，判断侵权行为时看不到人的动机与目的、善意与恶意、诚信与不正当，使侵权法的制裁与遏制功能不能很好的发挥，而其本应承担的行为引导与教育的社会功能则被彻底隐去。

第三节 侵权法危机的伦理诊断

伦理学的第一原则——行善不为恶——通过人的理性的、自由的、社会的自然之本质性存在，而获得其实体性内容（决定什么为善的标准）。[4] 法律的各种驱动力，并不完全存在于纯然的实务面向上。应该说，伦理的面向总是跟它衔接在一起。[5] 如果认识不到这一点，终将会

---

〔1〕 张文显：《二十世纪西方法哲学思潮研究》，法律出版社 2006 年版，第 357 页。

〔2〕 罗尔斯区分合理性和理性这两个概念：当我们以一种有利于自己的形式多样的方式追求我们的利益、目标和理想时，我们是在理性的行为。当我们对别人的利益表示应有的尊重——即我们追求自己的目的和理想是基于提供给我们自己和他人公平的机会以追求我们各自的目的和渴望的条款时，我们是在合理的行为。理性标准支配着有共同的终极目标的个人和组织的选择；合理性标准支配着我们作为一个有着不同且无法比较的目标的平等人所组成的团体的成员所作出的选择。参见［美］格瑞尔德·J. 波斯特马主编：《哲学与侵权行为法》，陈敏、云建芳译，易继明校，北京大学出版社 2005 年版，第 30 页。

〔3〕 参见陈兴良：《刑法的人性基础》，中国方正出版社 1996 年版，第 149 页。

〔4〕 ［德］海因里希·罗门：《自然法观念史和哲学》，生活·读书·新知三联书店 2007 年版，第 168 页。

〔5〕 ［德］鲁道夫·冯·耶林：《法学是一门科学吗？》，李君韬译，法律出版社 2010 年版，第 72 页。

造成法律在整体上的伦理危机，并引发正当性的质疑。近代侵权法发展到当代，在关于人性的问题上一直内含一对矛盾：一方面，侵权法坚持对人性的关怀与尊重，伴随人性的历史性发展而完成了制度的启蒙；另一方面，为了完成预设的制度使命，侵权法在努力克服传统体系因对人性认识的单向度而导致的不良后果的过程中，呈现出价值悖反与社会生活失衡的矛盾运动态势，甚至出现"无过错的过错责任"这种异化的侵权法制度，最终反而走向了人性的背离。当侵权法的这种矛盾性格表现为外在体系无法与内在体系相合致时，当其制度规则的运行结果已经背离了人们的道德直觉和伦理期望时，侵权法便被一片危机之声淹没了。庞德曾引用霍姆斯的话概括法律与伦理相悖的现象："法律概念备受嘲笑，一切伦理成分被清除了。"〔1〕法律不应为精神或各种非理性的生命力量建立起本质上与其格格不入的规范的监狱，它只是指导着蛮横的生命力量，为的是让人能够真正地像人那样生活。〔2〕 侵权法不仅仅为个体的权利和利益提供保护，它还具有积极的伦理功能：完善人性使人具有更多的美德。如果不能将侵权法作为"一套与个人对待他人的行为有关的伦理原则"〔3〕来看待的话，就可能因背离人性而引发伦理性危机。"人从未像现在那样对自身越来越充满疑问。……研究人的各种特殊科学与日俱增，但却掩盖了人的本质，而不是去照亮它。"〔4〕对侵权法危机进行伦理诊断，则是为了给侵权法搭建一条人性回归的路途。

一、"现实人"的多义性与抽象掉了人的差异性的侵权法

人乃是处于社会整体性关系中的行动者，个人的概念具有多个经纬，

〔1〕 ［美］庞德：《通过法律的社会控制——法律的任务》，沈宗灵等译，商务印书馆1984年版，第50页。

〔2〕 ［德］海因里希·罗门：《自然法观念史和哲学》，生活·读书·新知三联书店2007年版，第191页。

〔3〕 ［澳］彼得·凯恩：《侵权法解剖》，汪志刚译，北京大学出版社2010年版，第26页。

〔4〕 ［德］马克思·舍勒：《人在宇宙中的地位》，李伯杰译，贵州人民出版社2000年版，第2页。

处于不同的时间和空间维度，在心理、生理、能力、机会和境遇等方面存在很大差别，因而现实生活中的人具有多义性，体现为生物人与法律人、公民与市民、本国人与外国人、成年人与未成年人、强者与弱者、富人与穷人等诸多差异性。现实中的人虽然具有复杂的面向，但法律却有意抽象掉了人的各种差别，剔除人的一切外在属性而只从形式伦理的角度来对人进行规制和定位。“法所抽象掉的，首先是法的承受者的约束其自由意志的能力，而只考虑他们的自由选择。法还抽象掉各种有关行动计划的生活世界的复杂性，而局限于具有确定社会类型的行动者们彼此种种互动影响之间的外在关系。最后，如我们已经看到的那样，法还抽象掉服从规则的那种动机，而满足于行动对于规则的服从，不管这种服从是如何发生的。”〔1〕侵权法基于普遍性立法技术的要求，预设了自由与平等的人，从而“构成了一个围绕这个人的规则的网络，而不管这个人的品格，不管其特有的、与众不同的人品特征”〔2〕。近代法的代表——《法国民法典》虽然在私法上向“以合适于人的方式对待人的方向”迈出了基础性的第一步，但也丝毫没有顾及现实中的个人因自身能力、家庭背景等原因而导致的自由差异。这种差异在社会中不断累积会导致社会财富向极少数人汇聚，使大多数的人在事实上失去了自由的可能后果。形式伦理中的人在现代社会遇到了前所未有的挑战，“个人被作为抽象掉了种种实际能力的竞争平等的法律人格对待。这种处理具有历史意义，但是也产生了令人难以忍受的后果，支持了在各种情况下人与人之间实际的不平等，尤其是贫富差距中产生的各种问题表面化”〔3〕。抽象掉了人的差异性的侵权法把刚刚从大自然的束缚中解放出来的“人性”慢慢地又“关进了一个由工厂、贫民窟、混凝土丛林，以及理性化的国家官僚主义迷宫所构成的‘铁

〔1〕［德］哈贝马斯：《在事实和规范之间：关于法律和民主法治国的商谈理论》，童世骏译，生活·读书·新知三联书店2003年版，第137页。

〔2〕［德］海因里希·罗门：《自然法观念史和哲学》，生活·读书·新知三联书店2007年版，第188页。

〔3〕［日］星野英一：《私法中的人——以财产法为中心》，载梁慧星主编：《民商法论丛》第8卷，法律出版社1998年版。

笼'之中"[1]。现代侵权法考虑到社会基础变迁对私法价值的影响,在主体"平等性"与"互换性"丧失之后开始关注现实中的具体人,随之引发侵权法由形式正义向实质正义转化,侵权法的安定性向社会妥当性妥协。

人的主体差异与多义性导致不同法域具有天然的"断裂":财产法中的人是理性的经济人而家庭法中的人则是伦理人。侵权法在保护不同法域所确立的权利时由于其外在体系在技术上的抽象性,极易遮蔽其背后所蕴含的伦理因素,导致社会中的利益冲突加剧和伦理价值失落。事实上,侵权法中的"人"也发生了剧烈分化,单一的"主体"原型并不能够满足侵权法内在体系的要求。[2] 在现代侵权法中,"抽象人"让位于"具体人","经济人"的理性成分受到削减,而企业的发展又催生了集体责任抑或企业责任。从社会现实结构出发,可以发现在侵权法中存在如下三个层次的责任主体:私的自然人、以企业为中心的各种组织以及处在各种组织分工下的个人。[3] 然而,在未洞察到蕴含于人的社会本性和自然本性中的、蕴含于人的伦理行为中的最深刻的人性规律之时,侵权法的制度调整只能以矛盾的形式表现出来,最终使受侵权法约束的人们在伦理观念与社会现实的双重压力下变得无所适从且无所畏惧,从而加剧了思想混乱和行为失范。侵权法必须洞见人在不同生活场域的不同伦理诉求,思考其所能够介入的人的社会生活的深度和广度。有学者批评我国的《侵权责任法》,认为其在人性的解读上只是粗疏地看到了人的复杂性,并未参透人性的多义性,在"人"的概念上飘忽不定:从"侵权人、被侵权人"到"行为人、他人"再到"用人单位、管理人、组织者、机构",这虽然在不同层面反映了侵权类型化的要求,但"加害人""受害人""责任人"等核心概念却未得到彰显。[4] 其中所暴露出的问题,正是缘于侵权法在思考人的伦理问题时仍然存在一定的盲点和误区,即注重人的平等性和抽象化而忽

[1] 李工真:《德意志道路——现代化进程研究》,武汉大学出版社 1997 年版,第 307 页。
[2] 朱岩:《社会基础变迁与民法双重体系建构》,载《中国社会科学》2010 年第 6 期。
[3] 朱岩:《社会基础变迁与民法双重体系建构》,载《中国社会科学》2010 年第 6 期。
[4] 朱岩:《社会基础变迁与民法双重体系建构》,载《中国社会科学》2010 年第 6 期。

视了人的多层次与多维度。

二、侵权法的类型化与隐去的人之身份和角色

“法律是建立在对人类的典型性行为的一般化了的心理假设基础之上的”[1]，侵权法的发展历史很大程度上也就是在确立标准并寻求类型化的技术进化过程，通过主体与活动的归类，确定类型化的人的形象和活动样态，以此正当化针对不同人所施加的侵权责任，如替代责任、产品责任、交通事故责任、医疗损害责任、环境污染责任、高度危险责任、饲养动物责任以及物件损害责任等。在侵权法中，存在这种情况：“社会福利和对被告的公平之间的冲突可以根据被告是个人还是一家大型公司而采取不同的解决方法。”[2]然而，侵权法在类型化的过程中也在尽量隐去人的不同身份和角色差异，忽略人基于身份和角色而产生的伦理责任。作为一种社会性存在，意味着不能用原子论的框架来定位个人，所有人都始终处于一定的社会之中，由该社会赋予其身份、地位及角色并受到社会期待和社会规范的制约。事实上，美国最高法院很早就提出了“工人的事故损害赔偿的权利不再是契约上的，而是身份上的”的观点，声称“（雇主赔偿）责任的基础不是雇主的行为或疏忽，而是受雇人和雇主之间的关系”。[3] 人会以不同的身份和角色出现在不同的伦理关系中，如家庭关系中的父母与子女、婚姻关系中的丈夫与妻子、师生关系中的老师与学生、医患关系中的医生与患者、消费关系中的生产（销售）者与消费者，甚至于诉讼中的原告与被告、合同中的甲方与乙方等，不一而足。法律针对人的不同身份和角色设定不同的权利与义务，并非简单基于人参与多种法律关系这一基本事实的判断，其合理性还在于不同关系的伦理诉求具有极大的差异性。例如，婚姻家庭关系具有极强的伦理色彩，侵权法只能发挥辅助的功能而很难直接和全面的介入，侵权法如若深度介入人们的

---

[1] [德]N. 霍恩：《法律科学与法哲学导论》，罗莉译，法律出版社 2005 年版，第 17 页。
[2] [澳]皮特·凯恩：《法律与道德中的责任》，商务印书馆 2008 年版，第 305 页。
[3] 傅静坤：《二十世纪契约法》，法律出版社 1997 年版，第 212 页。

这种伦理生活就会导致信赖关系的破坏与亲情的疏远,这样的结果并非立法者所期待。再如,医患关系向来具有技术和伦理两个层面的问题:就技术层面而言,国家对于医师的业务监督内容中,除了谁有资格充任医师之外,还要求医师应具有一定程度的医学知识,且在进行医疗行为时,必须遵守一定的医疗准则与技术,以确保达到保护病人生命、身体、健康的目的;就伦理层面而言,支配医生的最主要伦理规范可以追溯至古希腊的"希波克拉提斯誓言",要求宣誓者必须尽其所能为病人的利益而为适当的措施,避免病人遭受损害与不正,强调的无非是"不可伤人乃医师之天职"这样的理念。如果没有认清医患关系的伦理蕴含,则很难规划出符合人性需求的制度规范,浅薄的认识与轻率的结论很容易加深社会误解并导致医生与患者之间的信任关系破裂,侵权法必须警醒于医生这一角色的伦理内涵,医疗侵权责任的设定应有助于恢复医疗行为的人性化。侵权法需根据商人的特殊地位思考商业伦理在经济侵权制度中的基础作用,"因为在商业自由和经营自由的标志下,这些职业并未被表述为封闭性的人员群体:每个人都可以成为商人,并由此而同这些专门的职业规定打交道"〔1〕。值得关注的还有原告与被告的角色差异对侵权法制度规则的影响,通常作为原告的受害人即使享有充分的实体权利也可能受限于程序上的原因,如举证责任与说服责任而无法真正得以实现。

三、侵权法的物化趋势与人的尊严性存在

近代民法以财产权利为中心,主要体现为对外在财富的支配。这显然忽视了人的存在中的精神性的一面,人的内涵中多样性被简单地物质化了。〔2〕"作为伦理原则集合的侵权法"〔3〕,需通过设定行为规则致力于解决社会中的伦理分歧,因而要关注社会生活中的共同信念和集体情

〔1〕[德]迪特尔·施瓦布:《民法导论》,邓冲译,法律出版社2006年版,第86页。

〔2〕参见薛军:《人的保护:中国民法典编撰的价值基础》,载《中国社会科学》2006年第4期。

〔3〕[澳]彼得·凯恩:《侵权法解剖》,汪志刚译,北京大学出版社2010年版,第26页。

感。“人及人之尊严是整个法律秩序的最高原则”[1]，这样的道德观念影响之下，侵权法所保护的人格权的范围不断扩展，保护方法也逐渐完善，进而形成了一个凸显人的尊严并对侵害予以有效救济的人格权法律体系。当人的伦理价值越来越多地被作为某种权利加以保护时，这种价值便会脱离人本身而逐渐呈现出物化的趋势：人格权开始有了价值，可以用财产加以衡量，并可以通过损害赔偿的方式加以救济。然而，按照康德的理论，人的伦理价值是不能用财产来衡量的，“一个有价值的东西能被其他东西所代替，这是等价；与此相反，超越于一切价值之上，没有等价物可代替，才是尊严”[2]。尽管财产是人格发展所不可或缺的，但是，把一切具体人格权都物化，就会削弱人格权的伦理性意涵而造成人格与财产之间界限的模糊，最终反而损及人的尊严。“法的正义之问题在根本上与‘人的尊严’密切相关，尽管人类的历史反复经历了数不胜数的错误和愚顽，蹒跚在前进与后退的锯齿之路，但从长远的眼光看，是一部以‘人的尊严’为目标的斗争的历史。”[3]不可否认，许多人格权具有财产价值，如姓名权、肖像权、公开权等，但对于某些与人身紧密相关的身体、自由等的支配则存在很大的争议，如人是否有出卖身体器官、自愿卖身为奴、卖淫的权利等，是不包含在个人自治和自我决定的范畴的，否则会因为在伦理观念上触动了人之为人的道德底线而引发伦理危机。侵权法在保护人格完整利益、心理与精神健康、个人与集体的安全等方面很大程度上都以赔偿金为主要的救济方式，忽视了通过尊重和社会平等而实现的人之尊严与制度设计之间的关系，因而某种程度上是加速了贫富分化和社会对立。“当论及情感利益、非财产损害、侵犯人格时，在法律中不涉及机体内部的感觉，而是涉及以货币单位计量为客观价值，该价值使得受保护的、法益

---

〔1〕 王泽鉴：《民法总论》，中国政法大学出版社 2001 年版，第 35 页。

〔2〕 [德]康德：《道德形而上学原理》，苗力田译，上海人民出版社 2002 年版，第 53 页。

〔3〕 [日]渡边洋三：《法为何物》，岩波书店 1998 年版，第 17 页。

成为可交易的商品,成为精神利益。”[1]现代社会在法律制度层面表现出的一种被称为“人的物化现象”的过程,不断触及人类存在的根基。尽管金钱补偿能够使受到物质性伤害时的人格尊严损害的某些方面得到恢复,但在替代受尊重和有尊严方面,特别是面对社会不平等时,金钱的作用毕竟是有限的。由于受到损害的人是不同的,其心理反应和实际遭受伤害的程度也有差别,法律如果不考虑这种差异而以同样的标准来确定对受害人利益的补偿,法律平等执行的目的是达到了,但法律的这种标准则未必会让人感受到公平。社会平等要求我们每个人都得到公平对待,体面地生存于社会之中并且得到作为共同体成员的尊重,事实上,人的尊严得到保护可以加强社会平等,而社会不平等则会直接损害人的尊严。侵权法如果仅考虑对受损害的利益的救济,过度地依赖和运用损害赔偿金来实现制度的这一功能,就会丧失对根除社会不平等发挥作用的责任感和能力,甚至制造出更多的不平等、分化与对抗。从某种程度来说,人的尊严首先表现为体面的生存,如果损害赔偿的结果是无法维持这种体面或者是无法保证这种体面,尊严与生存之间就会产生一种撕扯,最终就只能导致人与人、人与社会之间的冲突加剧。侵权法应尽其所能地展现其实现社会平等与正义的制度努力,全面考虑自由与平等、人的生存性存在与尊严性存在之间的关系,在此基础上反思运用损害赔偿金的所能及可能。

四、侵权法对行为人主观动机与目的的回避

侵权法以实际发生的行为为评价对象,以客观的、外在的结果为计量的基础,表现了其规则的普遍特征。现代社会中的法律基于抽象平等的理念,把个人作为一个与其他人并无不同的“标准人”,以外部行为作为评价人的标准,至于人的内心和个人的品性,都不再是法律所关注的对象。

---

〔1〕[德]罗尔夫·克尼佩尔:《法律与历史——论〈德国民法典〉的形成与变迁》,朱岩译,法律出版社2003年版,第77页。

"不能以良好的动机为不法行为做辩解,而恶意或不良的动机也不能使得本来是合法的行为变成侵权行为。"[1]正因如此,现代侵权法的生存与运作特别强调形式理性,而代表着人的观念、想法的内心世界则越来越成为多余的东西。"民法的一个基本原理是'法律不问动机'。情感在民法中的意义基本上被剥离了。"[2]换句话说,民法对于人的主观动机、目的和愿望是不予过问的,它只以行为作为考量的唯一对象。侵权法的一般规则于是呈现出这样的现实面貌:首先,行为人从事行为的动机与行为的侵权性毫不相干,一方面,如果侵犯他人利益的行为本身不具有侵权性质,那么,行为是处于不良动机而为的事实将不会使该行为具有侵权性质;另一方面,具有侵权性质的侵犯他人权利的行为也不会因动机是好的就得到宽宥。其次,侵权责任的承担并不与主观状态建立联系,一方面,由于行为人承担侵权责任通常与过错程度并无关系,因而其笼统地用过错包含故意和过失两个完全不同的概念;另一方面,在认定过错时通常以客观化的标准加以衡量,注重对行为人的客观外部行为的考察而不是对行为人主观心理状态的检验,强调对外部行为的归责而不是对内在意志的非难。由此可见,活跃于侵权法世界中的人,不再是具有情感的有血有肉的活生生的人,他们的好恶爱憎不会影响侵权责任的成立也不影响责任的具体内容,因此支撑行为背后的主观动机和目的不再具有法律上的意义,侵权法所规制的对象完全是脱离了人的内心的外在活动。就生活的常态而言,人的行为都受思想意识、动机和目的的支配,游离于人的主观意识支配的行为要么不存在,要么就是机械的身体运动。侵权法中,动机与目的完全为抽象的"自由意志"所遮蔽。实际上,"意志"与"动机"有明显的区别,"动机指需要、欲望、意图,个人和社会的历史,有意无意地敦促行动,换句话说,动机使人们真实。另外,意志是与过错相关的虚假的建构,

---

〔1〕 Arthur Rip Stein, *Philosophy of Tort Law*, in Jules Coleman & Sotto Shapiroed, *Jurisprudence and Philosophy of Law*, Oxoford Unversity Press, p. 657.

〔2〕 谢鸿飞:《论法律行为概念的缘起与法学方法》,载易继明主编:《私法》第 4 卷,北京大学出版社 2003 年版。

不考虑行为的原因和动机的责任归属……按尼诺的说法，'法律忽略了人的行为的一般精神因素——动机'"[1]。由此可见，动机和目的是当事人选择行为的根源所在，体现了人的真实存在，不考虑动机和目的，自然难以对侵权行为作出理性评价，侵权法的制裁和抑制功能也就很难真正得到发挥。虽然行为对于道德评价具有很强的影响，但是他们最终指向的是动机和目的，并通过动机和目的指向行为背后的人格，"当我们作为旁观者观察他人的时候，所能依照的只是他们的行动和行为，我们把这些作为通向他们动机的线索，而我们更感兴趣的是他们的动机，因为动机更紧密地与他们的特性和人格联系在一起"[2]。不可否认，法律最终要评价的对象正是人格及其持久的特性。事实上，"法律并非完全不考虑人的内心状态，与人的行为关系密切的契约法和侵权行为法则与人的内心相关"。[3] 侵权法提出的问题属于接近哲学乃至人性论的对象和有关社会关系论的内容，前者就在于侵权法需关注从社会、家庭成员这种人们的眼睛所能看到的人的外在层面与隐藏于内心深处的人的内在层面，因为它要考量其制度可能发挥作用的空间。侵权法不仅要追问何种行为配置何种制度，而且要探究是什么激励了这种行为，这样才能真正找寻到制度与规则的意向。正因如此，关于侵权行为中故意与过失相区分的意义，目前在侵权法学界是争论比较激烈的论题。从法感情的角度来看，人们基于常识即可判断出：过失致人溺水死亡显然与拒绝对溺水者施救致其死亡有天壤之别，而故意欺诈他人显然与过失提供错误信息存在巨大差异。英美法国家的侵权法甚至区别行动与语言，其在法律上一直拒绝承认对他人有任何小心说话的义务，即使他人因合理地依赖该信息而给其带来损害。在实证法中，认定某些侵权行为，特别是经济侵权，故意或恶意成

---

〔1〕［美］科斯塔斯·杜兹纳：《人权的终结》，郭春发译，江苏人民出版社 2002 年版，第 254 页。

〔2〕［丹］努德·哈孔森：《立法者的科学——大卫·休谟与亚当·斯密的自然法理学》，赵立岩译，浙江大学出版社 2010 年版，第 8 页。

〔3〕［日］星野英一：《民法劝学》，北京大学出版社 2003 年版，第 112 页。

为责任成立与责任范围的主观性条件,侵权法此处关注的也是内心问题。尽管狄骥认为客观责任是法律的发展趋势,但他并不认为主观责任“业已消灭”或“应该完全消灭”,“在个人的关系上,它依然存在着而将来仍旧长期地存在。不过我所说的,是主观责任的范围逐渐缩小,而过失或疏忽的归属原则不必涉及个人与个人之间的关系,而只涉及团体与团体,或团体与个人间的关系”[1]。从哲学角度来看,主观与客观是一对永恒的矛盾,过于强调客观会使法律远离人的真实,而过于看重主观则可能放纵法官的自由裁量权,因而,侵权法必须面对富勒所说的这样“一道无解的难题”:“虽然一种超然的正义标准注定有时会显得过于严苛,但……一种试图探测和把握私人世界之疆域的体贴的正义的标准却在情在理都无法做到不偏不倚”,“法律不知道任何可以帮助它超越这种矛盾处境的魔法”,“它不得不踏上一条不确定的中间道路,在处理某些涉及明显能力不足的案件时放宽适用理性人标准”。[2] 尽管这一“中间道路”本身还很不确定,但是我们必须作出这样的提示,即侵权法对动机和目的的回避使其放弃了对行为人行为方式的伦理评价,严格地看就是对人的漠视。

五、侵权法疏于关注人对行为的内心感受

“数千年来,私法的发展则是经由一种发现法律的过程而得以展开的——在发现法律的过程中,法官和法学家所试图发现和努力阐明的只是那些长期以来一直支配着人们行动的规则和‘正义感’。”[3]对故意侵权行为的厌恶与敌视,对被害人的怜悯和同情,是人类难以割舍的情感体验,正是这种情感体验的传承使侵权法产生并发展,其所要解释和表达的也正是隐含于这种情感背后的人性需求,侵权法绝不应仅注目规则而忘

[1] [法]莱昂·狄骥:《〈拿破仑法典〉以来私法的普通变迁》,徐砥平译,中国政法大学出版社 2003 年版,第 130 页。

[2] [美]富勒:《法律的道德性》,郑戈泽,商务印书馆 2005 年版,第 85 页。

[3] [英]哈耶克:《政治思想中的语言混淆》,载[英]哈耶克:《哈耶克论文集》,邓正来选编/译,首都经济贸易大学出版社 2001 年版,第 17 页。

却人们内心对责任与正义的社会感受。正因为这个原因,侵权法在对待财产损害的赔偿时显然比对待人身损害的态度更为保守,其通常是拒绝保护经济安全或者纯经济损失。人们对社会秩序运作的态度与其对责任的看法有着紧密的勾连,责任概念的意义远非强制所能涵盖,它所具有的最为重要的意义还在于它能引导人们进行自由决策。“一个自由的社会很可能会比其他任何形式的社会都更要求做到下述两点:一是人的行动应当为责任感所引导,而这种责任在范围上远远大于法律所强设的义务范围;二是一般性舆论应当赞赏并弘扬责任观念,亦即个人应当被视为对其努力的成败负有责任的观念。”[1]因此,当人们被允许按照他们自己视为合适的方式行事的时候,他们也就必须被认为对其努力的结果负有责任。事实上,现代技术主义的立法与司法活动已将侵权法从其本属的生活质地中强行剥离,而异化为与特定的民众、习俗、传统相疏离的僵化体系,压抑了人们基本的正义感、道德感和伦理观,因其规则“长有牙齿”而成为凌驾于社会生活之上的只能唤起人们敬畏、躲避、恐惧或者膜拜情绪的文本。当人们甚至无法靠理性、常识和正义感判断自己或他人的行为是否正当时,他们就会丧失对法律的信任与依赖,侵权法也会因其不再具有依凭感和亲和力而失去精神家园。侵权诉讼的双边结构特征使侵权法在法庭上往往表现为归责游戏、举证技术及诉讼策略等,当这种影响被带入社会生活中时,就会和一般人所想象的具有强烈责任感的理想的人类形象发生抵触。“首先竭力提出自己的主张,然后等待审判结果”的态度,一方面是“为权利而斗争”的普遍化,另一方面也表现出现代人的道德颓废并制造出“病态的诉讼社会”。[2] 法律不能以单纯逻辑上结果之名来保障其地位,否则,它就是在保障一种不再具有正当性的自由利益,并且使对于社会正义的信任落空。而在此种对于社会正义的信任背后,其实

〔1〕 [英]哈耶克:《自由秩序原理》,邓正来译,生活·读书·新知三联书店 1997 年版,第 134 页。

〔2〕 参见[日]棚濑孝雄:《现代日本的法和秩序》,易平译,中国政法大学出版社 2002 年版,第 56 页。

也存在一项关于人类生活之受保障的自由空间的要求，即使它具有含糊的形式。[1] 在侵权责任问题与救济问题之间清楚的分界可能模糊了受害人怨恨的真正特性，对于受到规范违反伤害的人来说，违法的意识是伤害的一个基本构成。如果是他人而不是侵权行为人补偿了实际损失，如果社会没有对侵权行为人施加制裁，那么整个规范结构就会失去很多力量，一方面无法塑造具有责任感的公民形象，另一方面却也无法满足社会的正义要求。责任心和正义感在某种意义上是这个社会最为神圣的生活要素，因而也是这个社会最基础性的法则，是侵权法立法与司法实践的最终皈依。法国自由法学派代表人物热尼尝言："我们应追问理性和良心，从我们最内在的天性中发现正义的根本基础。"[2] 对侵权责任的全部特征的认识会引导人们对侵权法救济功能进行更为深刻的理解，侵权法治疗伤害并不是将其工作限制在金钱赔偿金的支付范围内，它不仅要救济那些日益扩张的利益诉求，更应救济在这个世界上人们极为珍视的责任感和正义感。

---

〔1〕［德］鲁道夫·冯·耶林：《法学是一门科学吗？》，李君韬译，法律出版社 2010 年版，第116 页。

〔2〕［美］本杰明·卡多佐：《司法过程的性质》，苏力译，商务印书馆 1998 年版，第 85 页。

第二章　侵权法的道德基础

“道德的目的，从其社会意义上来看，就是要通过减少过分自私的影响范围、减少对他人的有害行为、消除两败俱伤的争斗以及社会生活中其他潜在的分裂力量而加强社会和谐。”[1]任何对自由与权利的追问以及寻求它们合法性基础的理论大多是建立在道德理论的基础之上，“事有为道德所漠视而不加判断者；事有为道德所未明白决定者；事复有虽经道德裁夺而可否未能一致者：法家在此际必须以道德的普遍理论以为向导”[2]。所有法律都需要某种观念作为其道德基础，因此，实证法总会提到道德。要求人们遵守法律的义务不是源自国家强制力，而是“法律规则内在的道德力量”[3]，只有趋向于接近道德规范的意志，实证法才能获得普遍接受的正当性。侵权法亦是人类追求正义之努力的记录，其主旨在于将道德考量引入社会与经济生活，因此其立法与司法实践处处渗透道德因素的考量。侵权法是一个伦理规则和原则体系，因而，也是一个道德体系。[4] 在侵权法的修辞表达中，从损害到赔偿，从行为自由到权利保

---

〔1〕［美］E. 博登海默：《法理学：法哲学与法律方法》，邓正来译，中国政法大学出版社 1999 年版，第 371 页。

〔2〕［美］庞德：《庞德法学文述》，雷宾南、张文伯译，中国政法大学出版社 2005 年版，第 83 页。

〔3〕［美］罗斯科·庞德：《法理学》（第 2 卷），封丽霞译，法律出版社 2007 年版，第 35 页。

〔4〕［澳］彼得·凯恩：《侵权法解剖》，汪志刚译，北京大学出版社 2010 年版，第 27 页。

护,从故意到过失,从过错归责到严格责任,处处可见令人们承担侵权责任的道德术语,侵权法俨然成为一个道德观念的库房并坚持着"道德教育家"的职责。正是在这个意义上,侵权行为法上的责任"始终"是一个政治道德的问题。[1] "如若思考应对侵权行为法危机的出路,就不能不重新追问法律背后的实质正义观所具有的道德内涵。"[2]

第一节　侵权法的起源:道德观念的一种表达

法律本身就是起源于人类的相互伤害行为,正是由于对侵害的厌恶与恐惧,才有了发达的法制史,韦伯传统下的社会学家甚至认为国家并非如洛克和霍布斯所论证的那样起源于契约,而是起源于侵权。[3] 侵权与赔偿现象自古有之,但是侵权法成为法律一个较为独立的分支,则要推迟到19世纪之后。19世纪以前,侵权法隐藏在庞杂的法律制度之中,犯罪法、合同法和侵权法并没有明显的区分,严格责任与过失也没有清晰的界限,侵权法的赔偿功能与威慑功能混杂在一起。[4] 传统侵权法一直被理解为建立在普遍的道德基础上的一套规则与原理,来解决不当行为产生的侵权争议。侵权立法历经数千年的发展,其自身演化的历史进程记录着人类社会受损利益救济机制变迁的轨迹,其规范起源于公共道德观念的一种表达,其体系是人类通过道德努力而获得的。

一、侵权责任的原始形态:复仇制度

"为现代法所知道的多种责任形式,起源于复仇这一共同基础。它们

---

〔1〕［美］朱尔斯·L.科尔曼:《原则的实践——为法律理论的实用主义方法辩护》,丁海俊译,法律出版社2006年版,第73页。

〔2〕［日］棚濑孝雄:《现代日本的法和秩序》,易平译,中国政法大学出版社2002年版,第45页。

〔3〕参见［美］约翰·法比安·维特:《事故共和国——残疾的工人、贫穷的寡妇与美国法的重构》,田雷译,上海三联书店2008年版,第10页。

〔4〕徐爱国:《解读侵权法的政治学理论》,载《中外法学》2009年第3期。

开始于同一个道德基础,即有人应该被归责的想法。"[1]在古代社会,"为一个被杀害的亲属报仇是一项公认的义务"[2],法律的特征是复仇。在公权力尚不发达的时代,报复是针对所有侵害的回应方式。根据历史学家的看法,古代社会的这种"法律"并不是由民族共同体的上层所设置的一种规则体系,它是民族共同体的共同意识、共同良心的一个组成部分。"法律就是亲属关系、领主单位关系和地域共同体关系。如果这些关系遭到侵犯,那么最初的反应将是寻求报复。"[3]早期部落公社时期,家族是最基本的社会单位,对侵害行为盛行的是血亲与血族复仇,也被称为无限复仇,这种行为采取自由的原则,在时间与空间上都没有任何限制,往往造成"恶的无限性"结果。因为这种报复往往造成更大的损害,以至于危害到社会秩序的稳定,最终为同态复仇所取代。原始社会晚期到奴隶社会早期开始流行同态复仇,又称为有限复仇、对等复仇,即所谓"若有伤害,就要以命偿命,以眼还眼,以牙还牙,以手还手,以脚还脚,以烙还烙,以伤还伤,以打还打"[4]。与血亲与血族复仇相比,同态复仇在复仇的主体、对象与时间上都放弃了无限性,有了明确化和定型化的规则,这些规则要求复仇行为须与侵害行为具有对等性,折射出了当时社会一种极为朴实的伦理观念。同态复仇开始带有明显的阶级性,即只有在等级相同的人之间适用,它注重的不是加害人的主观意识,而是客观的损害结果。因此,侵权法的原始形态是以"血亲复仇""同态复仇"等被部落成员所"公认"的规则表现的。比较而言,在血亲与血族复仇阶段,人类尚未脱离兽性,人的价值观和理性认识十分微弱,时至同态复仇阶段,人类萌生了原始的平等理念,产生了与社会等级相联系的对等的价值观,人性中的理

---

〔1〕 [美]小奥利弗·温德尔·霍姆斯:《普通法》,冉昊、姚中秋译,中国政法大学出版社2006年版,第34页。

〔2〕 [美]路易斯·亨利·摩尔根:《古代社会》,杨东莼等译,商务印书馆1981年版,第75页。

〔3〕 参见[美]伯尔曼:《法律与革命》,高鸿钧等译,中国大百科全书出版社1993年版,第92~93页。

〔4〕《旧约全书·出埃及记》。

性因素也开始生发。报仇一方面满足了被害人或其家属的心理感情，另一方面亦可因此预防将来损害的发生。[1] 因而，复仇制度在当时社会有普遍认同和社会基础，表达了蒙昧时代人们对侵害行为的态度和看法。这种“同等报复在人类头脑中撒下了正义思想的种子”[2]，在古代人的原始正义观中，把正义理解成一种超人世的对超越自身规定地位的事物的惩罚，以恢复那种永恒的秩序。但复仇行为的代价却是秩序的破坏，进而影响到团体的利益，随着人的对立人格的形成和法律文化的演进，报复正义逐渐为报偿正义所替代，“复仇方式乃遭废弃，罚金制度卒告建立，其向国家支付者为刑罚，其向被害人或其家属支付者，则为损害赔偿”[3]。

二、体现报偿正义观念的损害赔偿机制

随着人性逐渐与物性相分离，人的独立价值开始得到认同，当财产所有权概念发展起来后，便产生了以财物来赔偿的风俗，“报偿正义”由此产生。报偿是一种以赎罪金的方式代替同态复仇，由此出现了报偿的替代和报偿的计算。到古代成文法时期，复仇逐渐为损害赔偿所取代并用法律形式固定下来，开始以公开的审判来实现公理性的正义，侵权法由此产生了。侵权制度被视为复仇制度的一种文明替代品，这个制度是以报偿正义观念为基础的。最初的损害赔偿，与其说是填补受害人的损失，不如说是对受害人放弃复仇权的一种报偿。[4] 经由一个集权机构（国家）来实现赔偿金的支付，从而取代了复仇制度成为损害赔偿的机制。公元前2000年左右，《汉穆拉比法典》就规定有一项侵权者必须向受害者支付损失赔偿的清单。“古典罗马法曾特别收集了人身伤害案例中的补偿正义规则，这些规则起源于替代家族复仇的早期实践。”类似的法律线索在英

---

[1] 王泽鉴：《侵权行为法》（第1册），中国政法大学出版社2001年版，第39页。

[2] 拉法格：《思想起源论》，王子野译，上海三联书店1963年版，第95页。

[3] 王泽鉴：《侵权行为法》（第1册），中国政法大学出版社2001年版，第39页。

[4] 梁涛：《从损害赔偿走向社会保障性救济——加藤雅信教授对侵权行为法的构想》，载梁慧星主编：《民商法论丛》第2卷，法律出版社1994年版，第289页。

格兰也很明显,中世纪的盎格鲁—撒克逊法规定了法定的赔偿金额,据此一个家族可以赔偿其成员对其他家族成员的杀害。到了14世纪,盎格鲁—撒克逊的赔偿金额已经常规化为普通法中的人身损害诉讼,其根据令状提出,并由普通法陪审团裁定。[1] 一般认为,罗马早期的《十二铜表法》首先确立了结果责任,即以行为的损害性后果作为确定责任的客观标准而不管行为人的主观状态,甚至不管行为的适法状态,即使偶然发生,亦须承担责任。"在这样的情形之下,侵权法与犯罪法,故意和过失无从区分,从表面上看,类似于现代意义上的侵权法,其实都表现为严格责任。"[2]结果责任塑造了侵权责任法惩罚和补偿的功能,标志着侵权法古典时期的到来。由此可见,原始法之目的在于维持和平,法律秩序就是不惜一切代价换得的和平秩序。[3] 古代社会的侵权法反映报偿正义的道德诉求,作为一种和平调处纷争的规则体系,通过向受害人提供补偿取代复仇制度,从而抑制了人的复仇动机,实现了其向文明进化的第一步。

三、过错责任原则在古代侵权法中的确立

梅因通过对古代法的历史考察,从发生学意义上揭示了这样一个制度事实:"所有文明制度都一致同意在对国家、对社会所犯的罪行和个人所犯的罪行之间,应该有所区别。这样区别的两类损害,我们称之为犯罪和不法行为。"[4]尽管这样,犯罪行为与侵权行为在很长一段时间是彼此交融的,对二者的制裁均源于共同的道德基础,即报复和威慑,只是在各自的制裁性质上有所区别,形成刑民不分的制度特色。事实上,在罗马法中早就存在关于私犯与公犯的划分,私犯主要指侵害人的财产和人身,其

---

〔1〕 约翰·法比安·维特:《事故共和国——残疾的工人、贫穷的寡妇与美国法的重构》,田雷译,上海三联书店2008年版,第10页。

〔2〕 Gary Schwartz, *Tort Law and Economy in 19th Century American: A Reinterpretation*, 90 The Yale Law Journal, p. 1734.

〔3〕 [美]罗斯科·庞德:《普通法的精神》,夏登峻等译,法律出版社2010年版,第59页。

〔4〕 [英]梅因:《古代法》,沈景一译,商务印书馆1959版,第208页。

与近现代民法上的侵权行为虽然在范围上有所不同,但在性质上并无区别。[1] 到了罗马共和国时期的公元前 286 年,诞生了针对私犯行为的专门立法——《阿奎利亚法》,其重要性仅次于《十二铜表法》,被称为大陆法系现代侵权行为法的法源。《阿奎利亚法》不仅废除了同态复仇的规定,变赎罪金为按实际损害支付金钱赔偿,还对侵权人的过错责任作了明确的规定,使过错责任成为在罗马社会普遍适用的唯一归责原则。该法第一章和第三章规定了侵权行为的内容,关于物的侵害已创设了较为一般化的原则,而其最为重要的成就则在于提出 iniuris 的概念。Iniuris 指"不法"而言,即不具有正当防卫或法所容许的自助行为等违法阻却事由。《阿奎利亚法》蕴含着侵权行为法的基本概念及思考方法,历经两千多年,不法的概念仍然以不同的形式存在于大陆法系的侵权行为法上。[2] 罗马法中的侵权责任昭示了其民事责任的属性,民事责任开始与刑事责任分离,民法范畴中的侵权行为法便产生了。由于过错责任的确立,使侵权责任主要表现为一种个人责任和主观责任,从而使其制裁功能被限制在了合理限度的范围内,由此表明了侵权行为的道德可责难性以及侵权责任的道德基础。过错责任原则在侵权法中的确立开启了人类历史上侵权立法的新时期,并通过罗马法复兴运动对近现代侵权法产生了深远的影响。至此,民法的领域内,损害赔偿的观念战胜了惩罚的观念。耶林在论述罗马私法史上这一观念变迁时写道:"法律的进步在于刑罚范围的不断收缩以及刑罚概念的不断净化。这个结论为我们揭露了一个有趣的文化史事实,即法律的历史可以体现人类的教养:这是人类从野蛮、盲目的狂热和复仇心向节制、自制和正义的进步。"[3]

---

〔1〕 周枏:《罗马法原理》,商务印书馆 1996 年版,第 781 页。

〔2〕 参见王泽鉴:《侵权行为法》(第 1 册),中国政法大学出版社 2001 年版,第 40 页。

〔3〕 [德]鲁道夫·冯·耶林:《罗马私法中的过错因素》,柯伟才译,中国法制出版社 2009 年版,第 6 页。

第二节　古典哲学对侵权法的思想启蒙

依伦理的理想诠释，所有法律史不过是一部实现正义思想的记载。[1] 古罗马法律格言说，“法学是关于正义与非正义的知识”，因而，实现正义素来被认为是侵权法的基本制度使命。传统侵权法深受古代哲学思想的启蒙，从其产生之初便被烙上了清晰的道德印记，这样的影响至今没有消散，甚至仍然主导着侵权责任基础的理论之争。

一、亚里士多德的矫正正义观念

传统上认为，对于侵权法进行哲学分析的最早理论可以追溯至两千多年前的亚里士多德，他在《尼各马可伦理学》一书中对矫正正义做了粗略的探讨。亚里士多德认为，正义是一种指向他人的德性，从根本上说关乎社会秩序，调解着人类的关系。人基于选择的自由而应承担个人的责任：一个人应该为自己自愿的行为负责。正义包含着使人向善的一般性美德，并指引人的行为。亚里士多德把正义划分为普遍的正义与个别的正义，在个别的正义中存在分配正义和矫正正义两种形态：分配的正义主要解决的是如何在社会成员之间分配权利、义务和责任的问题；当分配公正的规范被违反时，矫正的正义便开始起作用，即要求对疏忽作出赔偿或剥夺一方当事人的不当得利。“矫正性的公正，生成在交往之中，交往或者是自愿的或者是非自愿的。它不按照几何比例，而是按照算术比例。”[2] 在他那里，“矫正的正义”一方面指人与人之间经济上的交往和制定契约所遵循的原则，这一意义上的“矫正的正义”相当于我们今天所说的交换的正义；另一方面也包括民法上的损害的禁止和补偿的原则，这一

---

〔1〕［美］庞德：《庞德法学文述》，雷宾南、张文伯译，中国政法大学出版社 2003 年版，第 34 页。

〔2〕［古希腊］亚里士多德：《尼各马克伦理学》，中国社会科学出版社 1990 年版，第 95 页。

意义上的“矫正的正义”就相当于我们今天所说的矫正的正义。[1] 亚里士多德简短论述的矫正正义成为侵权法寻找哲学解释的起点。

亚里士多德关于分配正义和矫正正义的划分对于侵权法有着非常重要的意义，这种划分从法价值的角度上阐释了侵权法的道德基础，用对违反分配正义的行为的“矫正”表达了侵权责任在哲学意义上的本质，被无数侵权法道德论者确认为侵权法的哲学基础。侵权法以亚里士多德的矫正正义观为正当性根据，通过其特有的矫正功能对受到侵害的权利和利益加以保护，使之恢复到正常状态。根据亚里士多德矫正正义观，交往主体通过交往行为发生利益的变动，互有所失和所得……非自愿的交往，谁侵害了他人应当受到惩罚，应当恢复受害人失去的东西。即在非自愿的交往中，矫正正义以恢复损害为主旨，在加害人与受害人之间建立联系，裁判者将所失和所得恢复到中间状态，“在非自愿交往中的所得与所失的中间，交往以前和交往以后所得相等”[2]。在亚里士多德的眼里，一个被矫正的行为必须是有道德过错——故意的行为，而一个人的道德过错，又是以其意志自由为基础的，一个无意志自由或无选择善恶能力的人无须为其无法选择的行为承担后果，也就不存在矫正正义的问题。这种矫正的过程其实也是一种利益的平衡的表现，实际上，亚里士多德只是提出了一个通过法律纠正侵权行为的功能框架，这种矫正功能与法律其他更广泛的功能相结合共同实现对社会稀缺资源的分配。后代侵权法学家则在这个粗陋的框架基础之上，根据自己的论证需要不断丰富其道德内容，使之成为与其身处的那个时代相适应的侵权法理论。亚里士多德矫正正义观因其所蕴含的、可供发掘的丰富道德思想而成为道义论侵权责任理论的哲学基础和近代侵权法的思想渊源。

---

〔1〕 沈晓阳：《论矫正的正义》，载《攀登》2000年第2期。

〔2〕 [古希腊]亚里士多德：《亚里士多德选集·伦理学卷》，苗力田译，中国人民大学出版社1999年版，第101、110页。

二、阿奎那的自然法思想

在13世纪的时候,以圣托马斯·阿奎那为首的哲学家们,就开始考虑正当法律的约束力和法律制度的哲理底蕴。[1] 阿奎那依据亚里士多德的哲学原则发展形成了自然法的道德哲学,认为"正义就是使每个人各得其所的持续不变的意志"[2]。阿奎那主要是一个神学家,因此他"基督教化"了亚里士多德的观念,他认为一些法律的效力源于自然,因此受其调整的行为从来都是错误的,如谋杀。[3] 因此,在阿奎那那里,我们首先看到了一个完整的关于法律的一般概念:"法律是行为的规则和尺度","人们被诱导进行某些活动或克制进行某些行为"。这种规则或法律是一种应当,而不是一种盲目的必然性。它适用于拥有自由意志的被造物,它同时也让他们的自由毫发未损。[4] 阿奎那将法区分为四种:永恒法、自然法、人法和神法,"如果一种人法在任何一点与自然法相矛盾,它就不再是合法的,而宁可说是法律的一种污损了"[5]。尽管阿奎那及其思想追随者对矫正正义问题的细节未达成共识,但他们对矫正正义的描述方式却是基本相同的,试着忠于亚里士多德的思想而如实解释侵权法。阿奎那认为分配正义与矫正正义共同为提高人类福利的更高理想服务,但它们的作用又是不同的,矫正正义观——无人应从他人的损失中受益——用来解释占有他人财产及造成他人损害的责任。不能认为一个人是引起他人损害的原因就施加其侵权责任,除非他选择以故意或过失行为损害

---

〔1〕 [美]詹姆斯·戈德雷:《私法的基础:财产、侵权、合同和不当得利》,张家勇译,法律出版社2007年版,第367页。

〔2〕 [英]韦恩·莫里森:《法理学——从古希腊到后现代》,李桂林等译,武汉大学出版社2003年版,第70页。

〔3〕 参见[英]韦恩·莫里森:《法理学——从古希腊到后现代》,李桂林等译,武汉大学出版社2003年版,第68页。

〔4〕 [德]海因里希·罗门:《自然法观念史和哲学》,生活·读书·新知三联书店2007年版,第173页。

〔5〕 [意]托马斯·阿奎那:《阿奎那政治著作选》,马清槐译,商务印书馆1963年版,第116页。

他人。在论述法律责任的性质时,阿奎那遵循亚里士多德的道义责任理论,认为自然法是正当行为的道德命令,法律规范是道德命令的复写。人具有理智的灵魂和自由的意志,因此能够自己选择自己的行为,并对自己的行为负责。他断定一个人在急需又无其他资源的情况下可以合法的取得他人的财产,但取得或使用或侵害他人的资源为自身目的的人都是有所得的,因此必须支付赔偿,无论他的目的是否已经实现以及追求目标中是否已经获取了经济上的利益。亚里士多德传统的追随者使用这一简单原则以解释作为财产权利、不当得利及侵权法的基础。如果一人占有他人财产,即使是无辜的,他也必须返还。如果一人不再占有他人财产但从其使用中受益,即使是无辜的,他也必须将受益返还。这些案例中,如阿奎那所述,他是"由于取得某物"而负有法律责任的。如果一人自主地侵害他人,他因"损害行为"或"取得"而负有法律责任。教会法学家已认定一个人因过失或缺乏合理的勤勉而损害他人,这不仅是道德上的犯罪而且有道德义务补偿受害人。尽管阿奎那理解亚里士多德在其矫正正义观中意指故意导致伤害,但他试图在亚里士多德的原则之上解释过失责任,认为故意导致的损害是自主的且直接性的,过失导致的损害是自主且偶然性的"消除了所谓意外性原因的障碍"。因为损害是主动导致的,所以必须支付赔偿。这一结论不仅来自亚里士多德的矫正正义理论,也源于自主行为理论,认为只有自由的行动,才是人的行动,因为人是理性动物,其行为遵循内在原则,使其行为具备人类属性的是理性与意愿。通过理性使其了解可行行为的过程,通过意愿在这些可行的过程中作出选择。因此只要一个人处于无知状态下即不知道他做了什么或只要他无法选择(如他的人身被外力所摆布),其行为就是非自主的。亚里士多德认为人们不应因此类行为而被褒奖或惩罚,阿奎那也认为人不能为这类行为受到责罚。"阿奎那和后期经院学者依据对某种品质或行为所表示的尊重或敬重来界定荣誉和名声,那种品质或行为有助于过一种特有的人类的生活,他们视之为人的最终极目的。"[1]阿奎那的自然法思想虽然有一定的神秘色彩,但作为人文精神的伟大体现,其历史作用是不能忽视的。霍布斯指出,自然法来自人的理性,是每一个人基于理性就可以理解和同意的。人类的一种自然的能力,是行为或信仰的正当理由,评判善恶是非的根本标准。[2] 显然,阿奎那拓宽了亚里士多德矫正正义观的思考范围,为其填充了自然法的思想内容,提供了一种更好的侵权法表述。

三、启蒙时代的理性自然法理论

根植于希腊和罗马哲学中的自然法理念,一直是西方法律传统的一个根本构成部分,它在时代长河中获得了诸多意义。格劳修斯的先师,即新教的宗教法学家已经开始用理性主义者的哲学意义上的自然法取代了之前的神学自然法。自然法不再被认为建立在一个神圣权威的基础上,而是完全以理性为基础。换句话说,自然法不再是神性法,即超自然的立法者所制定的法律,而是人性法,即根据人类本性和人类社会的需要而作出的理性。[3] "理性法"作为它的现代版本,形成了 17 世纪和 18 世纪的欧洲法律思想,其起源于霍布斯、格劳修斯、斯宾诺莎、普芬道夫和莱布尼茨。[4] 格劳修斯以及他的 17 世纪的法律后继者们将理性作为责任的尺度,按照他的观点,法律存在的限度保护和体现为理性所发现的人的固有道德品性,因此,人类应该有支配一定财产和为一定行为的权利,但是,这个被称为衡平法或自然法的法律自由化时期有一个独特的倾向,那就是认为法律与道德是同义词,只要符合理性,法律所确认的就是合法的。因此,法律所应维护的自然权利体系很快即称为法律所应维护的基本权利和法定权利,仅由法律所宣告的权利。[5] 启蒙时代自然法学家对亚里士

---

〔1〕[美]詹姆斯·戈德雷:《私法的基础:财产、侵权、合同和不当得利》,张家勇译,法律出版社 2007 年版,第 360 页。

〔2〕张文显:《二十世纪西方法哲学思潮》,法律出版社 2006 年版,第 37 页。

〔3〕[美]罗斯科·庞德:《法理学》(第 2 卷),封丽霞译,法律出版社 2007 年版,第 35 页。

〔4〕[美]罗斯科·庞德:《普通法的精神》,夏登峻等译,法律出版社 2010 年版,第 61 页。

〔5〕[美]罗斯科·庞德:《普通法的精神》,夏登峻等译,法律出版社 2010 年版,第 64 页。

多德的矫正正义观念做了进一步的阐述,进一步明确了过失的概念为“引起他人损害的每一种未尽注意的行为”[1]。格劳修斯把矫正正义作为侵权责任的分析基础,主张对行为的过错应进行单独考虑,过错具有道德上的可责难性,而行为的后果具有损害的补偿性。在其关于战争与和平的文章中,格劳修斯表达了“过错应是赔偿义务的基础”这一观点。尽管,在广泛地考察过亚里士多德的尼可马克伦理学之后,声称纯粹的不幸并不值得实施惩罚,它们也不要求任何人去填补这种损害,只有不法行为才需要。“处于二者之间的错误,呼唤补偿但通常并不要求惩罚,特别是刑罚。”有趣的是,格劳修斯提醒我们注意爱的法则要宽于法律规则:“一个生来富有的人如果从一个贫穷的债务人处掠夺其可怜的财产,而榨干了他最后所有的话,则会因为缺乏同情心而有罪过。”但是他随即又加上一句:“严格来说,如此硬心肠的债权人这么做并不违反法律。”自然法学家的重要人物普芬道夫也进一步发展了侵权责任的道德基础,其理论的核心观点是以人的理性与自由意志为基础的可归责性。为了确定责任承担,首先行为人的行为必须具有可归责性,意味着行为人故意或过失地实施了某种行为,婴儿或意志不清的人因为缺乏理性认识而无须承担责任。过失的行为有三种:极其轻的过失,即未尽一般谨慎之人可以具有的注意;轻过失,指未履行专家的注意标准;重过失,违反了普通的注意义务。第一种类型,即最轻过失,无须承担侵权责任。在一些案件中,严格责任的承担尽管并非以自然法为基础,但却是根据自然平等观念,这些实例包括某人要对他的动物或奴隶所造成的损害承担赔偿义务。另外,普芬道夫声称宽容(charity)要求一个并非基于过错而伤害了穷人的富人要给予穷人以补偿。令人怀疑的是,普芬道夫那些平等义务的观念究竟是具有法律上的强制力还仅是道德上的约束力呢?重要的、极具影响力的理性主义哲学家沃尔夫不仅坚持可归责性理论,而且进一步发展了它的道德基础。自然法的核心原则是人格完善,人们不应通过致他人损害而阻碍

[1] 张安民:《过错侵权责任制度研究》,中国政法大学出版社2002年版,第18页。

他人人格的完善。然而,承担规范性责任的前提是选择的能力和意志自由。可归责性决定了人类行为的结果是其意志自由的产品,过错引起的损害构成了一个可归责的事由。意外事故伤害以及不可避免的人格缺陷而引起的损害不具有可责难性。因此,未成年人和精神病人应当免于承担责任。

17~18 世纪的自然法理论揭示了侵权责任的核心问题,在法的功能与以自由意志为基础的道德责任理论之间确立的新关系为侵权责任框架内的过错原则奠定了哲学基础。前现代侵权行为法的特征是解决私人之间争议的法官通过正规的法律体系,运用普通的道德原则,来决定特定的被告是否侵犯了原告的权利,并且基于正义,被告有义务就违法行为提供赔偿救济。[1] 欧洲大陆的侵权法更直接的历史根植于启蒙时期自然法学家的批判性研究,理性自然法学派对侵权责任的分析,直接影响了近代民法的制定,为大多数欧洲国家侵权法接下来的发展奠定了基础,并最终成就了欧洲大陆的民法典。

第三节 自由意志论对近代侵权法的智识贡献

亚里士多德的哲学思想历经中世纪哲学和启蒙自然法学的进一步发展,迄于 18 世纪康德提出有力的平等自由概念,并认为是权利、正义与法律的道德基础后,康德的道德与法哲学开始成为近现代侵权法理论的重要支柱,直至当代仍然是侵权法学家论证侵权责任本质的思想基础。“关于责任的现代进路通常可以追溯到伊曼纽尔·康德的著作,它不仅在哲学家当中,而且在例如欧内斯特·温里布等法学理论家当中都有非常具有影响的现代追随者。”[2] 从哲学基础上看,侵权法中过错责任的张扬正是自由意志哲学发展的现实产物,是人的道德标准对法律不断浸润的

[1] [美]约翰·格尔德波格:《当代侵权法比较研究》,载《法学家》2010 年第 2 期。

[2] [德]弗朗茨·维亚克尔:《近代私法史——以德意志的发展为观察重点》,陈爱娥、黄建辉译,上海三联书店 2006 年版,导读部分,第 13 页。

结果。

一、康德的法哲学：自由意志论

自由意志哲学是康德哲学思想的一部分。1796年康德在《法的形而上学原理——权利科学》中阐明了他对自由意志哲学的基本思考，指出："那种可以由纯粹理性决定的选择行为，构成了自由意志的行为。"[1]所以，只有人才有自由意志。康德所称的"意志"，是一种克服动物性的能力，它"能够使人超出自然的规定性之上，根据自己的判断去行动。如果人没有能力按照自己的意愿行事，它就根本不可能是自由的"[2]。正是由于人的意志是反对自然的命令的一种能力，人才有自由，自由的人才可能是有道德的人。因为"只有理解了自身行为之缘由的动物（人），其行为才配得上说是道德的或不道德的，因此只有理性动物（人）才可能有道德，不能指责毒蛇没有道德"[3]。在侵权法中，自由意志运行的逻辑链条是：自己判断——自己选择——自己责任。"自由的代价也就是失去了一切庇护和关爱，自由人必须面临选择的痛苦，更要承受选择的结果。"[4]个人基于自由享有选择的权利，同时个人也必须承担因为选择而产生的一切结果。

"人类行为的准则或规则来源于主观诸原则，它们自身并非必然地与客观和普遍的原因相一致，因而理性只能规定出这种最高法则，作为禁止做的或必须做的绝对命令。"[5]康德要求行为符合道德的绝对命令就是把每个理性的人"总是当做目的而非手段"来看待，"绝对命令之所以有可能性，是基于这样的事实：它们不是那种可能附带有某种意图的意志的

〔1〕［德］康德：《法的形而上学原理——权利的科学》，沈叔平译，商务印书馆1991年版，第13页。

〔2〕李梅：《权利与正义：康德政治哲学研究》，社会科学文献出版社2000年版，第131页。

〔3〕［英］布莱恩·麦基：《哲学的故事》，季桂保译，生活·读书·新知三联书店2002年版，第136页。

〔4〕谢鸿飞：《民法典与人的美德》，载《中国法律评论》2015年第4期。

〔5〕［德］康德：《法的形而上学原理——权利的科学》，沈叔平译，商务印书馆1991年版，第12页。

决定,它们仅仅基于意志是自由的”[1]。由此可见,康德把法律的权威性渊源建立在伦理和道德的基础上,他的法哲学概括起来就是尊重人,因为只有承认人的道德法则的存在,才能揭示出人的自由意志的本质。“人性尊严”所包含的“把人当作目的”之人性观,以及个人承担责任、受到道德义务、社会责任约束的理念,均来自康德的思想。“法律不仅仅是一种或一些被理性之光照亮的抽象的一般原则,而且也能够是在行动者个人的意志和理性意识指导下的实践原则和行动准则”。[2] 康德将自由意志引进伦理学,一个重要用意在于阐释人的道德责任。在他看来,一个有理性存在者的意志,只有在他受自由的观念支配之下而行动时,能够为自己立法并执行,即具有意志自律性,因此应该对自己的行为负责。“人虽然有着种种的感性欲望,但他并不是由这些欲望所决定,决定其行为的永远是理性,正因为这样,才能对人的行为进行道德评价。而如果没有这种自由,人就只是自然链条中的一环,根本无法对自己的行为承担道德责任。”[3]黑格尔继承康德关于意志自由的学说并将其发展,他反对把自由和必然对立起来的形而上学观点,认为自由本质上是具体的,永远自己决定自己,因此,同时又是必然的。“法的基地一般说来是精神的东西,它的确定的地位和出发点是意志。意志是自由的,所以自由构成法的实体和规定性。”[4]黑格尔探讨了法律的伦理生命,认为其必须体现我们对道德社会秩序的需要。詹姆斯·惠特曼正确地指出,“德国的很多概念都具有康德、洪堡和黑格尔的哲学根基”,依前述哲学,人们“自由且自我负责地发展自己的人格”。[5]

---

〔1〕 [德]康德:《道德形而上学原理》,苗力田译,人民出版社 1986 年版,第 24 ~ 25 页。

〔2〕 葛洪义:《法与实践理性》,中国政法大学出版社 2002 年版,第 130 页。

〔3〕 李梅:《权利与正义:康德政治哲学研究》,社会科学文献出版社 2000 年版,第 131 页。

〔4〕 [德]黑格尔:《法哲学原理》,商务印书馆 1961 年版,第 10 页。

〔5〕 James Q. Whitman, *The Two Western Cultures of Privacy: Dignity Versus Liberty*, Yale L. Jour. 113(2004),1151 at 1180.

二、以“天赋权利”和“权利本位”为意指的权利观念

在康德看来,“自由是独立于别人的强制意志,而且根据普遍的法则,它能够和所有人的自由并存,它是每个人优于他的人性而具有的独一无二的、原生的、与生俱来的权利”[1]。康德强调权利应当符合普遍原则,即“外在地要这样去行动:你的意志的自由行使,根据一条普遍法则,能够和所有其他人的自由并存”[2]。因此,意志与意志之间关系外在的表现就是权利,权利就是两个自由意志的和谐共存。按照康德的解释,古罗马乌尔比安的法律基本格言充分地解释了私法的基本内核:正直地生活——自己的权利;不侵犯任何人——他人的权利;把各人自己的东西归还给他自己——自己权利与他人权利的平衡。[3] 权利首先体现人的自由意志,同时权利还要求对人的自由意志予以限制,无论是自由本身的限制还是实证法的“权利法定”的限制。也就是说,权利是自由意志的体现也是自由意志的范围,某人拥有权利意味着他拥有在该权利允许范围内的自由。私权并非任意构成而是所有人的外在自由能够依照普遍的规则和谐并存的必要制度,每个人都拥有源自人性而不可让渡的权利,这种人权就是不受他人意志强制的外在自由。人们更多地关注康德权利的本质就是意志的自由行使,于是,传统民法强调以个人为主体,以自由为价值,以权利为本位,并在此基础上建构了它的体系。“从科学的理论体系来看,权利的体系分为自然的权利和实在的权利。自然的权利以先验的纯粹理性的原则为根据;实在的或法律的权利是由立法者的意志规定的。”[4]根据这样的权利观,康德认为,可以作为意志选择的外在对象只

---

[1] [德]康德:《法的形而上学原理——权利的科学》,沈叔平译,商务印书馆 1991 年版,第 68 页。

[2] 王泽鉴:《民法物权(1)通则 · 所有权》,中国政法大学出版社 2001 年版,序言。

[3] [德]康德:《法的形而上学原理——权利的科学》,沈叔平译,商务印书馆 1991 年版,第 48 页。

[4] [德]康德:《法的形而上学原理——权利的科学》,沈叔平译,商务印书馆 1997 年版,第 49 页。

有3种,即一种具体有形体的外在于我的物,由此产生物权;别人去履行一种特殊行为的自由意志,由此产生债权;别人与我的关系中,他所处的状态,由此产生亲属权。[1] 康德在论证私法与权利的关系时主张,“如果熟谙权利科学的哲学家把自己上升到法的形而上学原理的高度,或者他们竟敢于这样坚持(没有这些原理,他们的整个法理学都将仅仅是一堆法条文而已),那么,他们不能对保证权利概念分类的完整性漠然置之,否则,这个科学将不是理性的体系”[2]。因此,私法必须保证权利概念分类的完整性,此乃私法如何可能的必要条件。私法正是以这样的权利哲学构建了体系的逻辑结构(潘德克顿私法体系正是按照康德所论证的私法结构所建立的),并且基于权利分类设计了相应的救济体系,传统侵权法以权利侵害为要件,最初只针对侵害绝对权的行为施加侵权责任。侵权法既要为行为自由划出必要的界限,即此界限要最大限度地满足个人自由,又要维护必要的社会秩序和社会公平。温里布在《私法的理念》中声称,侵权法复杂的体系中隐含着矫正正义和康德的权利理论,他的目的就在于展现这种隐含的道德秩序并使之具有可理解性。

三、以“自主决定”和“自己责任”为内容的责任观念

自由意志理论表现了自立的人的感情,即他将处理自己的事务,决定自己的行为,支配自己的财产,同时接受追求这类权利所伴随的责任,或使他自己承受其选择的后果所产生的责任。但他的选择可免受任何干预。关于责任,康德的基本观点是,“责任不是我们赋予人类的东西,而是有自由意志的人的一个内在部分。虽然责任不是宇宙的一个设置,但它是人类的一个组成部分,是人的一个基本特征。我们只对受到我们的自由意志支配的行为负责。根据这一观点,责任是一个事实问题吗,而不是

---

[1] 丁南:《从“自由意志”到“社会利益”——民法制度变迁的法哲学解读》,载《法制与社会发展》2004年第2期。

[2] [德]康德:《法的形而上学原理——权利的科学》,沈叔平译,商务印书馆1997年版,第195页。

社会建构的事物"[1]。自由意志理论所蕴含的责任观念包含两个重要方面,即自主决定和自己负责。自主决定体现了选择的自由,自己责任则表达对选择的后果负责,最终形成民法中的意思自治(或私法自治)原则与过失责任原则。"意思自治的真谛,是尊崇选择……而其基本点,则是自主参与和自己责任……有过失必负责任,无过失则无责任。"[2]意思自治的伦理内涵正是源于康德理性哲学中的自由意志。因此,"意志自由论"是近代私法责任的哲学基础。根据康德的理论,侵权行为人所实施的行为应当是行为人在自由和理性的状态下实施的,是他的自主的决定,倘非如此,则也不能称为"行为",因为无意识的或是意志不自由下人所实施的,与其称为"行为"不如叫作"动作"更准确。[3] "正是通过意志的表现,行为获得了人的行为的性质。"[4]"一种行动之所以被称为一种行为(或道德行为),那是由于这种行为服从责任的法则,而且,这行为的主体也被看作当他在行使他的意志时,他有选择的自由。那个当事人(作为行为者或者道德行为的行动者)通过这种行为,被看作该行为效果的制造者。"[5]自由意志论明确地表达了每个人都应该对自己选择的生活道路负责的自己责任或个人责任命题。

意志自由论可以很好地解释法律责任理论中的"过错",因为人具有理性的选择能力,任何违法或犯罪行为都是人的意志自由选择的结果,从道德的角度看这种选择,行为人的意志是具有"过错"的,因而具有道义上的可归责性,"道义责任论"由此产生:行为是自由意志的结果,每个有自由意志的人应对其过错行为负责。黑格尔在《法哲学原理》中说,道德意志只承认对出于它的意向或故意的行为负责任。"行动只有作为意志的

---

[1] [澳]皮特·凯恩:《法律与道德中的责任》,罗李华译,张世泰校,商务印书馆2008年版,第36页。

[2] 张俊浩主编:《民法学原理》,中国政法大学出版社1997年版,第21~22页。

[3] 张文显:《法哲学范畴研究》,中国政法大学出版社2001年版,第66页。

[4] [苏]雅维茨:《法的一般理论》,朱景文译,辽宁人民出版社1986年版,第223页。

[5] [德]康德:《法的形而上学原理——权利的科学》,沈叔平译,商务印书馆1991年版,第24~25页。

过错才能归责于我”,“毕竟我只是与我的自由相关,而我的意志仅以我知道自己所做的事为限,才对所为负责”。[1] 人是一种自由的道德的力量,他能够在善与恶之间作出选择,所以应从理性世界、从内心意志出发来评价过失。过错是一种法律评价,更是一种道德评价,过错是非正义的。每个人仅为其意志负责,无意志则无责任。一个人所承担的责任,不仅止于为自己选择的人生价值负责,还包括承担尊重他人有权选择及追求其人生价值的责任。

第四节 现代侵权法的哲学转向

作为社会统治手段之法律,于社会事实或社会现象发生变动时,法律之理论及其体系,往往亦会针对社会之变迁,作相当广泛的变化,而逐渐形成新的法律思潮洪流。[2] 侵权法所涉及的“是复杂社会的副成品——损害的放射”以及“法律怎么样反应由损害所产生的多样性问题”[3],因此在私法体系中最具活力和社会气息,其介入生活的广度与深度决定了它必须追踪新的法律意识而作出各种努力。侵权法在每个历史时期的发生和发展,均源自哲学思考方法上的新见。曾经在侵权法取得精神支配力量并促成其文化自觉和实证化潮流的理性主义自然法,经历了 18 世纪末历史法学派到 19 世纪末概念法学这样一个理性主义不断张扬的理论发展过程,至 20 世纪逐渐失去了公共意识的确认,在被掏空伦理内涵后发生崩溃并导致法律危机,于是,侵权法开始转向新的哲学和法律意识以寻找文化的更新和正义的替代品。

---

[1] [德]黑格尔:《法哲学原理》(中译本),商务印书馆 1982 年版,第 119 页。

[2] 邱聪智:《从侵权行为归责原理之变动论危险责任之构成》,中国人民大学出版社 2006 年版,第 2 页。

[3] 龙卫球:《美国侵权法精要》,载柯恩卡:《侵权法》(影印本),法律出版社 1999 年版,前言。

一、理性主义侵权法的危机

"18 世纪的人们深信他们已经掌握了一把打开理性之门的钥匙。他们热衷于制定出永远指引人们前进的哲学、政治和法律'计划表'。"[1]由于"启蒙运动确立的信念,使人相信法律可以建立在理性的基础上,这种理性的动机导致了法律变革,导致了理性与民法传统结盟"[2]。理性主义推动了法典编纂意识的产生,形成了近代民法的经典范式。以理性主义为基础的实证主义法学所理解的理想法治状态便是:使法律挣脱社会肌理的整合性束缚,超越诸如民族性、历史性等局限,而抽象提升为一种具有普适性和逻辑自洽性的知识体系。近代法律秩序的立法者"确信自己能够预见到未来所有的情形,并对它们作出适当的规定。这种信念是一种乐观的理性主义,为 18 世纪启蒙时期所特有"[3]。乐观的理性主义相信人类理性可以发现一切需要调整的社会关系,通过智识活动将其纳入具有逻辑自足性的法律体系之中,并认为这种体系化的制度能够实现真正的平等和正义。从凭借实证主义法学汲取的体系和概念,倚重无所不能的逻辑演绎力量,法律家即可对来自外部现实生活的法律纠纷提供唯一符合法律正义的判决,完成从法学的实证主义到法律的实证主义。事实上,法律的法典化倾向本身就与社会生活环境的急剧变迁有关,当人们从城邦生活中走出时,就意味着"同调"生活境遇的丧失,尤其是步入近现代社会,阶级的、种族的、地域的、职业的等各种差别多角度地展示出来,并全方位突进,抽象的、概括性的法律表达对于现实的司法活动似乎是不可能的。但人作为类的共性存在为法学与法律学提供了抽象和虚拟的条件,基于法律的行为规范和裁判规范属性,为法律共同体和社会共同

---

〔1〕［美］罗斯科·庞德:《普通法的精神》,夏登峻等译,法律出版社 2010 年版,第 67 页。

〔2〕［美］艾伦·沃森:《民法法系的演变及形成》,李静冰、姚新华译,中国政法大学出版社 1992 年版,第 149～150 页。

〔3〕［德］卡尔·拉伦茨:《德国民法通论》,王晓晔等译,谢怀栻校,法律出版社 2003 年版,第 24 页。

体提供指引的法律不得不以最大的通约性、普适性和唯理性，将纷繁复杂的社会生活加以提炼，从中抽象出基本的法律原则与理念，并通过文本的形式向世人宣示，最终奠定了法律的安全性和稳定性。“藉由建构一个封闭的司法体系以及民法的一般理论，19 世纪的法学实证主义不仅首次在实证的法秩序中贯彻了理性法的方法要求，同时也学术性地表达了当时市民社会的法律形象，并在精神层次上加以证成。”〔1〕然而，随着社会结构的日益复杂化和利益划分的细密化，法律文本的表述却更加抽象和精简了。这一深刻的悖论孕育了实证法之外的“衡平”观念和侵权法的一般条款，某种程度缓解了法律出现漏洞时的适用困境。所有体系似乎在事实情境中都被迫面对逻辑的强制，侵权法不断地展现其被解释的命运，以解释性作为其存在的方式。不可否认，推崇理性主义的《法国民法典》“向在私法上也以合适于人的方式对待人的方向”迈出了基础性的第一步〔2〕，它颇为感人地宣布“每个人都必须对因可归咎于他的疏忽行为所造成的损害予以赔偿”，人们依此维护着行为自由的范围和个别人的责任感，但“由于较为严格的损害赔偿规则形式，它们只能被加以缩小和限制”〔3〕。由于德国学者的民族性格，《德国民法典》在文本上十分追求概念和逻辑的精纯，实际也在“用心良苦的用语和概念构成中的抽象技术或即物性的冷峻文体掩盖下”，践行“给予每个人以平等获得其应有之物的权利”的道德努力。〔4〕 两大法典的一般条款可喜地显示了，法律实证主义对法官固有责任与超越实证之社会伦理的让步，使法律能配合未来的巨变而得以存续。理性主义法律思潮明确地把个人选择同相应的责任承担联系起来：“自由意味着责任”。应该说，这样的理性精神是“迄今之哲

〔1〕 [德]弗朗茨·维亚克尔：《近代私法史——以德意志的发展为观察重点》，陈爱娥、黄建辉译，上海三联书店 2006 年版，第 523 页。

〔2〕 [日]星野英一：《私法中的人——以民法财产法为中心》，王闯译，载梁慧星主编：《民商法论丛》第 8 卷，法律出版社 1999 年版，第 192 页。

〔3〕 [德]H. 茨威格特、H. 克茨：《比较法总论》，潘汉典等译，贵州人民出版社 1992 年版，第 173 页。

〔4〕 参见[日]大木雅夫：《比较法》，范愉译，法律出版社 1999 年版，第 209 页。

学思想对不可变更、超越历史时空限制之法律内容的尚存贡献,是每一个立法者(只要他还要立法的话)绝对应该尊重的,任何立法者均不能改变这个要求”。后世应视其为“应急口粮”一样地加以保护,并追补一种“伦理政策”和“伦理性技术”。[1]

经过了资本主义工业化的发展,及至19世纪,理性主义已是危机一片,丢失了18世纪耀眼的光环,人们发现在这个理性主义建构的“理想王国”里,现实的社会图景完全背离了人们的期待。“理性主义热情之下对生活的美好期待已失去了自由这个最为重要的基础。而平等呢?人们发现的只是日益悬殊的贫富对比,一边是有产者财富的日益膨胀,一边是无产者贫困的日益积累。”[2]侵权法在权利保护与行动自由之间如何划定界限,也不可能依靠几条抽象的、简约的规则就万事大吉,而只能取决于不同案件类型。正是这些务实的、疑难的自由边界问题,使自由主义的践行很大程度上只能仰赖于法律人而不是哲学家。[3] 然而,实证主义法律方法的训练使法官对社会的实际需求漠不关心,对现实世界里不同利益和价值之间的冲突冷眼相对,将自己置身于政治与道德的论战之外。加之,为确保裁判的公正和法的安定性,普遍认为“法律条文应严格拘束法官,不允许法官有任何裁量余地,以致成为‘法律的奴隶’”。[4] 然而,社会生活极为复杂多变,即使属于同一类型的侵权案件,相互间也有种种差别,况且不断有新型的利益出现在法庭竞争法律的保护。希望用简约的侵权法裁判社会生活中生出的无数侵权事例,其结果或者是利益被拒绝承认,或者是通过破坏法的安定性以实现具体案件判决的妥当性,“理性法的一般伦理原则所具有的僵硬模式成为日趋动态和复杂之社会的紧身

---

[1] 参见[德]弗朗茨·维亚克尔:《近代私法史——以德意志的发展为观察重点》,陈爱娥、黄建辉译,上海三联书店2006年版,第557、584页。

[2] 姜战军:《民法的道德解释》,北京大学2004年博士学位论文,第108页。

[3] 谢鸿飞:《民法典与人的美德》,载《中国法律评论》2015年第4期。

[4] 参见梁慧星:《民法解释学》,中国政法大学出版社2005年版,第60~61页。

衣"[1]。萨维尼批判近代自然法为"凭空的想象"和"哲学的一种无根的傲慢","司法裁判每一次向社会功能的突进都必然是以干扰体系、扭曲概念、滥用或放弃建构关联性为代价。法律实务完全可以正当地主张,其首要任务并非寻求一符合体系与概念,或优雅建构出来的解答,毋宁是在成文法秩序内依据秩序精神上与伦理上的一致性来整合司法裁判。"[2]侵权法的理性主义随之破灭了。

二、现代侵权法转向实用主义哲学

"人们为使法律稳定求助于哲学",人们也会"为法律的灵活易变而求助于哲学"。[3] 在19世纪与20世纪之交,实证主义思潮开始流行,人们被实证科学的表面繁荣所迷惑,让自己的整个世界观受实证科学的支配,结果,被人们理想化和神话的科学世界偏离了关注人生问题的理性主义传统,把人的问题排斥在科学世界之外,导致了片面的理性和客观性对人的统治。在对实证主义法学的迷信幻灭之后,法律观念发生转向,人们不再坚信人类理性能够预知一切需要调整的社会关系,并开始认识到:司法的任务在于发现寓存于法秩序中的基本价值理念,依实践的理性和社会正义观念,促进法律的进步。也许19世纪发生的疑难侵权问题只是发生渗漏的地下矿坑造成邻人的房屋损害这样的事理,至20世纪这样的问题已无法与不公平竞争、公害、医疗损害或汽车事故等社会性问题相比。法院不得不在民法典贫乏的规定基础上完善侵权法的制度体系,逐渐发展出了一套凌乱的自然体系。昂格尔指出,"后自由主义阶段法律的特色主要在于背离这一理想(法律的普遍性和逻辑自足性的理想),这一变化,

[1] [美]马蒂阿斯·雷曼:《19世纪德国法律科学》,常鹏翔译,载易继明主编:《私法》第5辑·第1卷,北京大学出版社2005年版。

[2] [德]弗朗茨·维亚克尔:《近代私法史——以德意志的发展为观察重点》,陈爱娥、黄建辉译,上海三联书店2006年版,第519页。

[3] 参见[美]罗斯科·庞德:《普通法的精神》,夏登峻等译,法律出版社2010年版,第45页。

尽管表面上意义不大,但却指出了人类信念和社会秩序的重大变化”。[1] 侵权法开始接纳实用主义哲学作为解释理论,允许法官将其视为一种实现公共目标的工具,而不再仅仅服务于对不当行为的矫正。于是,侵权法的法理学改变了最初的道德基础和价值取向,接受哲学对其社会价值和经济价值的审核,从自然法学转向实用主义和工具主义。

随着社会哲学的兴起,我们所听到的法已不是意识的自由了,而是作为人与人之间关系的一种调整,其目的是维护社会利益,即为了维护文明社会中从社会生活角度所提出的愿望和需求。“我们所听到的法乃是为了维护一般安全,为了维护社会制度的安全以及为了保存社会资源而对人的行为的规定。我们所听到的已不是个人的自由,而是存在于一般道德中的社会利益。”[2] 自20世纪以来,以实用主义哲学为基础的现实主义法学和实用主义法学开始逐渐成为侵权法的法理基础,为客观化过错标准和无过错责任引入侵权法提供了哲学上的向导。作为实用主义法学代表的庞德,认为法律是一种“社会工程”或“社会工具”,“司法、行政、立法和法学等方面的活动,它们都旨在调整各种关系,协调人们之间彼此交叉的权利要求,旨在通过规定每个人可以安全地坚持自己的权利的界限来保证各种利益,旨在探索如何使人类的权利要求与希望在得到最大限度的满足的同时作出最小的牺牲的办法”。[3] 庞德主张侵权行为归责的哲学基础不在于意志自由,而在于“一般社会上之安全利益”。以此为出发点,庞德认为过失的判断与个人的主观状态无关,应建立客观标准,其内容则为社会的一般认识和道德认识,所以,在性质上是一种“社会性过失”。[4] 反映到侵权法上就是要求实现“无过失的损害赔偿责任”,特别是对所使用的人和物对他人所造成的损害也负赔偿责任。现实主义法学

---

〔1〕 [美]昂格尔:《现代社会中的法律》,吴玉章、周汉华译,译林出版社2001年版,第193页。

〔2〕 [美]罗斯科·庞德:《通过法律的社会控制——法律的任务》,沈宗灵、董世忠译,杨昌裕、楼邦彦校,商务印书馆1984年版,第83页。

〔3〕 [美]庞德:《法律史解释》,曹玉堂、杨知译,华夏出版社1989年版,第153页。

〔4〕 参见王利明:《侵权行为法归责原则研究》,中国政法大学出版社2003年版,第207页。

亦强调法律的目的和效果,认为法律是对社会利益进行分配的工具,法律具有协调各种利益关系、避免冲突与损耗的功能。卡多佐认为,法律是社会成员在其行为和相互关系中必须遵守的秩序原则。而法律之所以必须被遵守,是因为它具有协调利益、减低损耗的功能,能避免"集体的各个单位、质量中的各个原子之间"的碰撞和损坏。法律的最终目的是社会利益,使各种社会价值的平衡,而这种价值的衡量与比较,需要法官像立法者一样用他们自己的生活知识来理解和解决。[1] 这种强调法律社会功能的观点,无疑为现代侵权法理论和实践提供了思想支撑,以此为基础所形成的侵权法理论学说与制度体系,诸如客观过错观念及其归责原则,完成了其制度功能由制裁、惩罚为主向补救为主的转化,适应了在现代工业化社会中所产生的注重对无辜的受害人提供补救的需要。在新的法律政策下,"不幸与不法之间的界限发生了移动,即损害越来越少地被作为不幸接受。损害通常更多地被看作是应得到补偿的,而进行补偿的一个手段就是认为有应予赔偿的不法行为存在"。[2] 弗莱明则认为,由于"当代侵权法最为关注的是事故损害,即非故意的损害。而在这一领域,侵权法最为关注的乃是分配现实生活中的损失和风险,它的惩罚、劝诫及震慑功能已被日益淡化",因此,"极具个人色彩的主观过错的概念早已被抛弃,代之以符合更严格的、非具个人特点的合理人在当时环境下会如何行事的标准。就这一角度而言,过失与作为道德准则的过错仅具有语言学上的联系。过错准则的功能已被这一理念所取代,那就是不管侵权人主观是否可受责难,无辜的受害者都应当获得赔偿"。[3] 实用主义哲学影响之下,法院被赋予依据特定时期的社会价值观念采取便宜措施进行裁量的权利,德国法院即是通过侵权案件的裁判承认和保护了一般人格权和

---

〔1〕 转引自[美]E. 博登海默:《法理学——法律哲学和方法》,张智仁译,上海人民出版社1992年版,第136~137、139、143页。

〔2〕 [德]迪特尔·梅迪库斯:《德国债法总论》,杜景林、卢谌译,法律出版社2004年版,第426~427页。

〔3〕 Fleming, *The law of Torts*, p. 3-4. p. 114. 转引自胡雪梅:《"过错"的死亡:中英侵权法宏观比较研究与思考》,中国政法大学出版社2004年版,第88页。

营业权，法国的法官也通过侵权法判例创设了无生物责任。美国实用主义法学的“成本—效益分析”理论及其所确定的客观化过错准则是这种实用主义哲学在侵权法中的极端适用。据此，现实主义法学的社会责任论取代了自然法学派的道义责任论在侵权法中的基础地位，以主观道德和法律的一元论为基础的“过错责任”原则（个人主义侵权法的核心内容）被认为是不合时宜的历史陈迹，主张用“公平责任”“无过错责任”来补充或取代过错责任原则。“社会责任论还认为法律责任的实施不是或主要不是为了惩罚责任者，而只是否定或限制他的任性，迫使他接受再社会化教育，复归社会。”〔1〕

20世纪的两极分化、贫富悬殊、社会动荡带来了诸多社会问题，社会的正义观念由形式正义转化为实质正义，法院希望做出的判决能够契合这种正义观念而具有社会妥当性，结果又必然损及法的安定性。在法律和社会急剧变革的期间，当代侵权法通过判决使法律的不确定性得以生长，而不确定性本身是需要付出代价的，它所形成的决策可能会威胁到重要的社会价值和公共政策：发明创造、竞争和消费者福利。〔2〕因而，在法律制度内部起作用从而决定法律进程的内在逻辑也是不容低估的，至少侵权法学家运用逻辑选定的概念和规则可以帮助我们追溯侵权法持续不断的改进。实证主义法学教会了我们如何合理化静态的规范体系，联系社会语境的思考模式教会了我们认真对待侵权法中的政策性因素。我们很可能忽略了广义的侵权法的体系化，忽略了侵权法政策的研究。民法典中的侵权法要实现价值和政策的一致性，就应该将其自身定位于“原则法”。对于属社会结构性矛盾而引发的经济危机、贫富悬殊等经济和社会问题，是无法通过个人的努力加以解决的，因此，需要国家的积极介入，其中定然体现较强的经济政策和社会政策，而带有这种指向的特别侵权法则要滞留在民法典之外。

---

〔1〕张文显：《二十世纪西方法哲学思潮》，法律出版社2006年版，第394页。

〔2〕Peter H. Schuck, *Tort Law and the Public Interest: Competition, Innovation, and Consumer Welfare*, W. W. Norton & Company, New York, London, 1991, p. 19.

三、现代侵权法对分配正义和社会正义观念的接纳

法需要道德原则的支持,因为法归根结底是“激起正义的一种努力”。尽管人们的正义观念和主张作为一个整体有着鲜明的差异性或对立性:自然法学派断言永恒存在、普遍有效的正义原则是评价法律“合法性”的基础,而实证主义法学家则认为世上没有公认的正义价值观,“企求正义同砰砰敲桌子一样,无非是把个人的要求转变为绝对假定的情感的表达”[1],但生活在同一时代、同一社会的人们总是分享着某种共同的正义标准,甚至生活在不同时代、不同社会的人们也会进行着某种相似的正义追求。对于正义的内容,博登海默曾试图给出一个周全的目标,即“满足个人的合理需求和主张,并与此同时,促进生产进步和提高社会内聚性的程度(这是维持文明的社会生活所必需的)”。[2] 正义的观念正是侵权法的哲学基点,“是一个权衡各种理由的复杂网络”,“试图在给定的语境中实现尽可能融贯的一个有关应得、需要,以及当事人之间关系的价值体系”。[3] 实现正义素来被认为是侵权法的基本制度使命,只是侵权法通过制度所表达的内容随着人类对法与正义关联的认识提升,不断会有新的元素渗透进来,侵权法的正义观在社会演进过程中不断丰富着内涵。

(一)侵权法理论对矫正正义与分配正义的观念整合

自从两千多年前古希腊哲人亚里士多德提出矫正正义与分配正义的观念之后,“哲学家们对矫正正义的讨论很少,这个概念基本上还是当年亚里士多德所留下的那样”[4]。亚里士多德认为矫正正义是通过令侵权行为人向受害人支付同时消除“收益”和恢复“损失”的赔偿,从而消除侵

---

〔1〕 张文显:《二十世纪西方法哲学思潮》,法律出版社 2006 年版,第 118 页。

〔2〕 [美]E. 博登海默:《法理学:法哲学与法律方法》,邓正来译,中国政法大学出版社 2004 年版,第 261 页。

〔3〕 [瑞典]亚历山大·佩岑尼克:《法律科学:作为法律知识和法律渊源的法律学说》,桂晓伟译,武汉大学出版社 2009 年版,第 224 页。

〔4〕 [美]波斯纳:《法理学问题》,苏力译,中国政法大学出版社 1994 年版,第 395 页。

权行为人的侵权“所得”和侵权行为人的受害人遭受的相对应“损失”。[1]这一矫正正义观念为侵权法找到了最初的哲学家园，成为后代法学家论证侵权责任的正当性基础，并通过侵权法制度赋予了其实体内容。波斯纳先生曾将亚里士多德的矫正正义从法理方面归纳为三个根本要素，即为不公行为所伤害的人应当有启动由法官管理的矫正机器的权力；法官不考虑受害人和伤害者的特点和社会地位；对不公伤害的救济。[2]矫正正义关照下的侵权法目的是“恢复被侵权行为破坏了的平衡”，方法是通过损失转移“矫正私人之间的不公平”。这种正义只要求对私人交往中的特定双方当事人的过去行为进行道德考量，在时间上通常是为了复制过去而向后看，对未来的安排并不会给予过多的关注。矫正正义期望从过去的回溯中发现被告行为在道德上的缺陷进而对其施加责任，若其行为并非不法，那么原告就无法从矫正正义的立场获得救济。20 世纪英美侵权法学家在亚里士多德的矫正正义观念中追补了公平、相互性和康德的权利等道德元素，以维护侵权法的自治性和内在道德性。侵权法理论的融贯性要求和侵权法实践的双边性结构决定了它对社会利益与损害分配并不敏感，因此区别于分配正义支配下的其他综合性社会救济方案。即使如此，上述思想也忽视了一个无法否认的事实，即向受害人作出损害赔偿并不能导致损害在这个世界中完全消失；与之相反，其只能产生损害转移的后果，并且第三人在承担此种损害责任之后，其同样将遭受不利益。“这是对理想国的错误分析。”[3]有学者批评矫正正义理论太过狭隘，仅“告诉我们错误的损失应当得到矫正，但是它没有告诉我们什么样的损失是错误的”[4]，此理论“对侵权法实践只提供了一半的解释——只考虑被

---

[1] See S. R. Perry, *The Moral Foundations of Tort Law*, 77 Iowa L. Rev. 449, p. 453(1992).

[2] 傅鹤鸣：《亚里士多德矫正正义观的现代诠释》，载《兰州学刊》2003 年第 6 期。

[3] [奥地利]哈尔姆特·库奇奥：《侵权责任法的基本问题——德语国家的视角》，朱岩译，北京大学出版社 2017 年版，第 2 页。

[4] [澳]皮特·凯恩：《法律与道德中的责任》，罗李华译，张世泰校，商务印书馆 2008 年版，第 280 页。

告,而没有注意到原告所处的地位"[1]。与此同时,与现代工业文明伴随而来的各种损害事故不断增加,这种意外损坏往往不是加害人故意或过失所为,加害人所从事的活动对社会而言通常是有益的,在为此类侵权责任寻找正当理由时,矫正正义的道德论点不再具有完整的解释力量。矫正正义观念将侵权法视为"造成损害的人和受到损害的人的二重唱,以寻求在分配上保持中立"[2]。然而,人的社会性决定了人不是超出社会背景的孤立实体,侵权责任的概念和实践是社会互动的产物,即使最排他的以行为人为中心的责任理论也有分配的意蕴,侵权法终将会在法庭外的社会中产生影响。特别是在责任保险出现以后,侵权法的矫正正义观开始发生动摇,将损失分散给社会或群体的分配正义观渐为社会所接受。

20世纪科技迅猛发展,带来了社会生产力的急速增长,人类在获得丰富物质财富的同时,也不得不面对贫富急剧分化等社会问题,各种工伤、环境污染、交通、缺陷产品致害等事故成为侵权法所面临的重大课题,侵权法学的理论因而经历了一场"哥白尼式革命"。侵权法不再关注被告是否违反某种道德规范,而开始把专注点转向经济活动或社会活动的合理性,侵权制度的基础需要从被害人所遭受的损失中去寻找,于是乎,出现了赔偿——威慑论、企业责任论、经济分析论、社会正义论、个案正义论等侵权法理论。[3] 此后,公权力的责任是保护受害者,特别是保证对受害人所遭受损失的越来越多的赔偿的现状,颠覆了传统侵权法原则。正如一个学者指出的,责任不再是"对过错的惩罚,而是对损失的救济"[4]。发生这种转机的还有司法所受到的压力,面对民法保护私有财产权与宪法保障生存权的冲突及拉扯的紧张关系,向来偏重于保护私有财产权、注

---

[1] Benjamin C. Zipursky, *Civil Recourse, Not Corrective Justice*, 91 Geo. L. J. 695, p. 718 – 721 (2003).

[2] 参见[澳]皮特·凯恩:《法律与道德中的责任》,罗李华译,张世泰校,商务印书馆2008年版,第285页。

[3] See John C. P. Goldberg, *Twentieth-Century Tort Theory*, 91 Georgetown Law Journal 513 – 583(2003).

[4] 雷来·卡布里亚克:《论侵权法上的损害》,载《法律适用》2008年第8期。

重矫正正义的侵权法解释论开始向以保障人民生存权为主的重视分配正义的新的诠释论妥协。格林在讨论美国侵权法时认为分配正义取代矫正正义是侵权行为法的现代化,“侵权行为法上的积极主义使得法院负担起使侵权行为法现代化的任务,并使其从规范当事人之间矫正正义的传统机能,转向担负分配财富的使命,成为一种隐藏的公法”[1]。最早将侵权责任实质规定与分配正义及矫正正义哲学区别相连结的学者是德国的艾瑟尔教授,他认为“将侵权责任视为法律对一个人滥用自由的反应过于狭隘,责任的功能不仅在于对受不法侵害之人的补偿,更包括仅因不幸所生损害的分配。不可否认,“侵权法天然具有再分配功能”,即使在传统侵权法假定的甲乙之间的纠纷中,它也涉及损失的分配问题,如《民法典》第1192条有关个人劳务关系的规定、第1254条有关高空抛物的规定等。正因如此,过错原则才被视为“补贴资本主义的一种发明”。[2] 此种关于侵权法的新看法已超越平均正义的观念,涉及将“意外损害从被害人移转到另一人身上”的分配正义观念,最终催生了无过错责任原则在侵权法中的确立。通过无过错赔偿制度将意外损害的侵权责任施加给加害人,再借由强制保险或商业保险的方式转嫁出去,既可实现侵权法分配风险的功能,亦可视为帮助社会上和经济上弱势群体的一种努力。“侵权法是一系列涉及且仅涉及对社会中以某种方式发生的资源分配失调的矫正的规则,这种理解只在我们专注于侵权法的纠纷解决功能且将法院的判决视为只与法庭上发生争议的实际当事人相关时,才是充分的。一旦我们将以下事实考虑进来,即法院判决可以创造可用来指导人们的行为和裁决其他案件的先例,我们就会明白,侵权法也与分配正义有关。”[3]基于这样的认识,体现分配正义观念的侵权法实体规范逐渐被整合到私法的、矫正正义的理论框架中了。

---

〔1〕 Green, *Tort Law as Public Law in Disguise*, 38 Tex. L. Rev., 1995.

〔2〕 谢鸿飞:《〈民法典〉中的“国家”》,载《法学评论》2020年第5期。

〔3〕 参见[澳]彼得·凯恩:《侵权法解剖》,汪志刚译,北京大学出版社2010年版,第19页。

(二)侵权法实践中个人正义与社会正义的融汇

体现个人正义观念的侵权法理论是在传统理论基础上发展起来的,很多有影响力的侵权法学者通过其智识努力赋予了传统的个人正义观以实体内容,他们将侵权法与诉讼当事人之间旨在实现正义的实践联系起来,在其中注入了自由、公平、权利和义务等思想,维持了侵权法的道德教化功能,自由与责任内化于人格之中。然而,当侵权法理论被要求揭开侵权实践的面纱时,承诺实现个人正义的侵权法呈现在人们面前的却是其持续制造的人与人之间不平等的社会恶果,微观的个人正义导致了宏观的社会不正义,作为私法之道德部门的侵权法变得极为空洞。侵权法应关注实践"随之而来的社会后果"〔1〕,完全忠实地遵循个人责任的规则和原则可能会以其他法律和道德价值(例如,对非法或者不道德的行为的威慑)为代价,而且还会以更大的社会和经济价值,如健康与教育为代价。〔2〕 20 世纪之前不平等被界定为是"更强有力、更有独创性或更加努力造成的结果"〔3〕。20 世纪后的侵权法被注入政治哲学的正当分析,"抽象的个人主义正义原则向着新的正义观念转变"〔4〕,社会正义观念在侵权法领域与个人正义发生融汇。

在亚里士多德的伦理学中,正义主要用来评价人的行为,但他也认为"有关分配正义的规则塑造了社会的结构"〔5〕,因而,分配正义是一种政治正义。随着德性伦理逐渐式微而规则或制度伦理日益凸显其重要性,在西方伦理学界,作为道德中心概念的公正,日益地从对个体道德的评价向对社会制度的评价转移。〔6〕 在近现代的西方思想家那里,"正义的概

---

〔1〕 [美]詹姆斯·戈德雷:《私法的基础:财产、侵权、合同和不当得利》,张家勇译,法律出版社 2007 年版,第 98 页。

〔2〕 参见[澳]皮特·凯恩:《法律与道德中的责任》,罗李华译,张世泰校,商务印书馆 2008 年版,第 358 页。

〔3〕 [美]施瓦茨:《美国法律史》,王军等译,中国政法大学出版社 1997 年版,第 144 页。

〔4〕 [美]罗斯科·庞德:《普通法的精神》,夏登峻等译,法律出版社 2010 年版,第 5 页。

〔5〕 [美]詹姆斯·戈德雷:《私法的基础:财产侵权合同和不当得利》,张家勇译,法律出版社 2007 年版,第 400 页。

〔6〕 易军:《法律行为制度的伦理基础》,载《中国社会科学》2004 年第 6 期。

念越来越多地被专门用作评价社会制度的一种道德标准,被看作社会制度的首要价值”[1]。罗尔斯的社会正义原则提供了“一种在社会基本制度中分配权利和义务的办法,确定了社会合作的利益和负担的适当分配”[2]。20世纪,侵权法所面临的意外事故人身伤害已成为社会正义的主要问题,责任的相关概念本身依赖于不幸损失分配的道德性政治的公平原则,从这个意义上看,侵权责任“始终”是一个政治道德的问题。“在我们的判例法中,从19世纪法律正义的幌子下如此有意义地经历了一个个人主义正义观向今天的社会正义观之进步运动……在双方都没有过错的情况下,根据社会正义要求来确定损失的最佳承担者,呈现强烈而加剧的趋势。”[3]社会正义观所想象的是一个人们愿意生活其中的社会景观,加害者和受害者之间的关系认识正是在这种景观中展开的。科尔曼认为在侵权行为实践所定义的责任后面,还有一个更基本的责任观,它不属于个人道德观,而是属于一种根本的自由政治理论的观念,“任何不以侵权行为实践为基础的个人责任观念从根本上都与矫正正义无关,决定侵权行为责任——对侵害的损失承担赔偿义务的责任观念,严格说来应该是一个政治观念”[4]。科尔曼主张矫正正义是一个政治道德的概念,侵权行为实践是一种“公共”性质的实践,是国家强制力得以实现所不可或缺的手段之一,所以它包含的主要道德观念必须反映实践所具有的“公”的特征。乔治·弗莱彻在其侵权理论中采用了罗尔斯社会契约论的论证模式,提出了三个可以用来选择和解释责任规则的原则:第一,任何风险都会因此而产生一些在这些风险中处于最不利地位的人(可能的受害人),只有当施加风险是为了这些潜在受害人的长远利益时,风险的施加才能

---

〔1〕 何怀宏:《公平的正义》,山东人民出版社2002年版,第16页。

〔2〕 [美]约翰·罗尔斯:《正义论》,何怀宏、何包钢、廖申白译,中国社会科学出版社1988年版,第2页。

〔3〕 [美]罗斯科·庞德:《普通法的精神》,夏登峻等译,法律出版社2010年版,第130、132页。

〔4〕 [美]格瑞尔德·J.波斯特马主编:《哲学与侵权行为法》,陈敏、云建芳译,易继明校,北京大学出版社2005年版,第295页。

被认为是公平的；第二，当风险特别严重时（如死亡、重伤害），人们对安全的需求就会优于对利益的追求；由上述两个原则可以导出第三个原则，即在风险社会，只有当风险行为所导致的损失对双方来说是对等的，才能平衡因风险而带来的利益和不利后果。[1] 弗莱彻显然套用了罗尔斯的社会正义理论，其所构建的侵权法理论是一种公平的社会分担原则。美国批判法学的社会正义理论家甚至认为侵权制度是一种旨在矫正政治权力不平衡的机制，侵权法应修正利益团体在政治上出现的反常现象。[2] 他们认为现代社会的法律正义往往背离社会正义，侵权立法通常是各个相关利益集团之间通过代理人和幕僚谈判博弈的结果，在这个过程中社会弱势阶层或群体的诉求被排斥在立法之外，他们的声音被屏蔽掉了。这样的侵权法只会是社会无正义的遮羞式表达，而这样的制度还会在社会范围内为正义的达致竖立起难以逾越的藩篱，正义只不过是一种梦呓。

四、现代侵权法的伦理诉求

社会秩序的终极目的是人类的需要，拉德布鲁赫认为"人是一种有目的的、伦理的存在"，法律理性必然显明人类生活的道德基础和伦理目标。侵权法如果不能昭示这一点，终将会造出其伦理上的危机，并影响到其制度与规则的正当性。"我们应将侵权法作为一项社会制度和伦理制度来理解，而不仅仅将其理解为由法律人强行嵌入社会生活的并由他们以某种神秘莫测的方式进行操纵的一套技术范畴。"[3] 侵权法表现出极为深刻的伦理诉求。侵权法的叙事方式如果仅从个体出发而将个体之间的关系从视野中抹去，则极可能导致责任的扩散或者权利的萎缩，并在人与人之间的社会生活与关系中制造一种相互戒备和紧张的氛围，最终导致"生

---

〔1〕 参见[美]格瑞尔德·J. 波斯特马主编：《哲学与侵权行为法》，陈敏、云建芳译，易继明校，北京大学出版社2005年版，第7~8页。

〔2〕 [美]约翰·C. P. 格尔德波格：《20世纪侵权行为法理论》，载易继明主编：《私法》第5辑·第1卷，华中科技大学出版社2008年版。

〔3〕 [澳]彼得·凯恩：《侵权法解剖》，汪志刚译，北京大学出版社2010年版，第23页。

活世界的殖民化”,人们被“理性的牢笼”所围困[1]。“人际风险承受的问题从根本上来说是公平问题,不是效率问题。问题不是‘危险的期待利益是否超过了预期的意外事故成本’,而是‘一个人以这种方式将他人的生命、肢体、个人财产置于危险之中是否公平’。”[2]这样一来,侵权法的制度伦理便清晰明朗了。侵权法的关切不仅要从个人及其行为转向行为的社会影响,而且要在强调社会视角的同时增加一些心理学的关系视角。一个文明的社会除了需要经济资本的积累还要有社会资本的储蓄,除了需要科学技术能力的加强还要有文化竞争能力的提升,除了需要物质生活条件的满足还要有精神世界的追求。致力于人性的改造是法律发展的未来与生命,也是建立人们对法律的信心与信仰的希望与力量。19 世纪工业革命以后的侵权法尽管摆脱了理性主义的束缚,却又逐渐被功利主义所侵蚀而丧失了伦理基础,当代侵权法发展的基本趋势就是回归规则的伦理性,强调制度与秩序的伦理基础。侵权法绝不仅作为一种立场中立的裁判规则而存在,其规范终究会对人们的行为方式产生影响,即使是侵权诉讼的裁判也“经常对那些诉讼当事人以外的,甚至对案件毫无所知的人产生巨大的影响”[3]。社会生活是复杂的,人类的伦理原则同样是复杂的。法律作为社会制度的一项功能就是要将某种秩序引入社会生活之中,尽管法律无力彻底消除社会的无序或解决所有的伦理冲突,但其根本方向还在于唤醒人们的利他之心和仁爱之心。侵权法发展到今天,绝不仅是为了维持一个不准侵害他人的基本秩序——这只是一个最基本的道德要求,更要通过原则的调节增加法律的伦理性,对人的伦理生活给予关切,以避免在物质利益分配过程中出现制度性弱者而引发道德危机。

---

〔1〕 韦伯为描述现代生活而创造的最值得思考的一种表达,他声称现代人被困在由理性的铁栅制成的牢笼之中。参见[英]韦恩·莫里森:《法理学——从古希腊到后现代》,李桂林等译,武汉大学出版社 2003 年版,第 298 页。

〔2〕 [美]格瑞尔德·J. 波斯特马主编:《哲学与侵权行为法》,陈敏、云建芳译,北京大学出版社 2005 年版,第 37 页。

〔3〕 [美]霍华德:《无法生活——将美国人民从法律丛林中解放出来》,杨珍等译,法律出版社 2011 年版,第 11 页。

在我国,已经注意到了“受害者”的含义绝不仅是指个体,还包括个体所归属的家庭,甚至于整个社会,我们也已经看到人们谋求权利保障时所付出的那些代价(甚至是生命)以及侵权诉讼所带来的那些社会的伤痛(社会的冲突与对抗,如“老人扶不起”)触动也触碰到人们作为同类的怜悯之心以及人类共同生活的道德根基,同时也应凝聚了足够的能量让我们去反思现有的制度:侵权法必须以道德为基础划定人们之间自由的边界,实现其制度的伦理回归。

第三章 侵权法的社会事实基础

理性主义的破灭和司法社会功能的强化,促成了20世纪法律演进的两个主导趋势,一是法秩序与社会事实之间关系的理解发生转变,二是对实证法秩序的社会伦理责任进行省思。[1] "新的社会实践需要新的社会理论指导。"[2]时代性在成就一个人性的法律方面具有决定性的意义,"于今代法律科学中,存在一个重要问题,即是:立法者在未立法前,审判员在未下判决前,法家在未构思法律戒令前,亟须得到社会事实,以为根据;因之,此类事实果将赖何种法律工具以求取;此为十分难事,不易解决"[3]。以一定的道德观念为基础的法律还必须与民众生活的实际情况相契合,否则人们就会拒绝服从它:"一项法律只有在其实际运用于大多数情况下都能指望切实可行时,才会'产生效力'。"[4]侵权法与民众的社会、经济和文化生活最为贴近,它的力量不仅源于立法者的权力,更重要的是源于社会事实,一个给定时代的社会关系为其制度有效的道德律令

[1] 参见[德]弗朗茨·维亚克尔:《近代私法史——以德意志的发展为观察重点》,陈爱娥、黄建辉译,上海三联书店2006年版,导读部分,第19页。

[2] 杨震:《法价值哲学导论》,中国社会科学出版社2004年版,第38页。

[3] [美]庞德:《庞德法学文述》,雷宾南、张文伯译,中国政法大学出版社2005年版,第63页。

[4] [德]拉德布鲁赫:《法学导论》,米健、朱林译,中国大百科全书出版社1997年版,第2页。

提供了内在标准。“一切信仰的时代都为期不长是有道理的。法律的内部一致性和外部稳定性那令人愉快和舒适的神话,并不能保持长久。生活的现实是不能长期被掩盖的。”〔1〕卡多佐更是旗帜鲜明地宣称:“我将尽自己的绵薄之力,把那些悸动着、喧嚣着渴望得到表达的社会和经济力量引法入律。”〔2〕社会事实正是侵权法抽取其生命之液的秘密根茎,无论是概念诉求还是形而上学,侵权法都是为了说明我们对世界的理解并描述世界的真实存在方式。“说法律创造了社会世界并不为过,但是我们必须要记住其前提:正是这个世界首先创造了法律。”〔3〕侵权法的概念和理论并非由人的思维凭空塑造出来,侵权法的规范绝不是在别人起草的文本上加盖自己的图章那么简单,它镶嵌在不同的社会情境的意义网络之中,生活世界给予其真实的内涵和正当性基础。侵权法需更多地考虑所依据的或被适用的社会事实,并通过对它的诠释影响社会的伦理和文化。“在今天的情境中,最被突显的莫过于社会事实的急速变迁与其引致之一般法律意识的后果。”〔4〕侵权法的形象应始终与其所处时代的社会形象相重叠,其规范的法律世界应始终与社会事实的日常生活相契合,通过对社会现实的完整、准确把握,“有方法、有体系地赋予此等事实一定的形式”。侵权法“活在体系的复杂的‘事实性’中,并在其中得到理解”。〔5〕

第一节　侵权法中伦理诉求与规则世界的沟通

客观存在的抽象法,经过主观认知的道德,才会形成一种绝对完美的

---

〔1〕［美］格兰特·吉尔莫:《美国法的时代》,法律出版社2009年版,第107页。

〔2〕［美］本杰明·内森·卡多佐:《演讲录:法律与文学》,董炯、彭冰译,中国法制出版社2005年版,第54页。

〔3〕［法］皮埃尔·布迪厄:《法律的力量:迈向司法场域的社会学》,强世功译,载《北大法律评论》1999年第2期。

〔4〕参见［德］弗朗茨·维亚克尔:《近代私法史——以德意志的发展为观察重点》,陈爱娥、黄建辉译,上海三联书店2006年版,第583页。

〔5〕［意大利］毛罗·布萨尼:《西方对待过失侵权法的态度:一项比较性的批判研究》,载《中外法学》2009年第5期。

生活秩序,即伦理的社会秩序。生活秩序只有以某种伦理关系为基础,才能实现人的目的与自由。人类曾经面对历史的剧烈变动,从封建社会进化为市民社会与工业社会,直至今日面对后工业时代的风险社会,旧的伦理关系不断发生解体,解放出来的人类面对相互关系的疏离,急切地要为自己寻找到新的目的、意义与价值,并希望通过规则的世界将其表达出来。[1] 侵权法的规则世界必然要与伦理诉求建立起联系,而沟通二者的只能是社会生活的需要。

一、侵权法的叙事方式:主体性与主体间性

传统侵权法秩序存在的主要问题不仅在于主体的过度抽象化,其所建基之哲学基础也受到一定的质疑。康德、黑格尔思想路线确立的主体性哲学作为近现代侵权法的哲学基础,其所强调的是自我的孤立,主张回到具有建构世界功能的主体性那里,把"自我"作为规则解释的标准视界,完全无视主体之间的沟通和视域融合。伴随社会事实的不断更新,侵权法的规则世界出现了与生活世界某种程度的背离,主体之间不同的伦理诉求无法在这样的制度体系内求得和谐共存。正是基于对侵权法中主体性哲学的反思,侵权法的叙事方式开始发生变化:从人与人之间交往秩序的角度出发,呈现出主体间性的语言结构。从整体上评价通过自己能动的行为使对方无可逃避地被卷入与自己的关系之中的一系列过程时,具有否定这种令对方处于窘境之中的利己行为构造。共同体的正义把社会想象为关系性的网眼,这里所说的"关系",实际上并不是从外部强加某种特定的地位乃至角色的类型性关系,而是与契约关系一样,是通过彼此间的行为积累起来的具体的关系。在此意义上,要不辜负信赖,或是想继续保持这种关系的话,就不能够被不考虑对方,这种看向对方的照应,可以

〔1〕 参见[英]John G. Fleming:《民事侵权法概论》,何美欢译,香港中文大学出版社 1992 年版,第 45 页。

被视为侵权行为责任的基础。[1] 沟通与协商的交往理性成为搭建在侵权法规范与社会事实之间的一座浮桥，伦理诉求于其上得以表达并达成相互妥协，侵权法在获得社会认同的基础上保持与外部社会的动态适应性。

(一)侵权法的主体性叙事：自由与责任

合同法促进自由的实现，刑法限制个人自由的范围，相比较，侵权法既不禁止也不鼓励自由的践行，而是实现自由的代价。主体性哲学强调人是一种能够在善与恶之间作出选择的自由的道德的力量，“毕竟我只是与我的自由相关，而我的意志仅以我知道自己所做的事为限，才对所为负责”。[2] 以这种主体性哲学为基础的近现代侵权法认同担当责任的自由，侵权法中的过错责任正是以否定的、强制的形式限制个人滥用自由的行为，其价值在于协调人们之间的意志和意志自由。自由是善恶的选择，这种选择乃根据个人的决断，因此他要对自己的行为负责。[3] 在这个意义上，责任可以说是自由所产生的一种后果，责任正是对自由的界定，因此，人们究竟能就哪些事情提起侵权诉讼实际上是界定主体自由活动范围的核心标志。“如今，自由仅仅意味着在每个人提起法律诉求后所残留下来的那些东西。”[4] 这种自由主义侵权理论的前提是一个人对他自己——他的身体和名誉以及他通过合法行为得到的东西有绝对的控制权。作为个体的行为人的优点是行为人合法主张、创造、要求的所有财富都是他的并且只是他的。没有人，无论政府还是其他人，可以通过税收或其他强制转移的方法对这些财富提出主张或造成实质性的破坏。不好的一面是，正如可以排他性地拥有财富一样，行为人也同样专门拥有“不利后果”。如果行为人的行为侵害了另一个人的人身、财产或名誉，那么他

---

〔1〕［日］棚濑孝雄：《现代日本的法和秩序》，易平译，中国政法大学出版社2002年版，第38页。

〔2〕［德］黑格尔：《法哲学原理》，范扬译，商务印书馆1961年版，第143页。

〔3〕［日］小仓志祥主编：《伦理学概论》，中国社会科学出版社1990年版，第99页。

〔4〕参见［美］霍华德：《无法生活——将美国人民从法律丛林中解放出来》，杨珍等译，法律出版社2011年版，第34页。

就造成了损失,并且根据正义原则他必须赔偿受害人从而消除这种损失。[1] 人们对社会秩序运作的态度与其对责任的看法有着紧密的勾连,责任概念的意义远非强制所能涵盖,它所具有的最为重要的意义还在于它能引导人们进行自由决策。因此,当人们被允许按照他们自己视为合适的方式行事的时候,也就必须被认为对其努力的结果负有责任。其中,过错概念将权利行使的自由与理性界限完美结合,作为一种法律评价(更是一种道德评价),过错体现了理性与正义。"侵权行为责任中包含着任何人为自己的过错行为负责的社会价值原则,它能激发人们的责任意识,而此种意识乃是文明社会的基本要素。"[2] 由于侵权法的结构性功能,侵权责任的施加一方面会冲击到行为人的行为自由或构成对其行为的抑制,另一方面又是为了保护个体的利益不受妨碍的自由,因此,侵权法需要在这种"积极自由"和"消极自由"之间谋求一种平衡。质言之,由于对某人施加侵权责任会极大地影响该人的行为自由并且会使其财产减少,而拒绝对某人施加侵权责任也会对受害人的权益保护产生深远影响,因此,为公平起见,侵权法必须在受害人利益和加害人利益之间谋求一种平衡。利益平衡几乎是每一种有关美好社会理念的核心内容,从古到今都是如此。亚里士多德的中庸之道便是在"过"与"不及"之间实现平衡:"卓越是一种与决策有关的状态,它处于一种均衡之中……由理性来决定并且通过具有常识的人可能决定的方式进行决定。"每一项公共活动都需要利益平衡……必须在受害者的困境以及自由社会的需求之间保持平衡。[3]

责任之所以是对自由的一定限制,主要是因为责任的实际承担意味着一定利益的剥夺。[4] 在现代社会中,由于侵权法承担着塑造具有责任

---

〔1〕 See Jules Coleman & Arthur Ripsitein, *Mischief and Misforture*, 41 McGill L. J. 91, 102 (1995).

〔2〕 [美]丹克:《过错在现代侵权行为法中的地位》,载《外国法学译丛》1992 年第 2 期。

〔3〕 [美]霍华德:《无法生活——将美国人民从法律丛林中解放出来》,杨珍等译,法律出版社 2011 年版,第 71 页。

〔4〕 陈兴良:《刑法的人性基础》,中国人民大学出版社 2006 年版,第 270 页。

感和责任意识的公民形象的社会作用,为了塑造代表现代社会理想的人的品性,自由也会对责任提出要求。无论是过分扩大个人责任,还是个人对其行动的实际后果无须担责,都会削弱人们的责任心。无论是宣称个人要对所有的事情负责,还是宣称个人不对任何事情负责,均能减损人们的责任感。“既然我们是为了影响个人的行动而对其课以责任,那么这种责任就应当仅指涉两种情况:一是他预见课以责任对其行动的影响,从人的智能上讲是可能的;二是我们可以合理地希望他在日常生活中会把这些影响纳入其考虑的范围。欲使责任有效,责任就必须是明确且有限度的,而且无论从情感上讲还是从智识上讲,它也必须与人的能力所及者相适应。”[1]正是这种担当责任的个人自由巧妙地符合了利己主义的人性需求,同时也满足了经济增长的社会需求,成为文明进步的催化剂。因此,个人责任的范围受到自己责任和可预见性等规则的限制。基于主体性的侵权法叙事既关注受害人的利益也关注行为人的利益,决定拒绝赔偿与施加责任的立场取决于二者之间的关系要素:第一,行为人与受害人之间的地位的关系。一些关系中渗透了太多的伦理要素,从而挤占了侵权法发挥作用的空间,或者即使适用侵权责任也不会产生好的社会后果,如亲子关系、配偶关系或者师生、朋友关系等。另有一些关系影响到人际交往的社会态度,责任的施加应审慎考虑社会的期望,如救助义务。侵权法不应对改良人性或改良道德的自身潜力漠不关心,更不能对自身行为导向作用欠缺社会性认识,因为侵权法的规则或判决用明确的却也是暗示的方式提示人们行为的标准和界限。“诉讼经常对那些诉讼当事人以外的,甚至对案件毫无所知的人产生巨大的影响。”[2]关于陌生人之间的救助义务需要明确的是:侵权法虽然不能强制人们行善,但可以尽力支持人们的善举而不能使之受挫。第二,造成受害人损害行为的性质。例如,

---

〔1〕[英]哈耶克:《自由秩序原理》,邓正来译,生活·读书·新知三联书店1997年版,第98页。

〔2〕[美]霍华德:《无法生活——将美国人民从法律丛林中解放出来》,杨珍等译,法律出版社2011年版,第11页。

过失致人溺水死亡显然与拒绝对溺水者施救致其死亡不可同日而语,而故意欺诈他人显然与过失提供错误信息不能同等对待。对于医生来说,经患者同意在其身体上施行手术显然也不能等同于未经患者知情同意就在其身体上动刀子。行为人的性质会影响侵权法的态度。第三,受害人损害的类型。受害人受到的损害包括各种类型,如物质损害与精神损害、财产损失与纯经济损失,甚至精神打击、恐慌与不安。侵权法在对待财产损害的赔偿时显然比对待人身损害的态度要保守,其通常是拒绝保护某类利益的,如经济安全或者纯经济损失,"宁可偶然让有理的要索人失望,也不要打开门户,容许伪造的官司泛滥,而'进入无合理或公平止境的境界'"[1]。侵权法通常也反对就精神打击和干扰进行赔偿,理由在于此类伤害比其他伤害更容易伪装,需要借助发达的医学证明和心理学知识。

侵权责任所具有的最为重要的意义在于能引导人们进行自由决策。需要注意的是,侵权法对行为人的道德运气并不敏感,倘若某人幸运地没有因为其过失行为而造成他人损害,即使最具道德可责难性的行为也不会导致侵权责任的民事后果。侵权法这种处理方式以主体性哲学为其理论基础,即"由于人们在做任何事情的时候都会或多或少地受到其无法控制的因素的影响,而免除人类对所有并不完全处于其控制范围内的行为的责任将破坏我们作为理性人、自由行动的人——这构成了我们的个性、成就感和自尊的核心——的自我意识"[2]。运气是一种无法避免而必须接受的生活事实,无论好运气还是坏运气。人类的活动或多或少都会受到自身无法控制的运气因素的影响,其中包括极富差异性个人天赋。"如果人们可以仅仅通过将其行为归结为自己在天赋或能力方面的运气的作用就可以推卸掉其对自己行为应负的法律责任或法律之外的责任,那么整个个人责任概念——我们的自我意识以及作为理性人和行动自由的人

---

[1] [英]John G. Fleming:《民事侵权法概论》,何美欢译,香港中文大学出版社 1992 年版,第 45 页。

[2] [澳]彼得·凯恩:《侵权法解剖》,汪志刚译,北京大学出版社 2010 年版,第 67 页。

的意识都依赖于这一点建立起来——将彻底瓦解。”[1]

(二)侵权法的主体间性叙事:平等关系的沟通体系

李普森曾指出:“自由主要是一种个人主义的观念,而平等则是一种社会观念。自由是以个人为主而从自己的观点去看别人。但平等则与此不同。顾名思义,平等意味着一种关系。除非与别人比较,否则你无所谓平等或不平等。因此,平等是指个人在社会结构中与别人的关系。”[2]“法律的全部,并非条文的整体,亦非规范的全体,而是关系的全体。”[3]因此,现代私法中的个人本位是基于社会观念的个人本位,强调个人为独立主体的同时,亦应向社会负责,尊重作为社会成员的其他个人。侵权法是关于人与人之间关系的责任体系,因此侵权责任是一个人际性的概念和实践,它关注行为人、受害人以及更为广泛的共同体和社会等多方面的关系,表现出对平等的执着追求。平等关系包含同等情况同等对待与不同等情况不同等对待两方面含义,前者即为形式平等,后者则为实质平等。在今天的工业化、城市化社会中,侵权法一方面将关注的重点从抽象个人的抽象意志转向具体个人的具体主张,经由人的社会性存在的认知,进而以关系性存在把握责任的基础,“藉此将人类生存情境中对他人的依赖纳入考量,而在实质论证法效力时为存在哲学取得路径”[4]。另一方面对不同阶层、团体和关系倾注了不低于个人的关注,经由人际交往中的行为、互动、交涉、参与重新界定人们之间的期待,进而作关系的调整和结构的改组以协调不同主体之间的自由空间,并借此将人际关系的各种类型、关系网络的各种变化和相应的效果以及法律秩序与关系秩序之间的各种组合纳入考量。从产品责任、医疗过失,到新近出现的安全保障义务等侵权行为类型,在理论上和实践中已经显示出在思考契约性构成的同

---

〔1〕 [澳]彼得·凯恩:《侵权法解剖》,汪志刚译,北京大学出版社2010年版,第78页。

〔2〕 李普森:《民主的基本原理》,载《交流》1986年第3期。

〔3〕 [德]考夫曼:《法律哲学》,刘幸义译,法律出版社2004年版,第220页。

〔4〕 [德]弗朗茨·维亚克尔:《近代私法史——以德意志的发展为观察重点》,陈爱娥、黄建辉译,上海三联书店2006年版,第568~569页。

时对其关系性的法律评价。主体性的叙事方式把相对方作为不可见的他人从视野中抹去,其单向度的思维或者导致责任的扩散或者导致权利的萎缩,均可能造成人与人之间良好关系的破坏而形成一种相互的戒备和紧张的氛围。主观间性所指的主体不再是自主的主体,而是作为关系性的主体,使弱者这一被社会性所边缘化的实体逐渐清晰出来,把法律现象还原到现实社会的个人之间的各种关系之中,表达出了一种处于行为中的世界的理解。“在侵权法中,某些特定关系要求或涉及注意的义务的,这些关系的存在通常就会产生决定性的义务。”如果受害人得不到赔偿存在不合理性,“普通法法官趋向于在当事人中间找出某种关系,或者一方应对另一方承担的某种责任”〔1〕。

20世纪60年代末至80年代,英国法学家麦考密克和奥地利法学家魏因贝格尔在其合著的《制度法论》中,提出了法律是一种“制度性事实”的观点,“试图超越法律实证主义与自然法论”,“建立一种兼有规范主义和社会现实主义的新理论”,从而揭示法律规范背后的社会事实以促进法律的日趋正当。〔2〕 当代交往行为理论的代表人物哈贝马斯则认为,社会可以区分为系统和生活世界。系统是利用权力和货币这样的非语言性媒体组织起来的行为领域,其中占优势的因素是合理的形式、合理的目的以及具有实效的工具和方法。与系统不同,生活世界是通过语言来统合的社会性行为领域,其中占优势的因素是涵义、沟通以及相互理解。〔3〕 在现代社会中,实证化的法律规范导致了哈贝马斯所说的“生活世界的殖民化”——生活世界被系统所支配,日常的沟通实践因此受到阻碍,人们被困于韦伯所描述的“理性的牢笼”〔4〕之中。侵权法是现代社会最为重要

---

〔1〕 参见[澳]皮特·凯恩:《法律与道德中的责任》,罗李华译,张世泰校,商务印书馆2008年版,第16页。

〔2〕 参见[英]麦考密克、[奥]魏因贝格尔:《制度法论》,周洁谦译,中国政法大学出版社1994年版,第11页。

〔3〕 [德]哈贝马斯:《在事实与规范之间——关于法律和民主法治国的商谈理论》,童世骏译,生活·读书·新知三联书店2003年版,第237页。

〔4〕 参见[英]韦恩·莫里森:《法理学——从古希腊到后现代》,李桂林等译,武汉大学出版社2003年版,第298页。

也最为复杂的法律领域之一，当其介入生活世界过深时会取消个人自主建构关系性社会的可能性，进而会导致社会生活与法律规范的摩擦增大。当侵权法极度扩张其适用范围而将触角伸及学校、办公室、邻里、家庭等领域的亲密型日常活动时，人们之间的关系会变得紧张和疏远，相互戒备和不信任导致日常生活的成本增大，固有的社会和生活伦理反而会受到侵权法的挤占和破坏，这样的生活并非人们所追求，这样的社会远离人们心中的理想。

制度法学主张必须重视沟通意识与现实的“实践”观念，与其如传统般预设先验的正义原理，还不如通过信息和沟通的理论来实现法律制度的实质性正当化，使法通过合意的方式获得支持。具体说来，就是把确认正义原理转变成通过讨论来决定，所谓“讨论”，就是沟通意识和现实的实践，制度的正当性取决于“正当化的过程”以及为达到这一目的而运用的“说服的技术”。这种“把实践性的讨论导入法体系中的制度构思是当代法学理论的一项重大成果”。〔1〕哈贝马斯则提出了殖民化社会生活的解救之道，即使法律与生活世界重新挂钩，通过生活世界与系统、公共领域与私人领域、基本人权与人民主权以及交往权力与行政权力的沟通互动，使现代法律获得新的生命力。为了使生活世界能够防御系统的侵入，有必要重新认识和评价沟通的合理性。〔2〕“沟通的合理性”将主体性修正为主体间性，强调通过多个社会主体间的对话和论证达成共识而在法律事实上有效与价值上正当之间建立起联系。具有合理性的理想沟通状态的保障需要通过表现为调整对立而达到合意的程序性法律制度来实现，从而实现能够保证秩序稳定和社会团结的法律规范的合理性。这样的社会哲学理论促成了侵权法中共同体正义理念的出现，即探究侵权法背后所蕴含的实质正义以及所拥有的道德含义，从其中析出的共同体的正义

---

〔1〕参见[英]麦考密克、[奥]魏因贝格尔：《制度法论》，周洁谦译，中国政法大学出版社1994年版，第14～15页。

〔2〕[德]哈贝马斯：《在事实与规范之间——关于法律和民主法治国的商谈理论》，童世骏译，生活·读书·新知三联书店2003年版，第234页。

中判断侵权法未来的方向。[1] 共同体理念强调通过人们自治性的概念来构成社会的多元化,关注弱势群体、少数民族的群体利益,重视各个不同的利益群体之间的对话和协商。共同体的概念带来了协商对话的社会潮流。侵权法中的共同体正义观念把社会想象为关系性的网眼,要求从整体上评价通过自己能动的行为使他人无可逃避地被卷入与自己的关系之中的一系列过程,进而否定这种令对方处于窘境之中的利己行为构造。这里所说的"关系",实际上并不是从外部强加某种特定的地位乃至角色的类型性关系,而是通过彼此间的行为积累起来的具体的关系。"沟通也许会增进对于有益信赖和互惠互利来说必不可少的信任。当你在行动之前进行沟通时,就是向对方当事人表明你关注他的利益,他对你信任程度很可能由此得到提高。"[2]"公民们若要借助于实证法来合法地调节他们的共同生活,就必须相互承认对方拥有的。"[3]共同体理念主张把社会性评价的视角带入侵权法中来,"在法律的逻辑向社会渗透和运用社会的逻辑来理解法律这一双向的复杂互动过程中,使在关系性中得到定位的人,能以自己的语言言说法律,通过主体间性的叙事方式在自我与他人之间建构侵权法的规范世界"[4],在了解与尊重并达成人性共鸣的基础上寻求以恢复关系为指向的当事人间自主交涉的可能性。这样的侵权法秩序有助于当事人之间达成和解,进而促成合作和建设性的社会生活。事实上,侵权诉讼某种意义上已经成为使社会性问题达成共识的机制,表明了社会对救济的需求程度。

二、实现侵权法正当化的责任伦理

法律作为一种制度性事实必须回应社会生活,"只有被理解为规范的

---

〔1〕 姚辉:《侵权法的危机:带入新时期的旧问题》,载《人大法律评论》2000年第5期。

〔2〕 [美]亨利·马瑟:《合同法与道德》,戴孟勇、贾林娟译,中国政法大学出版社2005年版,第93页。

〔3〕 翟志勇:《哈贝马斯论域中的法律与道德》,载《比较法研究》2007年第5期。

〔4〕 翟志勇:《哈贝马斯论域中的法律与道德》,载《比较法研究》2007年第5期。

精神构成物而且同时被认为是社会现实的组成部分时,才能得到承认”。[1] 法律是人类的创造物,令人关注而又十分重要的问题是,如何实现其存在及内容的正当化。侵权法毕竟是一种人类创造的社会制度,其并非为了存在而存在,而是为了实现人类的目的和履行社会的功能,侵权法的制度结构显然受制于这些目的与功能。作为一个伦理的规范系统,侵权法规范本身要经得起伦理的检验和评估,其制度体系充满了责任伦理的细胞。“在一个给定时代的社会关系为其中有效的道德律令提供了内在标准……任何道德判断的‘内容’只有在对社会网络背景和实际社会——历史情形的决定因素的理解中,才能得到完全揭示。因为,我们的知识需要考虑二元性:行为的内在性以及该行为在社会发展的宏大画面中的状况。”[2] 侵权法的正当化一方面系取决于健全的个人责任伦理原则的体现程度,另一方面又取决于其对理想的人类和社会目的的促进程度。[3]

(一)侵权法关注责任伦理

拉德布鲁赫认为“没有事实条件和法律后果就不可能有法律规则”,他把法律定义为“人们为了生活在一起而必须遵守的一般规则的总和”。[4] 然而,“正义法律的完全实现,必须以伦理原则为基础”[5]。侵权法作为社会制度的组成部分,是组织和诠释社会生活的方法,它的一项基本功能就是要将某种秩序引入社会生活之中。社会生活极为多变且杂乱,因而侵权法所体现的伦理原则也是具有相当的复杂性。不同的生活领域存在不同的伦理原则,如家庭和市场的伦理诉求截然不同,即使面对同一领域的问题人们常常也会持有相互冲突的伦理观念,这种分歧带来

---

〔1〕 [英]麦考密克、[奥]魏因贝格尔:《制度法论》,周洁谦译,中国政法大学出版社 1994 年版,第 39 页。

〔2〕 [英]韦恩·莫里森:《法理学——从古希腊到后现代》,李桂林等译,武汉大学出版社 2003 年版,第 296 页。

〔3〕 [澳]彼得·凯恩:《侵权法解剖》,汪志刚译,北京大学出版社 2010 年版,第 98 页。

〔4〕 [美]罗斯科·庞德:《法理学》(第 2 卷),封丽霞译,法律出版社 2007 年版,第 63 页。

〔5〕 [美]罗斯科·庞德:《法律与道德——历史法学派与哲理法学派的视角》,邓正来译,载《法制与社会发展》2005 年第 3 期。

很多侵权法上的困境,导致在决定什么才是在特定情况下人们应该作出的正确选择时面临合理性的迷思。在这方面,侵权法深受家庭伦理、环境伦理、医疗伦理等不同伦理观念的侵扰,在不能全面领略它们内涵的情况下,很难作出具有社会适当性的制度选择。对于救助义务所引起的侵权责任问题,侵权法的选择也极为艰困:否定救助义务的学说主张侵权法强制道德反倒会使邻人之爱的价值丧失,肯定学说则主张法律和道德的相互分离会让人们失去对法律的信赖,应该把被救者对施救者的感谢之情提高到法律义务上来思考。[1] 由此可见,侵权法"无力彻底消除社会的无序或解决所有伦理冲突",某种程度上它所反映的正是"生活的无序性以及我们的目标和伦理信念的多样性和相互之间的牴牾"。[2]

韦伯将伦理区分为"责任伦理"与"信念伦理",认为后者的价值根据在于行为者的目的、动机和意图,人们通常以此评价自己的行为,拒绝对行为的后果承担责任。责任伦理则关注行为后果的价值和意义,强调人应当积极对自己的行为承担责任,理性而审慎地行动。责任伦理的提出基于人类责任缺失的某种反思和自觉,赋予人类责任意识和伦理关怀,具有前瞻性、自律性、关护性和整体性。[3] 这种伦理观念强调人们对自然、他人和社会的自觉关爱,注重人与人相互之间的理解与信任,意在养成人类负责任地行为并勇于担当责任的品性。"法律规则是关于未来的"[4],侵权法是关于行为人是否承担责任以及如何承担责任的法律制度,基于其规范所具有的前瞻性功能,事关个体人格品性的塑造和未来的社会交往方式,因此,侵权法开始关注责任伦理的复杂组合,它不再一味地专注于"内心"、极尽行为主体的道德评价之能事,而是更加强调行为的结果和结果之责任的分配。传统的侵权法将权利作为编织人际关系的话语,而忽视了权利功能的有限性和局限性。从权利主张的角度思考侵权责任往

[1] [日]星野英一:《民法劝学》,张立艳译,于敏校,北京大学出版社2003年版,第120页。

[2] 参见[澳]彼得·凯恩:《侵权法解剖》,汪志刚译,北京大学出版社2010年版,第24页。

[3] 参见田秀云、白臣:《当代社会责任伦理》,人民出版社2008年版,第27~28页。

[4] J. Finnis, *Natural Law and Natural Rights*, Oxford University Press, 1980, p. 270.

往切断了当事人之间沟通的渠道，把原本具有多面性的人际关系还原为单向度的权利义务关系，因而会形成更加紧张和冲突的人际关系，并使人与人在社会的交往过程中增强了相互防范和戒备的意识。“新的权利修辞较少涉及人的尊严和自由，而更多的是咄咄逼人、永无止境的个人欲望”，人们很难对任何贴上了“权利”标签的东西说“不”。[1] 侵权法在权利的“细微的暴力面前无能为力”的原因在于，其“所设想的抽象主体和现实中情境性地形成的主体之间出现了乖离”[2]。在现代社会的人际交往中，义务与责任的语言具有更加丰富的内容。责任在实践中存在两个方向，即过去责任和预期责任，前者向后看过去的行为和事件，如有责性、应负责性和课责；后者面向未来而形成义务与职责，包括产生好的结果（建设性责任）和预防坏的结果的发生（预防性责任），这类责任对促进人们的合作与创造价值的行为发挥重要作用。[3] 责任同时也是一个人际性的概念，它可以连接行为人、受害人以及更为广泛的共同体和社会等多方面的关系。关注责任伦理意味着人们之间的情感纽带在侵权法中受到更多的重视，关系的恢复与维持成为其制度构建的基本前提。侵权法的责任伦理在于告知人们责任是什么，并鼓励人们负责任地行为，培养个体对他人及社会的责任感和同情心。同时，侵权法的责任伦理是“一个义务的伦理，而不是一种激励的伦理，是可接受的行为的伦理，而不是美德和高尚行为的伦理”[4]。在英美法中，“勿伤害你的邻居”便是这样一个有着极其广泛的潜在适用范围的伦理命令，通过各种条件和情境的限制，在具体关系中考量行为的合理性与可接受程度。“负责任不仅意味着甘愿接受制裁，在某种意义上更重要的是它体现了人们的期待，即希望对人与

〔1〕 参见［美］霍华德：《无法生活——将美国人民从法律丛林中解放出来》，杨珍等译，法律出版社 2011 年版，第 67 页。

〔2〕 ［日］棚濑孝雄：《现代日本的法和秩序》，易平译，中国政法大学出版社 2002 年版，第 56 页。

〔3〕 参见［澳］皮特・凯恩：《法律与道德中的责任》，罗李华译，张世泰校，商务印书馆 2008 年版，第 49 页。

〔4〕 ［澳］皮特・凯恩：《法律与道德中的责任》，罗李华译，张世泰校，商务印书馆 2008 年版，第 53 页。

人之间关系的基点进行确认。”[1]

（二）侵权法体现个人责任的伦理原则

法律是一种媒介，它记录了合乎伦理的具体人性进步，创造了下一个发展阶段的条件。法律制度的发展必须服务于人性的表达之发展。[2]以责任伦理为支撑的现代社会，乃是以有责任感的个体存在为前提的。侵权法以人性为基础，因而始终关注个人伦理，是一个“个人责任伦理规则和原则体系”[3]。个人伦理是指个体的存在及其内在生活，强调维护人性尊严与尊重人格自由发展，有物质与精神的双重面向，它的核心在于人格及利益。近代主体哲学的代表人物康德与黑格尔都致力于对现代自由人格的构建。康德认为，作为自我意识主体的人格，是一种利己主义主体，只有当他意识到道德法则时，才是伦理的人格。伦理人格或自由人格的体现方式，是人作为道德主体，透过理性为自由的实践法则立法，这样才能实现人的自律和自主。[4] 在1821年出版的《法哲学原理》一书中，黑格尔以唯心论的正反和辩证方法，为人的自由设定发展的阶段与规律，从客观存在的抽象法，经过主观认知的道德，主客观的辩证，才会形成一种绝对完美的生活秩序，他称之为伦理的生活秩序，生活秩序必须形成某种伦理关系，才是人的自由。[5] 在现代社会，个体自主和身份独立是极其珍贵的，侵权法的首要功能是确立一套个人责任的规则和体系，通过其调整和协调个人在社会中的生活，并形成伦理的生活秩序。个人对其行为及其后果承担责任是人格概念中的应有含义，侵权法需要在责任和自由之间、行为人的利益和受害人的利益之间努力保持一种复杂的平衡，以最大限度地维持人的自由和尊严。基于侵权责任与人的伦理生活紧密关

---

〔1〕［日］棚濑孝雄：《现代日本的法和秩序》，易平译，中国政法大学出版社2002年版，第37页。

〔2〕［英］韦恩·莫里森：《法理学——从古希腊到后现代》，李桂林等译，武汉大学出版社2003年版，第181页。

〔3〕［澳］彼得·凯恩：《侵权法解剖》，汪志刚译，北京大学出版社2010年版，第240页。

〔4〕参见［德］卡尔·拉伦茨：《德国民法通论》（上册），王晓晔等译，法律出版社2003年版，第46页。

〔5〕张道义：《社会理论与社会国理论：史坦恩的模式》，载《台大法学论丛》2010年第41期。

联,侵权法应关照个人责任对伦理关系的补救与维护。据此,如果某人伤害了他人,该行为人的责任首先是对受害人本人负责,然后是对受到伤害最直接影响的受害人的近亲属负责。“在与人身伤害有关的侵权法中,家庭亲密关系这一概念代表了法律试图为侵权行为人对人身伤害的受害人之外的人因侵权行为而遭受的损失所承担的责任设置一个可接受的边界的一种努力。”[1]侵权法关于死亡赔偿金的规定,也反映一种个人责任的伦理原则:法律作为人际关系的规范,在对待死者的态度上,实际上是通过对死者的态度来维持和建构生者之间的关系。[2] 英美法回应“错误出生”的侵权诉讼,其最主要的反对理由是这种诉求完全违反我们对生命伦理的理解——“生命是神圣的”。

早期的侵权法就十分注重人的型塑,“法律是培养人的进取精神,释放出人的能量的工具”[3]。正如亚里士多德所言,“法律不应该被看作和自由相对的奴役,法律毋宁是拯救”。[4] 由于侵权法处理的是人与人之间的交往关系,因而它所包含的伦理原则不仅与加害人的行为相关,而且与受害人的行为相关,同时,侵权法既关注受害人的利益,也关注加害人的利益。侵权法“必须在受害者的困境以及自由社会的需求之间保持平衡”[5]。责任的扩散可能会破坏人与人之间基于伦理而建构起来的良好关系,造成对抗性的戒备和紧张,最终使侵权法面对离散社会或者对某些无赖更有利的指责。“在非合同关系领域,如果一个人既可因故意、也可因重大过失受到起诉,这将把世界引向何方? 一句不在意的话、一次传言、一条错误的信息或者糟糕的建议、草率的判断、推荐不称职的保姆、回答旅行者时间和地点等,这一切如果出于重大过失,就将使其为引致的损害承担责任,而无论其是否诚信。这样一个责任扩张的过程,将是商业和

[1] [澳]彼得·凯恩:《侵权法解剖》,汪志刚译,北京大学出版社 2010 年版,第 183 页。
[2] 姚辉:《民法的精神》,法律出版社 1999 年版,第 208 页。
[3] [美]施瓦茨:《美国法律史》,王军译,中国政法大学出版社 1997 年版,第 99 页。
[4] [古希腊]亚里士多德:《政治学》,吴寿彭译,商务印书馆 1981 年版,第 276 页。
[5] [澳]彼得·凯恩:《侵权法解剖》,汪志刚译,北京大学出版社 2010 年版,第 71 页。

社会交往的真实噩梦,自由的交流将受到极大的限制,最无辜的话语也将成为可怕的诱饵!"[1]个人责任的伦理原则对于责任制度的公正性极为重要,因此,科尔曼不承认"责任制度的公平性依赖于任何对于我们每个个体'拥有什么'的事先的决定",而是认为"我们每个人的'拥有什么'依赖于我们彼此之间所负有的责任",侵权责任的"内容和要求体现在我们的制度、社会和道德生活中"。[2] 侵权法通过让行为人对受害人承担损害赔偿责任,使被扭曲的正义得到了矫正,然而,如果承担这种赔偿责任同时也引起了责任人生存上的危机,就不能不说矫正的结果亦非正义。侵权法所具有的伦理性目标之一就是说服那些服从它的人为善,只要肯定侵权法这种教育性功能的存在,就必须在其中体现个人责任的伦理原则,如此才能保证其规则所构建的生活秩序具有某种高贵而令人肃然起敬的品质。在侵权法的伦理框架之下,侵权行为人和受害人财富的多少与他们对受害人的损失所负的个人责任完全无关。"用一个建立在当事人的支付能力基础之上的责任原则来取代全部赔偿原则,将意味着侵权法的死亡。"[3]侵权法为补偿性损害赔偿所确定的伦理原则是,受害人有权要求尽金钱之所能地将其回复到若侵权行为没有发生时其原本应有的状态,面对受益性损害赔偿时,侵权法作出的伦理回应则是应剥夺行为人因侵权所获得的利益,而惩罚性损害赔偿的伦理基础却是对行为人主观恶意的制裁。由此可见,基于对社会事实的准确判断,侵权法支持或反对某种类型的侵权行为时均会给出一个具有伦理意义的理由。现代侵权法中的个人责任以一定的伦理观念为基础,体现了教育性和伦理性的一般趋势,意在型塑具有责任心和正义感的个人人格,据以建构以伦理关系为基础的生活秩序。

(三)侵权法反映社会责任的伦理原则

法律既是文明的创造物也是文明的构成要素。法律制度已经开始表

---

〔1〕 Markesinis, *The German Law of Torts*(4th ed.),Hart Publishing,2002,p. 52.

〔2〕 [美]朱尔斯·L. 科尔曼:《原则的实践——为法律理论的实用主义方法辩护》,丁海俊译,法律出版社 2006 年版,第 73 页。

〔3〕 [澳]彼得·凯恩:《侵权法解剖》,汪志刚译,北京大学出版社 2010 年版,第 125 页。

达社会理性的发展——它是理想世界借以变成现实世界的必由之路。从伦理学的维度来看,19 世纪观念的改变被认为是一种从经济视角(它首要关注的是个人在财产权方面的主张和允诺利益)到文明视角(它试图使每个个人都享有一种充分道德的生活成为可能)的转变。[1] 这种转变正是源于社会伦理的制度诉求,对于社会共同生活而言,"社会伦理就等于文明永续,有赖于财富与劳动的概念"[2]。侵权法通过社会伦理这一平台,追求的文明意义上的普遍利益与特殊利益的妥适调和。行为的社会价值与行为的合理性判断之间具有相关性,侵权法的个人责任观念也必然要顾及人的社会属性。虽然个体之间的有些交往对整个社会几乎没有什么影响,但人与人之间的多数交往关系还是需要根据其所处的社会背景才能获得准确的理解,因此,人与人的关系具有社会的神经,个人对自己行为所承担的责任会受到行为所具有的社会意义的影响。传统的公私二元论忽视了私人领域中也存在一定的权力性,过于迷信法的中立性,从而使私法丧失了社会妥当性。现代法学不再坚持公私法的绝对区分,"法律的每个部分在某种意义上都是公法性的,它的每个部分在某种意义上讲也是私法性的"[3]。从抽象的意义来看,侵权法具有双边特征,其主要目标在于实现当事人之间的矫正正义,属私人性法律问题。然而,赔偿被害人的需要也是惩罚行为人的需要,侵权法作出的考量通常会超出当事人的利益,其最终会广泛影响社会中很多他人的利益。因此,尽管侵权法的制度体系在于确定和矫正私人不法行为,但它在精神上和效果上往往具有公共性。首先,侵权法规则被定性为给社会生活和人际交往提供一组背景原则或"默认(缺省)规则",其中的某些规则因其对社会文明和人类福祉极端重要,面对这样的规则,人们没有"讨价还价"的余地,如将自己卖身为奴、买卖人体器官、协助他人自杀等,法律对此类不尊重生命的

---

〔1〕 邓正来编译:《西方法律哲学文选》,法律出版社 2008 年版,第 343 页。

〔2〕 张道义:《社会理论与社会国理论:史坦恩的模式》,载《台大法学论业》2010 年第 41 期。

〔3〕 参见[英]韦恩·莫里森:《法理学——从古希腊到后现代》,李桂林等译,武汉大学出版社 2003 年版,第 251 页。

行为从不妥协。其次,侵权法中的个人责任可能受到公共利益的修正,基于公共利益的考量会确认向他人施加侵害的人在法律上无须承担责任。例如,正当的竞争行为、报社对公众人物真实故事的报道等,即使上述行为导致了某企业或某人受到致命打击,但因其致害行为以合法的公共利益为基础从而获得了正当性,因而面对此类损害和人们的唏嘘不已,法律也只能拒绝提供救济。再者,侵权法对财产利益的保护极具复杂性,反映了财产所履行的多样性社会功能。侵权法不仅要保护人们的财产利益,而且要担当型塑和定义财产的社会角色:财产的价值不仅在于其可以作为私人的财产,更重要还在于它是整个社会制度和市场经济大厦赖以建立的基础。因此,有学者认为,扎根于侵权法之中的伦理原则已经受到了那些侵权法被用于的社会目标的影响,甚至可能已经受到了后者的破坏。事实上,社会是伦理观念与法律制度相融合的媒介,有关风险与社会安全、医疗标准以及意外损害等方面的公共决策最终都要通过立法和司法加以实施。侵权之所以会在当代成为一个重要的社会问题和政治问题,被认为"是最简单、但同时也是最复杂的法律领域之一"[1],原因也在于此。侵权法体现的是个人责任的伦理原则,但它并不是一个仅以个人伦理原则为基础而演绎出来的自足的或封闭的体系,侵权法所包含的责任原则无疑具有社会共同体的责任伦理,这种共同体伦理"是从感到自己与他人之间是以人性的纽带相连,要珍惜这种联系的想法出发,来思考侵权行为制度的模式"[2]。

在工业革命进展中,已发达的工业国家经历了社会的剧变,侵权的形态已发生了极大的变化,以往社会所关注的故意侵权不再是侵权法的重点,过失侵权及意外事故变得如此显著和普遍,以至于侵权首次成为一个具有重要的社会性和政治性的法律问题。侵权法的重点从过失侵权转移

---

〔1〕［德］彼得·高赫:《侵权法的基本概念》,常鹏翱译,载田士永等主编:《中德私法研究》(2007 年第 3 卷),北京大学出版社 2007 年版,第 122 页。

〔2〕［日］棚濑孝雄:《现代日本的法和秩序》,易平译,中国政法大学出版社 2002 年版,第 38 页。

到多发的交通事故、医疗损失和产品责任，进而从直接侵权转向基于私人之间积极照应义务而生的间接侵权与不作为侵权，纳入侵权法视野中的责任人与受害者的外延变得越来越宽泛，其中越来越多地渗入基于社会伦理的责任观念。温里布基于侵权诉讼的双边结构将其看作造成损害的人和受到损害的人的“二重唱”[1]，认为侵权法应寻求在分配上保持中立。然而，人并非远离或超越社会背景的孤立实体，作为社会动物，即使最排他的以行为人为中心的责任理论因其是社会互动的实践产物而具有分配的意蕴。某一产品责任案件，其外显的特征仅涉及一个特定的生产商对一个特定的消费者的责任，而从社会的层面来看，产品责任案例涉及的是生产商与消费者之间关系的一个广泛性问题。换言之，涉及权利和义务在二者之间的社会分配。据此，侵权法在决定如何解决此类侵权时，就需要考虑更广泛的社会与经济影响，社会责任的伦理原则得以充分体现，侵权法成为尊重他人自主和自由以及同情他人的不幸等众多原则和思想混合而成的复杂体系。同时，侵权责任的实践和概念不仅涉及关于过去的惩罚和修复义务，而且还主要涉及为未来建立行为模式，即“责任”。[2] 正是基于这样的思考，侵权法被视为主要是对损害进行赔偿以及在社会中广泛分担该赔偿的费用以抑制损害发生的一个手段，进而被视为一个分配正义的体制。侵权法不应完全忠实于个人责任的伦理，否则会带来法律和道德的成本，例如，对逃避责任或制造虚假伤害产生激励，甚至还会以更大的社会和经济利益为代价，例如，损及人类极为珍视的健康和教育。侵权法必须展开社会责任的伦理讨论，其中包含企业责任伦理、医疗责任伦理、环境责任伦理、教育责任伦理、公民的公共责任伦理，甚至网络责任、大众传媒责任及学术责任均存在独有的伦理原则，只有洞见不同类型的社会责任伦理，才能形成与社会相契合的侵权法政策，其制度才能得到社会认同和接受。社会性责任并不等于说个人不再负有

---

〔1〕 参见［美］温里布：《私法的理念》，徐爱国译，北京大学出版社2007年版，第134页。

〔2〕 参见［澳］皮特·凯恩：《法律与道德中的责任》，罗李华译，张世泰校，商务印书馆2008年版，第281页。

责任,而是说个人尽责任的方式会有所变化。在社会责任的伦理观念中,只有伤害者和被伤害者,没有事不关己的旁观者。

三、风险社会与侵权法的新理念

在过去的30年里,人类见证了社会秩序的急剧变化,为了描述这些变化,社会理论家们已经制造出包括媒体社会、消费社会、全球化社会、发达的全球资本主义社会等在内的各式标签,最近也最时髦的便是反思现代性的风险社会这一描述。面对的是"一个风险防范意识"正在形成的社会,侵权法只有更多地理解风险和伤害才能得到社会和民众的理解,在后现代的语境中,侵权法不得不分担社会生活的极端不确定性,寻找规范的逻辑与生活的逻辑之间相契合的关节点。

(一)"风险社会"与侵权法的反思

现代社会高速发展并日益呈现出复杂的态势,特别是,当发展进入以信息化、互联网化为特征的"快车道"时,人类开始感觉到自己正在被诸多的不确定性和不安全感所围困,不知不觉,已经身处"风险社会"之中了。德国学者乌尔里希·贝克以及之后的社会学家们认为,这些风险包括:技术发展的风险,环境的损害,金融和投资风险,知识和生活状况的差距与分裂,以及各种可能的突发事件。[1] 不可否认,科学技术一直致力于解决这些问题,但同样不可否认的是,从中又释放出了人类难以控制的风险,而正是这些风险眼下正在侵蚀着现代社会的生存基础。[2] 近几十年来,风险现实化引发大规模侵权案件已经成为侵权法体系的一个明显特征,关于侵权法之目标的一些最深刻的问题也得以显现出来。

虽然早在20世纪,民法学界就已经针对社会学界提出的"风险社会"这一论断作出了危险责任的回应,并认识到风险将代替财富成为社会分配的主要问题,然而,传统侵权法律制度在面对不断涌现的新型侵权行为

---

〔1〕 [德]乌尔里希·贝克:《世界风险社会》,吴英姿、孙淑敏译,南开大学出版社2004年版,第17页。

〔2〕 [德]乌尔里希·贝克:《风险社会》,何博闻译,译林出版社2004年版,第20页。

以及灾难性的,甚至是大规模的人身损害事故时,其局限性已经显现无遗。有人预测,在损失惨重、发生频繁,且受害人能够凝聚足够政治力量的领域,将采取由严格责任和责任保险结合的制度,该制度呈现出非福利性和市场化特征。[1] 当代中国已然显现出诸多的“风险社会”症候,而整个侵权法领域基本上还在运用19世纪的法律体制应对20世纪晚期形成的“风险社会”及其所带来的危机,侵权法并没有内化于“风险生产秩序”中,而是远离秩序成为一个驻足观望的他者。如此下去,侵权法恐怕很难逃脱放纵风险的指摘。面对这样的社会境遇而又诉求和谐社会的当代中国,应该认真思考一下侵权法的制度使命,使置身于“风险社会”的侵权法能够努力兑现其时代精神,致力于调整其规范性基础并转换其现代性范式,而这一切则应首先建基于对侵权法制度理念的重新认识之上。

(二)侵权法传统理念的嬗变

近代侵权法注重自由与平等的理念,现代侵权法是在对其作了重新诠释之后,经过修正而建构起来的。康德的意志自由理论是近代侵权法的哲学基础,在此基础上形成的强调人的自由与平等的权利与责任观念。据此,将责任限定在可预测的风险范围内的自己责任原则、过失责任原则等便成了这种理念支配下的法律制度化。随着侵权法所表达的社会生活的深刻变化,民事主体丧失了一定程度的平等性这一事实使近代侵权法开始出现危机,它所保障的意志自由和平等人格,最终导致了使社会的、经济的强者对弱者的支配正当化,它所确立的自己责任和过失责任在各种近代产业的危害和风险增大的状况下,表现出拒绝对受害者进行法律救济的态度。于是,近代侵权法尊重个人自由和平等的基本原则在现实社会中异化成为对人性的轻视。正是由于法律上平等地对待事实上不平等的人,完全任由其自由意志下的活动,以致产生了事实上自由的人和事实上既不自由也不平等的人。当市场经济领域越来越多地被通过产业革命而发展起来的大企业所占据时,这种情况日益加剧。面对这样的事实,

[1] [德]格哈特·D.苏格曼:《当代侵权法比较研究》,载《法学家》2010年第2期。

人们开始反思作为侵权法理论基础的正义的内涵,并认识到,以不平等的制度对待平等的人是非正义的,而以平等的制度对待不平等的人同样是非正义的。承认社会上弱者与强者的利益对抗,实现他们之间在社会上的平等则意味着需要保障弱者真正享受事实上的自由,同时对强者的自由加以某种限制,逐渐减少贫富差别,维持文明社会生活所必需的正义目标演变为“促进生产进步和提高社会内聚性的程度”。反思后的平衡:侵权法的理念,从抽象意义上的自由与平等逐步演变为确保实质意义上的自由与平等。

侵权法发展到20世纪,在对于人性的追问上一直内藏着一对矛盾:一方面要坚持尊重人的自由与平等这一基本原则,表现在制度上则是坚持实行自己责任和过失责任等侵权行为法的旧有原则;另一方面又要努力克服自己责任、过失责任等旧有原则在面对现代社会日益严重的加害行为和风险事故时无力为受害人提供充分救济的功能缺欠,不断调整从历史中来的制度体系及证明制度正当性的理论依据。危险责任正是在这样的社会场景和理念变迁之下应运而生的,同时伴生的是劳动法、经济法和社会保障法。

(三)侵权法新理念的生成

20世纪以来,工业化生产和新发明、新技术的应用,在大大丰富人类社会财富的同时,社会风险丛生,侵权法在人性回归的路途中再次失去了方向。然而,是社会和谐的人类诉求催生了侵权法制度内在安全与和谐价值的自觉,新的侵权法理念促使侵权法中开始萌发与现代性相异质的内容。社会连带理论作为侵权法中新注入的哲学思想,开始在侵权法的某些领域产生影响,作为新理念的安全与和谐通过制度性安排逐渐得到市民社会的理解并慢慢渗透开来。这样,作为人类道德源泉的宽容情怀和恻隐之心多少能够通过侵权法理性思考的途径化为一种“制度的不忍”,从而使侵权法可以致力于解除人的痛苦与焦虑,缓解社会各种冲突与不和谐。这样的制度之光正在透过侵权法对博爱取向的“邻人关系”、安全取向的“群己关系”以及生态取向的“天人关系”[1]的关注而照耀到人们的心灵。然而,有一点是不容忽视的,作为传统的自由与平等理念仍会继续存在并将进一步谋求其精神实质的贯彻,但其所适用的妥当领域会有所减少,侵权法的法治进程不再是单向度的,而是新旧理念在不同层面的共存和交错互动。

安全与和谐是侵权法围绕风险社会之“风险生产——分配的逻辑”所兑现的价值诉求,这些新理念的引入应带动以下几方面的思考:首先,侵权法更强调行为主体应当增强对行为后果的自觉。自由与平等理念下,人之所以能够进行选择并承担相应的责任,主要在于人的自由。因此,人的责任范围和责任限度是与人的自由选择能力紧密相连的。随着科学技术的加速发展,人的自由实践范围越来越大,人的自由选择能力也越来越强。其次,在侵权法的制度结构上不再过分关注统一的法典体系,而是致力于构建在形式上和功能上综合公法与私法的、超越现代法框架的法律模型。在形式方面,民法典直接规定的侵权法会尽量保持稳定和原则,而与民法典一般性规范相对的特别规范将随着新的社会现象的发生而丰盈起来。在功能上,促进社会团结、保障经济安全及监测科技发展和应用的风险将成为侵权法发挥作用的三个新维度。再次,设定把握侵权法整体图景的视角,保持侵权法与相关救济体系的互动关系。价值多元化也会带来损害赔偿方式的多元化,与损害赔偿相关的制度还有合同制度、社会保障制度和私人保险制度等,要保持这些制度与损害赔偿制度之间相互援助的和谐互动关系,从多元的视角提出制度设计构想,将侵权法的理念渗透进制度的每个缝隙。侵权法各项理念的落实,还需联动有限责任、责任保险及社会保障基金等各项制度的完善,进而促进各个责任主体损害赔偿责任能力的提高。担负各种社会功能的侵权法,应从线性的规范出发,通过各个法律规范的链接形成网状的制度,最终在社会中构建出立体化的生活秩序,而理念则是编织于规范、制度和秩序之中的精神脉络。风

〔1〕 参见苏永钦:《走入新世纪的私法自治》,中国政法大学出版社2002年版,第68页。

险社会抑或和谐社会,也许只是人类自己选择的结果。

第二节 侵权法的文化意蕴

不同社会面临的侵权问题不尽相同,侵权法有不同的生活经验和意义世界。“法律植根于文化之中,它在一定的文化范围内对特定社会在特定的时间和地点所出现的特定需求作出回应。”[1]文化是社会学的一个重要概念,指向一个社会成员或者是一个社会中群体的生活方式。文化的力量表面上似乎并不强大,但是,在社会交往的潜流层却发挥着极为深刻的作用。例如,在美国,侵权法甚至成为总统竞选中频繁出现的话题,“我们很少听到关于改革合同法或废除财产法的政治运动,但是几乎每星期我们都淹没在关于侵权法目的的故事与攻击之中,被侵权法新的改革主张或者彻底放弃侵权法的激进观点所包围着”[2]。侵权法影响着社会生活的每个部分,形塑着人与人之间在公共领域以及私人领域相互交往的生活方式,营造出健康的侵权法文化并使之存续下去,这正是侵权责任能够成为团结社会成员的工具的原因所在。经济、政治和文化是社会的三大系统,也是社会生活的三个主导方面,它们通过相互影响和相互作用共同推动着社会的发展和人类的进步。随着经济的高速增长和社会的深刻变革,文化的重要性和文化元素的影响力渐趋凸显并日益受到人们的重视。

一、作为文化镜像的侵权法

法律是总文化的一部分,“这个简单的思想打开了对法律和社会之间存在不断的相互作用的理解之门”。[3] 在耶林看来,法不是历史所给定

[1] [美]约翰·梅利曼:《大陆法系》,顾培东、禄正平译,法律出版社 2004 年版,第 155 页。

[2] Leslie Bender, *Tort Law's Role as Tool for Social Justice Struggle*, Washburn Law Journal, p. 106(1998).

[3] [德]N. 霍恩:《法律科学与法律哲学导论》,罗莉译,法律出版社 2004 年版,第 81 页。

的事物，而是一种以历史的方式被探讨而得，并且被实现的人类生活的文化形式；该文化形式一向是具有当下性、实际性，并且不断进展。法律的形成，可以被理解为一种文化的客观过程，是一种历史演进中的文化真实。耶林还据此提出了“实证法的文化”概念，认为实证法与那些处于法律性和哲学性反思阶段的、作为一般进化性文化事实的法，具有实践上的关联，而对于此一关联之被实现的意识，则奠定了实证法科学性之基础。[1] 萨维尼以一种现代的态度，认为法的本质并非哲学或者理性，而是文化品性的表达，从某种特定的视角来看，“就是人自身的生活”。[2] 美国学者劳伦斯·弗里德曼在《法律文化与社会发展》一文中，把法律文化界定为“与法律体系密切关联的价值与态度，这种价值与态度决定法律体系在整个社会文化中的地位”。[3] 弗里德曼认为，法律文化能够产生型塑法律制度的力量，“一个复杂的社会具有复杂的法律文化，它们是潜藏在法律之中的强有力的观念，是法律具有强大力量的原因”。[4] 拉德布鲁赫则提出了构成全部法律思想的基础的三元方法论，即在现实和价值之间加入了涉及价值的现实的文化。拉德布鲁赫认为，法律是一个有意识服务于法律价值与法律理念的现实，是人类用来对社会进行控制、调整、规范、指导的手段，是人类追求理想社会结构和幸福生活目标的途径，是人类文化的结晶。他把法律作为介于现实与价值之间，意在促进人类价值实现的文化事实，并极富情感地宣称，“我们便将法律作为一种文化现象，作为人类的杰作，它既带有尘世的重负，也具有天堂的引力”。[5]

---

〔1〕 参见[德]鲁道夫·冯·耶林：《法学是一门科学吗？》，李君韬译，法律出版社 2010 年版，第 162 页。

〔2〕 [美]马蒂阿斯·雷曼：《19 世纪德国法律科学》，常鹏翔译，载《私法》(第 5 辑·第 1 卷)。

〔3〕 L. Friedman, “Legal Culture and Social Development”, *Law and Society Review* 6, p. 134 (1969).

〔4〕 [美]弗里德曼：《选择的共和国：法律、权威与文化》，高鸿钧译，清华大学出版社 2005 年版，第 110 页。

〔5〕 [美]E. 博登海默：《法理学：法哲学与法律方法》，邓正来等译，华夏出版社 1987 年版，第 7～8 页。

侵权事件存在于几乎日常的各种形式的媒体之中,已经成为我们生活的一部分,我们的法律体系回应这些事件的方式也代表着我们的文化,侵权法是社会生活比较准确的文化写照,它不仅明确告诉我们什么是我们应该做的以及什么是我们一定不要做的,同时它还告诉我们什么是我们生活在这个世界上而必须接受的。侵权法以法律为面孔,其生命体内汇聚着最为敏感的文化神经,塑造着人类所生活的世界和在这个世界上的人类的生活方式。更为普遍的是,一个国家对于人身伤害所带来的社会问题和个人问题的回应方式,是其文化特征和文明程度的重要指标,这种回应会随着技术以及那些界定法律权利观念的社会意识的转变而转变。[1]只有获得了从根本上支撑着一个社会法律秩序的法律文化背景的洞察力,才能真正把握侵权法的精神内涵和未来走向。

法律随社会变动而变动,对法律提出的要求是,所有的成文法都必然地要与现行的社会需要和现行道德相协调,都必然地具有“活法”的性质,因社会生活变迁而呈现出法律文化形态的嬗变。同时,法律文化产生构成法律制度环境的压力和力量,并最终型塑法律制度。在美国,“侵权法在1900年之前是完全无足轻重的,只不过是法律这棵大树上的一个小小枝丫”[2]。在经历了法律及生活领域迅速发展的19世纪之后,以个人主义、自由主义、理性主义作为其人文基础和精神主张的近代侵权法得以从工业革命——那些机器可以摧毁人类身体的时代——中走出来,反映了那个时期人们对正义的一般性期待。“在当代,我们都是机器中的轮齿,彼此相互依赖。”[3]20世纪初期的侵权法原则被批评为不仅残酷严苛并且毫无效果,太多的人已经失去或正在失去对这一苛刻而愚蠢的制度的信任,于是保险、危险分散技术以及资金储备的缓冲器已准备就绪,侵权法展开了朝向责任扩张与蔓延的不断变革,侵权法中的核心问题开始转

---

〔1〕 Marshall S. Shapo, *Tort Law and Culture*(2003), Carolina Academic Press, 2003, p. 11.

〔2〕 [美]劳伦斯·M.弗里德曼:《美国法律史》,苏彦新译,中国社会科学出版社2007年版,第512页。

〔3〕 [美]G.吉尔莫:《契约的死亡》,曹士兵等译,中国法制出版社2005年版,第95页。

变为对陌生人的关心程度。梅因将社会进步归结为“从身份到契约”的运动,这是一个观念更新的过程,同时也是一个事实的陈述:“契约社会”意味着陌生人组成的社会关系。随着工业化、城市化的现代生活的发展,其后果是陌生人之间的互动不断增加,依赖陌生人成为社会生活的主要特征。“在这样的社会,以习俗、语言、血缘、宗教、地域等为基础的共同体丧失了对社会关系的影响力,重要的社会关系都将由抽象的、中立的制度和法律决定,个体之间的关系被转化为权利义务关系。”[1]西方社会出现的“权利爆炸”、“法律爆炸”和“诉讼爆炸”,也反映在侵权法文化的重要特征上:权利文化导致了责任危机,法律的过剩导致了“生活世界的殖民化”,而诉讼文化则导致了社会冲突的加剧与人际关系的恶化。由于无孔不入的保险业“为那些已经投保的被告们,拔出了侵权行为的刺”[2],激励了当事人和解解决纠纷的动因,20 世纪末侵权责任诉讼的波浪在美国开始出现退潮的迹象。然而,侵权领域中法律责任的扩展和社会保障规划的产生,也存在导致“道德松弛”的危险:人的内在自律性开始弱化,逃避责任的人性弱点得以生长,个人义务和个人责任趋于收缩和流失。侵权法在 20 世纪 80 年代的美国甚至成为舆论攻击的“靶子”,人们谴责它损害了美国的经济,培养了令人厌恶的诉讼社会并弱化了个人责任。[3]英国的皮尔森报告则提出了一份长长的改革清单,认为这份清单“一旦付诸实践,侵权法将转变为一个令人信服的以过错为基础的赔偿制度,该制度通过更具预见性也更能负担得起的责任分担机制对应获得救济的原告提供一种公正的、合理的赔偿水平”[4]。德国学者也为侵权法的晚近发展深感不安,认识到这一制度的诸多不适,并觉醒于侵权法不得不去适应社会的变迁和赔偿损害的新要求。[5] 及至 21 世纪,当美国总统成为性骚

---

〔1〕 谢鸿飞:《民法典与人的美德》,载《中国法律评论》2015 年第 4 期。

〔2〕 [美]劳伦斯 · M. 弗里德曼:《美国法律史》,苏彦新译,中国社会科学出版社 2007 年版,第 512 页。

〔3〕 Allen M. Linden, *Viva Torts*, Journal of High Technology Law(2005).

〔4〕 Jay M. Feinman, *Unmaking and Remaking Tort Law*, Journal of Technology Law(2005).

〔5〕 Patrice Jourdain, Les principes de laresponsabilitécivile, 6eédition, Dalloz, 2003, p. 16.

扰案件的被告,“艳照门”成为人们的饭后谈资,以及世贸大楼在“9·11”恐怖袭击中轰然倒塌所带给人们的强烈视觉冲击,我们不得不承认,后侵权时代已经到来。我们目前正生活在一些未知的或者是不可预知的巨大风险所形成的阴影中(如转基因食品与核泄漏),这些风险可能会直接导致成千上万人的死亡以及巨大的财产损失,并且会波及影响地球上数以亿计人的生活,给他们带去悲痛和各种紊乱状态。侵权法的哲学基础正在经历着文化转型,新的法律理念模式和行为模式开始成为当代侵权法的文化基础。

二、侵权法与文化分歧

侵权法这一法律体系作为文化的反映物为公众所关注并能够成为政治性话题。同时,侵权法也与人的自由和尊严紧密关联,人们可以从中测量到它所承诺的社会与人们所追求的理想社会之间的距离。由于侵权法涉及伤害,特别是人身伤害的法律回应,无论是责任扩展还是责任缩减,其所依据的理论必然承载着重大的历史责任与现实关怀。根据传统的分类,侵权法与合同法和财产法同属于私法这一范畴,却因为常常会触及有争议的政策问题的根本,侵权法已被公认为是“变相的公法”。侵权法已经从一个原本充满道德意味的法律机制,转化为一个日益成型的行政国的充满活力的重要组成部分。[1] 同时,由于侵权事件是社会生活中每天都在上演的悲喜剧,人们对伤害的反映和态度存在极大的反差,由此也带来了侵权法实践的困境与难题。侵权法深刻介入社会各个阶层和各个领域的日常生活与社会生活,其实践背后往往隐藏很高程度的文化冲突,这种分歧以社会关注的形式表现出来,并深刻影响了立法与司法的态度。尽管立法者与法院并未意识到自身的文化代理人身份,但侵权法呈现的技术复杂性本身已经比较准确地反映了其所面对的文化冲突,侵权法规

---

〔1〕 See John C. P. Goldberg, *Twentieth—Century Tort Theory*, 91 Georgetown Law Journal, p. 583(2003).

范开始以解读社会的方式体现普通民众的感情,法院跟踪对待责任的社会态度做记录,侵权纠纷的裁判多少表现出侵权法作为文化“晴雨表”的品性。“同命不同价”“错误出生”以及“高空抛物”等侵权纠纷的表达方式已经呈现侵权法的文化迹象,不同群体表达的不同态度已经折射出社会冲突的文化征兆。侵权案件产生的争论常反映出我们社会生活中法律和道德作用的分野,因此,侵权法经常会成为一系列的文化论战。

对于物质性的伤害作为同类的人们可以感同身受,对于精神性的伤害却会因人敏感性的不同而存在很大差异。法官面对受害人的精神痛苦的叙述往往也是矛盾重重,他们自己也会拿不定主意该不该赔偿以及该赔偿多少。在这个抑郁症患者激增、“百忧解”(抗抑郁药)已经家喻户晓的社会,很少有人怀疑精神痛苦的真实性。但是,由于对这种精神痛苦作出科学界定的方法目前还不可得,也还可能出于对诈病的动机直觉上的谨慎,尽管法律上承认了救济的途径,但是对于救济的审慎态度也反映了文化上的矛盾与对立。死亡赔偿金的争论绝不可能通过选择“继承丧失说”还是“抚养丧失说”即可解释过关的,其背后隐含着社会大众对生命、痛苦、人生、亲情和财产,甚至平等与歧视的不同态度和观念,不同文化有不同的支持者。在思考精神疾病患者的侵权行为及责任问题时,有的人持这样的态度,认为没有能力的人就该待在家里而避免给他人造成损害,许多人可能更加感伤于他们在人世间的现实状况,认为这样的人不仅要活在这个世界上而且有权利生活在人群中。立法和司法以其特有的语言反映社会正在思考的这些问题并将其表达出来,侵权行为不仅关涉行为人和受害人双边结构,而且还会影响他们各自的家庭和生活圈子以及他们所代表的广泛的社会阶层。回顾美国工人赔偿法产生的历程,工人赔偿将“建立起新的社会政策,这就是工业必须让自己的工人远离贫穷”。贫穷或许也能够被管理,得到新设计的制度体系的控制。当然,工人赔偿法也被批评为“消解了自由劳动文化中的重要价值——自治、独立、个人责任”,有宪法学者甚至警告说:“工人赔偿法的宪法地位是不确定的”。[1]

在西方国家,正义文化和市场文化的冲突曾造成了侵权法的一条主要的断层线。那些持正义文化观的人们把注意力集中在行为与物品的风险、受害者的脆弱性以及损害结果上,强调制造风险的人的责任,认为受害者对于导致其损害发生的风险没有选择的机会,因而正义的一般期待是侵权法应侧重受害者的利益保护,侵权法领域责任的扩张反映的正是这种法律文化。而那些持市场文化观的人们则倾向于把注意力集中在人世间的“无情与冷漠”上,在那里,伤害者和受害者一样都必须努力求得生存,伤害是社会发展必须付出的代价,强调了创新的益处以及通过冒险来实现创新的需要,责难文化于是成为侵权法的主流。[2] 关于人格的商业利用问题,存在反映上述不同文化的两种视角,一是不正当竞争的视角,主要关注涉及不正当竞争的经济侵权,二是隐私甚至于更广泛的侵犯尊严的视角,主要是有关各种保护尊严利益的诉因。这两个视角反映了两个普遍性的主题:第一,将人格作为商业标记利用,这是日益增加吸引力的结果(如果不是出于商业必要)以及利用名人的认可价值促进销售的结果;第二,人格作为个人尊严的一个方面,代表了成熟的法律体系对个人尊严保护所赋予的更高价值。[3] 这样的文化分歧左右着侵权法的结构演变,呈现出动态的发展模式,用时髦的学术概念表述就是描述性(规则是什么)和规范性(说教)之间的一种张力。侵权法通常要协调人们之间存在的伦理分歧与文化冲突,并以描述性的方式清楚地表达出其对于不同观点的一般态度。在这些描述性表达的背后则是一些原则和原理,具有一种规范性的腔调,如对于权利与过错的应有含义采取了一种哲学立场,从而终结了这种文化争论。随着现代社会的日益突进,“技术的发展

〔1〕 [美]约翰·法比安·维特:《事故共和国——残疾的工人、贫穷的寡妇与美国法的重构》,田雷译,上海三联书店 2008 年版,第 262 ~ 263 页。

〔2〕 See Marshall S. Shapo, *Tort Law and Culture* (2003), Carolina Academic Press, 2003, p. 30 – 32.

〔3〕 [澳]胡·贝弗利·史密斯:《人格的商业利用》,李志刚、缪因知译,北京大学出版社 2007 年版,第 14 页。

可能因疏忽而导致以前难以想象的灾难。个人驾驶汽车或开枪射击可能导致灾难,私人和公共团体则通过瞬间发生的事件(埃克森原油泄漏和帕博尔污染,或者飞机坠毁)或持续性的活动(生产石棉、镇静剂、香烟和避孕器具,或者倾倒核废料)导致灾难。私人资本和政治权力的集中(加上管理的集权结构)大大强化了过失可能产生的效果"[1]。这样复杂的侵权问题反映出愈加激烈的文化分歧与冲突,从而解消了法律意识的统一性。侵权法涉及一个社会如何对待人身与财产的问题,因此,从20世纪开始侵权法公平对待当事人的各种努力就被越来越多地与人权这样的宪法思考交织在一起,侵权法不自觉地置身于更广泛的讨论范围中。在今天这个时代,侵权带来的附属问题——劳动与资本、医疗与健康、安养与照护、人的幸福感受以及生活宁静,经常比民事法院的判决更能牵动人们的关注,影响着个人的忧喜并左右着人际交往关系的建构。这些问题虽植根于侵权法的土壤中,但其枝蔓已非侵权法的领域所能围困,侵权法的文化品性使其存在于广泛的民众讨论范围与政策选择之中。我们在思考侵犯知识产权的法律救济时,一来不能忽视知识产权制度在于"不断给智慧的火焰加注利益的燃料",二来也不能不考虑中国文化背景下人们对待知识产权的社会态度。新型的虚拟财产权虽然已经在司法判例中被确认,但侵权法还需对这种权利的成本保持一种清醒和内省,至少在中国社会背景下,面对那些虚拟世界的所谓财产时决不能将那些沉迷于网络之中而无力自拔的群体及他们的生活状态也一并虚拟了。

三、侵权法与文化共识

埃利希认为,"每一个社会都有一种内在秩序用以结合组成社会的众人,即使它没有变成现行法中的条文,也支配着生活本身。这种内在的秩序,实际上相当于往后人类学家所称的'文化形态'。因此,法律家不仅需

[1] [美]理查德·L.阿倍尔:《侵权法》,载戴维·凯瑞斯编辑:《法律中的政治——一个进步性批评》,信春鹰译,中国政法大学出版社2008年版,第317页。

要知道法律制度下的实际规则,同时也要了解今天活法规范性的内在秩序”。他又说,“活法并不是静止的,而是一个不断变动的进程,因此,现行法需要不断地去迁就它,社会中流行的伦理价值将会反映在活法之中,因此,负责发展法律制度的人,为了使法律与现行道德步调一致,就必须与社会上这种内在秩序的内容保持密切联系”。〔1〕 侵权法规范代表了对正确行为的社会表达,如果侵权法是从生活经验中发现的文化真实,而不是超越经验去表达抽象的理论,它的实施就不会出现社会失调症。“法律规则将在人类的风俗习惯中生根,并在这个基础上安全无恙地存在”,“整个问题在于法令的内在正义性——其对每个公民良知的感召力”。〔2〕 侵权行为法的原理和概念,至少在有能力的法官和尽责的陪审团看来,是“习惯形式中开放的自然的花朵”,而不是“人为强加或迫使而非自然而然生成的规则”。〔3〕 只有当侵权法规范获得社会认同的文化基础,即被人们认为是公正的而甘受其约束时才具有真正的社会效力。如果侵权法只是靠强制的力量才能得以维持,那么侵权法便失去了文化载体的意义,其规范适用的结果便是持续地制造社会中的紧张气氛,社会也终将因此陷入病态:“平静与和谐就只是假象,紊乱和不满就会在暗中滋长”,“表面上被控制住的欲望随时可能爆发出来”。〔4〕 因而,侵权法决不能脱离大众情感和信仰,必须以一定的文化共识为其社会形象,毕竟侵权法所规划的文明绿洲绝不可能在文化的荒漠上生长出来。法律制度的核心问题是两个:其一,怎样才能使人们和平共处,彼此友善;其二,怎样才能使他们在共同投资事业中相互协作,互惠互利。〔5〕 一个正派、和谐的社会形成于其社会成员在如何相互对待、怎样追求向善的生活以及何为利与害等问

---

〔1〕 [英]丹尼斯·罗伊德:《法律的理念》,张茂柏译,新星出版社 2005 年版,第 167 页。

〔2〕 [美]庞德:《通过法律的社会控制——法律的任务》,沈宗灵等译,商务印书馆 1984 年版,第 113 页。

〔3〕 Pokora v. Wabash Ry. Co., 292 U. S. 98, 105(1934). 转引自[美]约翰·格尔德波格:《20 世纪侵权行为法理论》,载《私法》(第 5 辑·第 1 卷),华中科技大学出版社 2008 年版。

〔4〕 [法]迪尔凯姆:《自杀论》,浙江人民出版社 1988 年版,第 210 页。

〔5〕 [英]理查德·A. 爱泼斯坦:《简约法律的力量》,刘星译,中国政法大学出版社 2004 年版,第 450 页。

题上达成的相当程度共识的基础上，这种共识使人们对彼此的行为可以有合理的期待，并可以彼此信赖和依靠。文化共识是人与人之间的社会维系力，也是侵权法制度获得有效性的基点。

弗里德曼认为，法律文化就是人们对正义的一般期待的态度，它最终型塑了法律的结构和制度变迁。[1] 法律只不过是价值观和人民大众普遍性社会要求的规范性表达。昂格尔认为，“法律仅仅是反复出现的、个人和群体之间相互作用的模式。同时，这些个人和群体或多或少地明确承认这种模式产生了应当得到满足的相互的行为期待”[2]。根据社会心理学的解释，法的效力以人们对法的态度为标准：有效的法就是对社会成员的行为有规范性的法，即被社会成员肯定并作为行为指南的法。法治的建立必须有“对法律秩序的普遍正义的信仰……如果没有这样一种信仰，法律规范就不能内在化、进而落实到自发的行为之中，主体的自由和社会的强制这一现代法的矛盾就会显现出来并造成精神上的不安”。因此，侵权法“不仅要改变法制的硬件，而且要改变其软件。换言之，不仅要输入先进的法典，而且要继受与之有关的伦理价值和思想观念，通过改造国民性使现代法律意识渗透到日常的社会生活之中”[3]。任何一个时代的法律只有具有了使社会上的人们在心理上服从它的力量，才能真正完成自己的社会作用。“个人总是不可避免地是更大群体和人人联合的一部分，为了彼此协助、安慰和支持而相互依赖。但问题是，什么样的规则可以最为令人放心地将他们联系在一起？什么样的规则可以最为令人放心地保护社会良好意愿的脆弱聚集？”[4]这样的疑问给了现代侵权法一个启示，侵权法的权威源于社会大众的信仰。卢梭曾经谈到公众法律信

---

〔1〕［美］弗里德曼：《选择的共和国：法律、权威与文化》，高鸿钧等译，清华大学出版社 2005 年版，第 251 页。

〔2〕［美］昂格尔：《现代社会中的法律》，吴玉章、周汉华译，中国政法大学出版社 1994 年版，第 43 页。

〔3〕［日］川岛武宜：《现代化与法》，王志安等译，中国政法大学出版社 1994 年版，季卫东序，第 5～6 页。

〔4〕［英］理查德·A. 爱泼斯坦：《简约法律的力量》，刘星译，中国政法大学出版社 2004 年版，第 443 页。

仰的重要性，认为“法律不是铭刻在大理石上，也不是铭刻在铜表上，而是铭刻在公民的内心里，它形成了国家的真正宪法；它每天都在获得新的力量，当其他的法律衰落或消亡的时候，它可以复活那些法律或替代那些法律，它可以保持一个民族的创新精神”。如果社会公众对盗版、假冒等侵权行为仍然普遍抱有容忍的态度，而侵权复制品的消费群体仍然大量存在，即使关于此类侵权责任的法律规范设计得多么严格与精巧，此类侵权行为还是无法得到遏制，物化的法律规范并不代表活的法律信仰。

侵权法不仅是对社会生活的映照，它还会对社会生活进行塑造。乌尔比安曾经谈到文化与法律的关系，主张意识形态在社会生活的行动世界中乃属必不可少，在新世界里必须为法律“找到特别合适的社会——文化环境”。文化共识是侵权法的内在精神，体现了制度和秩序成长的生命力量。柏拉图曾经敏锐地观察到“有多少不同类型的政制，就有多少种不同类型的民族性格”[1]。通俗的理解就是：有什么样的法律，就有什么样的人民。侵权法制度的创新与变革，同样也需要相应的文化重塑与改造，即以新的法律认知取向、法律情感取向、法律评价取向，作为现代侵权法的文化底蕴。“法律制度可以表达文化，或者说它有助于文化的形成，当法律制度有助于形成文化时，他们是通过说明和强化关于人们的性格和美德的特点概念来实现这一点的。”[2]也许是对于“文化救赎”理论合理性的某种程度的认同，笔者相信，法律制度可以表达文化也可以生成文化，侵权法通过各种理念的强化和规则的训诫能够塑造人们的社会品性，引导和说服人们追求向“善”的幸福生活。

第三节　后侵权时代的侵权法与社会法

波斯纳曾写到，就像生物学等同于活性有机生物，天文学等同于星

---

〔1〕［古希腊］柏拉图：《理想国》，范晓潮译，研究出版社 2018 年版，第 275 页。

〔2〕［美］格瑞尔德·J. 波斯特马主编：《哲学与侵权行为法》，陈敏、云建芳译，易继明校，北京大学出版社 2005 年版，第 326 页。

星,或者经济学等同于价格体系,法律研究就等同于法律体系:努力准确地、客观地、系统地观察法律体系在现实中是如何运转的,并且发现和解释在观测结果中循环的模式——体系中的“法律”。[1] 构成私法之部分的侵权法必须在宏观的法体系中思考其制度功能,促成这种思考的深层动因绝非逻辑的自洽,而是社会发展、政治压力或文化形态等外部因素影响下的真切感受。侵权法“活在体系的复杂的‘事实性’中,并在其中得到理解”。规范现实是不够的,你必须“倾听”现实。[2]

社会现实扰乱法律体系就像扰乱人们的生活一样。伴随人际关系的日益复杂,侵权法,一方面以受害人为考虑的基点,加强对受害人的法律救济,以缓和社会矛盾;另一方面以“社会利益”为准则,对个人自由施加必要的国家干预,以维护社会关系的平衡。[3] 侵权法致力于解决社会性问题的同时,一方面导致自身体系凌乱不堪,助长了法律的不确定性;另一方面也输出了一些无法在其体系内加以妥当解决的社会问题,如工伤事故、医疗损害和环境污染等,需要经济法、社会法和行政法等其他法律秩序协同调整。“新兴的社会法与经济法从一次大战起打破了私法独擅胜场的情势,并解消了后者内在的统一性。”[4]一方面,必须坦然承认,如果侵权法不与其他法律领域联动,就很难解决损害与赔偿的问题;另一方面,社会法的发展正是由侵权法的边界区域进入传统的私法秩序中的。因此,要想获致当代侵权法的整体图景,就必须对社会法之于侵权法的关系别作观察。

一、后侵权时代的侵权法

梅因言,“在进步的社会中,社会之需要及社会之意志,恒先于法律而

---

[1] [美]格兰特·吉尔莫:《美国法的时代》,董春华译,法律出版社 2009 年版,第 170 页。

[2] [意大利]毛罗·布萨尼:《西方对待过失侵权法的态度:一项比较性的批判研究》,载《中外法学》2009 年第 5 期。

[3] 参见王卫国:《过错责任原则:第三次勃兴》,中国法制出版社 2000 年版,第 83 页。

[4] [德]弗朗茨·维亚克尔:《近代私法史——以德意志的发展为观察重点》,陈爱娥、黄建辉译,上海三联书店 2006 年版,第 507 页。

成立。”[1]公私法的清楚分界曾经是大陆法系的基石之一,也是它区别于英美法的重要标志。作为调整内部秩序的私法意味着私人自治,是“关于个人相互间的意思和利益之交涉的法,原则上由那社会本身的力量维持”[2]。私法自治首先确认私法领域是存在于国家强制干预之外的私域,它通过赋予参与主体充分的自由和权利,实现内部互动以达到自由的和谐。随着社会的演进,这种区别开始出现松动,解决特定问题的规范群——无论公私——自然地构成一个功能性的制度整体,私法内部逐渐出现社会化的趋势。民法作为个人本位的私法渐进渗入公法元素,此面相虽若隐若现而不甚明朗,但却反映出私法也须承载“整合社会价值、减少法律秩序内部冲突”的隐喻。弗兰茨·维亚克尔则将这一发展的性质表述为“私法制度从作为基础的形式上的自由伦理观,转回到实体上的社会责任伦理观”[3]。权利和自由在任何情况下都不是或者不仅仅是私人性的东西,而是具有公共性质的公共物品。20世纪,侵权法所面临的意外事故人身伤害成为社会正义的主要问题,责任的相关概念本身依赖于不幸损失分配的道德性政治的公平原则,从这个意义上看,侵权法实践便具有了一种“公共”性质。侵权法已经担当起努力实现社会平等与正义的责任,而不仅作为一种纯粹的损害赔偿制度。

公法性规制的侵蚀带来了私法社会化的法制变迁,也引发了私法内部体系的分解。“那种古老社会形象的崩溃也显示在(在将私法中重要社会领域外移于个别特殊领域中表现出来的)民事法体系统一性的分解……与自由经济社会的引退相应的正是:其最伟大的法学创作(私法之统一性)的崩溃。”[4]“对于个人法律权利的社会伦理相对化,民法典那种

---

〔1〕 何勤华、李秀清主编:《民国法学论文精萃·基础法律篇》,法律出版社2003年版,第682页。

〔2〕 [日]美浓部达吉:《公法与私法》,黄冯明译,商务印书馆1974年版,第32页。

〔3〕 [德]卡尔·拉伦茨:《德国民法通论》(上册),王晓晔等译,法律出版社2002年版,第69页。

〔4〕 [德]弗朗茨·维亚克尔:《近代私法史——以德意志的发展为观察重点》,陈爱娥、黄建辉译,上海三联书店2006年版,第523页。

严密交错的规定常常提供不了充分的论据，于是便导致了法典以外法律领域的相继出现。"[1]一些特殊规则开始从民法典中分化出来，成为单行法的形式，这些单行法创设了与民法典原则性规定不同的规则。大陆法系各个国家在民法典侵权法规定的基础上，纷纷制定侵权法单行法，如机动车辆肇事赔偿法、医疗事故赔偿法、职业伤病补偿法等，这些单行法不同于一般侵权法，大多基于特殊的政策性考量而将归责原则确定为无过错责任原则。一些特殊人群，也开始受到特别法的特别保护，如在日本，针对老人与儿童，分别制定了《日本特别收养法》《日本成年人监护法》《日本儿童及少年福利法》《日本家庭暴力防治法》等。"与民法典一般性制度、规定相对的特别制度、规定大量存在，而且将来还会增加。其原因在于新的社会现象的发生和新的理念的进一步渗透。"[2]这些单行法中存在的侵权责任规范针对的是不同的伤害和损害类型，彼此之间有不同的伦理基础和政策判断，逐渐在一般侵权法之外形成了作为其补充的规范群——特别侵权法。[3] 其中一些具有规制性特征的无过错侵权责任将损失内化，进而通过责任保险将损失分配于投保人的团体之间，最终实现的是社会的分配正义。

二、社会化侵权法规范的第一次"出走"

近年来，科学技术的发展和社会、经济、政治的变动等所暴露的问题，似乎给这种历史的也是现代的法律框架打开了一个巨大的通风孔。换言

---

〔1〕［德］K. 茨威格特、H. 克茨：《比较法总论》，潘汉典等译，法律出版社 2003 年版，第 226 页。

〔2〕［日］星野英一：《民法劝学》，张立艳译，于敏校，北京大学出版社 2006 年版，第 138 页。

〔3〕一般侵权责任法与特别侵权责任法的划分与所适用的归责原则无关，而是取决于相关的侵权责任法规范存在于何种规范性文件中：存在于作为民法典之组成部分的侵权责任法中的侵权责任法规范属于一般侵权责任法规范；存在于单行民事法律文件中的请求责任法规范属于特别侵权责任法规范。学者建议特别侵权责任法尽可能地回归民法典，"有关侵权责任的规定统一纳入侵权责任法，在民法典侵权责任法足以调整相关侵权行为时，原则上不宜再在特别法中加以规定"。参见张新宝：《侵权责任法立法：功能定位、利益平衡与制度构建》，载《中国人民大学学报》2009 年第 3 期。

之,至少是在某些问题上对现代法的框架本身提出了质疑。从不只是作为社会问题而且是法律上被迫要解决的问题中,我们感觉到了作为近代法或现代法前提的人类观、自然观、人的意思论、交易和民事责任等法律结构的局限。[1] 在法律社会化的趋势之下,基于这种反思能力,法律结构朝着两种不同的方向发展:一是旧法律部门的改良,二是新法律部门的创设。"目前,现存法体系中,法的修改,可称为法的社会化或法的伦理化的,已占了不小的部分;其次,新的立法,一般称为社会立法或社会政策的立法又占了极重要的部分。这些法制中,补偿问题曾凝集了新的法理。"[2] 古老的侵权法与新兴的社会法之间在这种法制变迁中逐渐发生关联,并在损害补偿这一法域中形成其独特的关系面相。

卢曼坚信(后)现代社会的基本特征是功能分化。换言之,社会及其制度变得越来越专业化、技术化、抽象化和因此可以想见的独立自主化,作为社会镜像的法律自应采取这种"功能主义"的进路。"在现代法律科学中,最重要的推进也许是从分析性态度转向以功能性的态度对待法律。"[3] 当代侵权法的公共政策导向,正是这种功能性态度的产物与见证。传统侵权法以国家和(经济)社会相分离为背景,以经济通过市场实现自我调控的能力为前提,侵权法只是为了实现对财产和人身完整性的必要保护而作为自由财产规则的例外和一个可清楚界定的领域被设计出来的。现代侵权法则背负着尊重个人自由与维护社会安全两大价值目标,在高度组织化的社会中,以及在经济和国家之间存在复杂的相互依赖性的背景下,尝试着通过对侵权行为的重新定义和风险的分配来均衡多样化的社会不公现象。侵权法将关注的目光从行为人转向被害人,开始站在受害人的立场思考损害的救济模式。"福利国家的父爱主义因子,一

---

〔1〕 [日]北川善太郎:《不久未来的法律模型——由不久未来而思考现代》,华夏、吴晓燕译,载《比较法研究》2006 年第 1 期。

〔2〕 何勤华、李秀清主编:《民国法学论文精萃 · 基础法律篇》,法律出版社 2003 年版,第 600 页。

〔3〕 [美]卡多佐:《司法过程的性质》,苏力译,商务印书馆 2000 年版,第 44 页。

旦被同样的怜悯之情驱使,就会出现在我们的日常的司法裁决当中。比方说,当我们在裁断侵权索赔案时,我们就会有这种考虑,即便我们现在的侵权法制度是以过错责任为基础的。”[1]这种思考路径为侵权法的快速发展打开了一条通道,为了加强受害人保护而不断追加责任规范,侵权法一味朝向责任严格化的方向发展:侵权行为人所承担的损害赔偿额越来越高,侵权法的适用范围越来越广,它的触角伸向了社会生活的每一个角落,由日常人际交往到社会活动场景,由市场交易行为到家庭伦理生活。然而,“有光便有阴影”,强调私权的无限膨胀和公权的极度控制都不利于社会的高效治理[2],侵权法极度扩张的背后隐藏着伦理的困惑与理论的困境。首先,侵权责任的膨胀导致社会生活与法律生活的摩擦增大。当侵权法不断扩张其适用范围,并将触角伸及师生关系、邻里关系、办公室职员关系,甚至婚姻家庭关系等亲密型日常活动的时候,人们便可能会产生对法律的逆反,进而否定侵权法的过度介入。其次,侵权责任的加重使自由保障工具失落,个体权利趋于工具化。侵权行为法所作的就是“决策陷阱”,使决策者向竞争性压力屈服,从而形成严重的寒蝉效应。[3] 侵权法的自由保障功能将不复存在,而国家扩张其权力却有了合法的理由。在与社会利益、社会目标的抗衡中,功利性结果的权衡成为权利成立与否的决定性因素,这种功利性也反映在“受害人权益保护与加害人行为自由维护之间平衡性”上,平衡的保持往往通过“对受害人与加害人之间财产利益的衡量来实现”。[4] 第三,侵权责任作为缓解受害人不幸的一种形式,其制度设计并不能很好地实现这一预期目标,因为交易成本而制造着或富或穷的赔偿趋向:轻微损害可能导致过度赔偿而在严重损害的情况

[1] [英]卡罗尔·哈洛:《国家责任——以侵权法为中心展开》,涂永前、马佳昌译,北京大学出版社 2009 年版,第 15 页。

[2] 王利明:《走向私权保护的新时代——侵权责任法功能探讨》,载《社会科学战线》2010 年第 9 期。

[3] [英]卡罗尔·哈洛:《国家责任——以侵权法为中心展开》,涂永前、马佳昌译,北京大学出版社 2009 年版,第 42 页。

[4] 参见张新宝:《侵权责任法立法:功能定位、利益平衡与制度构建》,载《中国人民大学学报》2009 年第 3 期。

下却又赔偿不足。第四,侵权法工具箱中没有很好的装备用以提供公共安全规制,因为法官接近信息的有限性以及责任伦理的匮乏,司法能力备受怀疑。人们对司法制度还“只是寄予了更为温和的功能”,而希望将问题更多地交给另一个制度——政治过程。[1]

为了克服其自身局限性,侵权法已经超出“损害要么由加害者承担,要么由受害人自担”这一狭隘的眼界,不再把损害赔偿看作个人间的私人纠纷,而是当作社会问题对待。“如果侵权行为法要达到效率性、效果性以及公正性的目标,那么审案法官在解决这些明显涉及私人的诉讼时就需要采纳一种更为广阔的视角(隐藏在模糊不清却又无所不包的形式主义术语——公共利益——之后)。”[2]私法并不是中立的或无涉政治的,侵权法事实上囊括了一系列涉及权利义务的社会选择。针对这样的法制现实,拉伦茨的提示显得极为深刻,“今天,社会关系的发展是否已接近一个临界点,表明私法的发展已经脱离了私法的基本原则”。[3] 我们生活其中的这个社会,可用“全球风险社会”这一时髦语进行描述,而其背后隐含的则是一幅“全球社会”、“信息社会”和“风险社会”相互交织的社会图景。这种社会变化对侵权形态、侵权法政策造成严重影响,并导致了思维模式的转换。我们必须体认到人与人之间的祸福与共,真正的个人决策权的范围受到很大限制,个体亲自承担责任和风险的能力也相应地削弱了。“个人在经济上的保障,与其说依靠自己的努力以及由他们自己采取的预防措施,(不如说)更多地靠的是某个集体、国家或社会保险公司所提供的给付。因此,对许多人来说,私法规则的意义已没有‘社会法’规则的意义大了。”[4]然而,当这种智识无法逾越政治可能性的边界时,人们

---

〔1〕［美］尼尔·K. 考默萨:《法律的限度——法治、权利的供给与需求》,申卫星等译,商务印书馆2007年版,第17页。

〔2〕［英］卡罗尔·哈洛:《国家责任——以侵权法为中心展开》,涂永前、马佳昌译,北京大学出版社2009年版,第19页。

〔3〕参见［德］卡尔·拉伦茨:《德国民法通论》,王晓晔、邵建东、程建英、谢怀栻译,法律出版社2003年版,第70页。

〔4〕参见［德］卡尔·拉伦茨:《德国民法通论》,王晓晔、邵建东、程建英、谢怀栻译,法律出版社2003年版,第70页。

便把对社会法的热望寄托于侵权法，侵权法担当起社会法的部分功能，于是，在其内部体系形成某种模糊不清的边缘地带。

“随着国家的发展，帮助处于严重危难中的人的义务，会在某些适当的限制范围内从普通的道德领域转入强制性的法律领域。”[1]正如拉德布鲁赫所言：“法已经逐步失去了它的独立性和本身固有的规律性，它将善德纳入自身，使自己服务于社会福利、伦理和文化——它变成了社会法。”[2]弗郎茨·维亚克尔则认为，个人与国家之间插入的合法或非法团体权力成为社会法的真正住所与源泉。[3] 在宪法托付的福利国家中，医疗服务、教育以及社会救助被视为社会进步政策中必不可少的组成部分。为化解快速工业化所带来的紧迫性经济社会问题，美国于 19 世纪末 20 世纪初这一时期，在职业安全、食品安全和社会保障等领域颁布了大量的制定法，总体上看，这些制定法主要是对传统合同法和侵权法规则的修订。随之，以罗斯福新政为肇端，以 20 世纪 60 年代和 70 年代的“权利革命”为高峰，各类经济性和社会性规制大量涌现，其范围涉及职业安全和健康、消费者保护、环境保护以及基于种族、性别、年龄和残障的反歧视等，被称为规制国的重塑。权利革命——社会权的出现为现代社会的损害赔偿打下了文化基础，政府管制型的国家在治理一个人人都有风险规避心理的社会时“为法律的工具箱中塞进了一些新型的救济药具”[4]。这种社会法思想的意味在于：第一，剥去平等化抽象化的人格者概念的外皮，从每个人社会地位之差别性而予以适当之估量。对民法上一律平等看待人格者中区分出受雇人、使用人或劳动者而给予特殊的保护。第二，基于较量的思想，针对社会权势者和无力者地位的不同，进一步考虑怎样

---

〔1〕 [美]E. 博登海默：《法理学：法哲学与法律方法》，邓正来译，中国政法大学出版社 2004 年版，第 376 页。

〔2〕 [德]拉德布鲁赫：《法律智慧警句集》，舒国滢译，中国法制出版社 2009 年版，第 8 页。

〔3〕 [德]弗朗茨·维亚克尔：《近代私法史——以德意志的发展为观察重点》，陈爱娥、黄建辉译，上海三联书店 2006 年版，第 585 页。

〔4〕 [英]卡罗尔·哈洛：《国家责任——以侵权法为中心展开》，涂永前、马佳昌译，北京大学出版社 2009 年版，第 17 页。

保护后者而抑制前者,奉分配的正义为圭臬。第三,社会法的思维,设想每个人为社会成员之一,好像螺丝钉之为机械的构成分子一样。所以纵然是私的关系,也得作为社会关系之一来把握。第四,社会法的形式和实现,不能如现存制定法的形式和实现,发生南辕北辙的现象。[1] 社会法为法律体系注入了新的内容:规制个人利益的私法原则被公法所笼罩、公法与私法不再对立而是相互渗透、私法烦琐与抽象的技术得以清算并开始立足于社会现实或社会经济政策之上。[2] 我们在侵权法中找到一种基于正义责任和社会考量之间的张力,侵权法功能边界之处,社会法早已异军突起。侵权法已经丧失对劳动伤害事故、核事故的规范能力,继其之后,交通事故、产品事故、医疗事故、公害事故等所发生的损害赔偿问题业已成为严重的社会问题,不断考验着侵权法的时代适应力,此类损害赔偿问题是否将是侵权法规范的另一次"出走",正等待着智识的和制度的回应。

三、侵权法的社会"雷达"角色:社会法的低级伙伴

在合同法无法把握的领域,侵权法给了这个社会中生活的人们一种安慰和承诺,使人们相信在社会的任何一个角落中都存在侵权法的救济规范,不必担心来自他人侵害的安全感保证了人们自由和自律的社会生活状态。"在这种意义上,侵权行为规范可以说是我们最后的保障。因为是最后的保障,就不允许侵权行为构建规范本身自我完结的世界。侵权行为规范背后支撑侵权行为规范的是,构成法秩序整体的规范体系。"[3] 随着工业化和都市化进程的发展,现代事故已经不再是孤立的仅涉及加害人和侵害人的事件了,它涉及广泛的环境与社会因素。许多因素结合

---

〔1〕 何勤华、李秀清主编:《民国法学论文精萃·基础法律篇》,法律出版社 2003 年版,第 595~596 页。

〔2〕 参见[瑞典]亚历山大·佩岑尼克:《法律科学:作为法律知识和法律渊源的法律学说》,桂晓伟译,武汉大学出版社 2009 年版,第 83 页。

〔3〕 [日]藤冈康弘:《侵权行为法的整体性图景》,丁相顺译,载《中日民商法研究》(第 2 卷),法律出版社 2004 年版,第 328 页。

在一起构成对可能的受害人的潜在侵害,一些领域在事故发生之前早就达到了冲突的临界点:一个已经装满水的木桶,只要再倒入决定性的最后一滴水(人的偏差活动)就必然导致水的溢出。事故的严重性、不可避免性和非个人特征,使把不幸事件之后果归结为个人行为的做法不再具有合理性。环境灾难、医疗损害或者交通事故应属于社会冲突,损害的发生通常不能归罪于个别人的可责难性,甚至不能简单地归因于行为人。这些领域中的侵权人和被害人之间的界限经常很模糊,双方都是事故受害人的情况也很常见。发生在这些领域中的侵权行为是现代社会中最常见的类型,往往由侵权人的社会角色或者侵权人与受害人之间的关系所决定,期望通过对行为人施以侵权责任教育其预防事故发生,在很大程度上是没有意义的或者说空间很狭小。既然事故是一种社会问题,对此种问题的解决只能采用“集体而非个人的方法”[1],需要从受害人救济出发建立与侵权行为相关的各种制度的协作关系。我国侵权责任法在某些领域已经接纳了这种制度模式,立法上,《民法典》第1216条明确规定了在发生交通事故后机动车驾驶人逃逸或者未参加强制责任保险的,必要时要由道路交通事故社会救助基金垫付有关费用。这就使侵权责任、责任保险与社会救助三种救济方式协调起来,构建了一个完整的救济体系。可以预见,这种救济体系还会扩展至产品责任、医疗责任等许多侵权责任领域。[2] 实践中,“三鹿奶粉事件”的解决也采取了行政主导的方式,并最终由侵权人及相关责任企业共同出资建立了“赔偿基金”用于支付受害人的医疗或手术费用。[3] 由此,发生社会冲突与社会问题的意外事故领域,打开了一个社会法与侵权法相互关联的别样世界。

见识了特定技术所带来的一系列事故,现代社会的人们已经了解到

---

〔1〕 [美]丹克:《过错在现代侵权行为法中的地位》,载《外国法学译丛》1992年第2期。

〔2〕 王利明:《走向私权保护的新时代——侵权责任法功能探讨》,载《社会科学战线》2010年第9期。

〔3〕 参见张新宝:《设立大规模侵权损害救济(赔偿)基金的制度构想》,载《法商研究》2010年第6期。

这样一个事实:当前意在改变社会有机体的决策总能与伤害、损害、损失等相连接。[1]“大多数事故是在组织和统计学上的前后关系中发生的,在这些前后关系中,不可预测的事件天天都会发生。”[2]由于侵权法接触社会的程度最为深刻,介入社会的范围最为广泛,侵权法一直扮演着社会冲突的“雷达”角色,成为正在显现的危险得以早期发现和预警的一种探测机制,因而也就扮演着更能有效解除社会冲突和社会危机的社会法的低级伙伴。法律制度的变迁往往有赖于人们对社会问题的主体性认知,当人们还不把某一问题视为一种严重的社会问题时,欲意求得法律制度的变革,似乎是不可能的。在与损害赔偿相关的法律机制中,此种逻辑同样是适用的。社会法的出现仰赖于侵权法对社会问题的准确认知,并仰赖于侵权法对社会诉求的努力回应,因为侵权诉讼具有广泛的社会性和对受害人伤害的敏感性。事实上,20 世纪的社会运动——劳动者运动、消费者运动和环境保护运动就是侵权法发现社会问题并最终促成该领域社会立法的最重要实例。工业事故导致劳资矛盾、生产者与消费者关系紧张、大规模环境损害等,经过日益积累后上升为不同群体之间的社会冲突,最后引发轰轰烈烈的社会运动。侵权法镶嵌其中,尝试建立具有社会妥当性的赔偿机制,不断对权利进行升级以填补制度的缝隙。当最具革命性的责任制度都无法应对现实的严峻挑战时,劳工事故和其他个别类型的伤害便移出侵权法体系,进入社会法的视域。“这是我们在一个世纪以前认真实验的制度方向。”[3]

我们没有怀疑侵权责任制度继续存在的未来,“侵权法作为一个补偿者、抑制者、教育者、心理治疗师、经济管制者以及一个意见收集人,甚至是特定受害者及其他潜在的受害者自助的机制,不仅为公法服务,同时也

---

[1] Domenico Tosini, *The Welfare Court: A Socio-legal Analysis of Risk Management through Modern Strict Liability*, International Journal of the Sociology of Law, p. 33(2005).

[2] [美]哈里斯:《美国侵权法的改革》,载《法学译丛》1992 年第 2 期。

[3] [美]约翰·法比安·维特:《事故共和国——残疾的工人、贫穷的寡妇与美国法的重构》,田雷译,上海三联书店 2008 年版,第 357 页。

普遍服务于这个社会"[1]。但是,侵权法事实上已经成为一种剩余的补偿制度,社会对它的需求是在不断增长的,而其创新的可能性却在降低。观察我们所身处的这个社会的现实环境,已经可以预见到并有可能延伸至的未来,需要侵权法扮演作为规制和其他补充来源的角色的重要性正在消减。[2] 尽管希望通过严格责任的适用实现事故预防和更高程度的社会正义是侵权法一种高贵的想法,但专业数据依然显示了它的失败。[3] 结果便是:侵权法以外的损害补偿方法正在增加,既有作为潜在加害人加入的责任保险,如机动车损害赔偿责任险,也有社会保障制度的建立,如劳动者伤害补偿保险、公害健康补偿、医药品副作用被害救济基金等,这种由社会共同分担损害的制度又是重叠存在的。在这些领域,侵权法发挥作用的场合在衰减。未来的人类社会还将持续制造很多灾难事故——已知的和未知的:飞机失事、医药损害、产品安全、环境威胁,甚至恐怖事件。随着损害发生的复杂化、涉及物与人的规模化以及问题的国际化,侵权法这一传统的私法领域正在呈现一个特别突出的特征:大规模的侵权行为及其责任追究已经对国家以及现有司法资源形成巨大的压力。[4] 侵权法在致力于人性化解决这样的社会冲突之时,最应警觉的是那些能够影响人的精神生活、人格完整性以及生态平衡的决策和事故,一方面通过司法将社会中存在的人与人之间的紧张关系——激烈矛盾和利益冲突——转化为具体的侵权诉讼,从而缓和剧烈的社会动荡、避免大规模的动乱和社会的崩溃;另一方面促成社会预警机制的形成,输送各种紧张关系进入沟通磋商的渠道,从而避免对社会秩序带来威胁的暴力行为的发生,通过社会化的法律导向纠纷和冲突的解决,控制伤害人类的事故的发生频率,形成社会免疫和安全系统。近年来,侵权法在英国被正式地

[1] Allen M. Linden: *Viva Torts*, Journal of High Technology Law(2005).

[2] Jay M. Feinman, *Unmaking and Remaking Tort Law*, Journal of Technology Law(2005).

[3] John C. P. Goldberg, *Tort Law for Federalists (and the Rest of Us): Private Law Indisguise*, Harvard Journal and Public Policy, 2004, 28, 1.

[4] 参见张新宝:《设立大规模侵权损害救济(赔偿)基金的制度构想》,载《法商研究》2010年第6期。

认为已经降格为社会保障体系中的"低级伙伴",可以预见在未来社会里它将完全被一种更为有效的全面的事故赔偿制度所取代。侵权法在历史上曾经是救济受害人的唯一法律机制,但是在现代福利国家的条件下,这个功能将由侵权法与社会保障制度共同完成。随着其他救济机制的发展,侵权法退回到过失责任的领域也许就是不远未来的法律图景。

四、社会法的文化动员:侵权法的沉默说服者

"法律作为社会控制之方法的主要功能,并非见于私人的诉讼或是刑事的追诉,这些虽然极为重要,但仍旧是补救体系失灵的辅助性措置。法律的这种主要功能是:在法院之外,法律以各式各样的方式被用来控制、引导和计划我们的生活。"[1]侵权法是一个非常复杂的法律社会现象,既是一种规范的构造,又是一种价值的载体、文化的表现和社会的存在。作为一种社会感受的表述,侵权法变化的力量无疑受到文化的说服和社会文明发展方向的指引。自侵权行为的道德观点而言,人与人的关系应符合社会和平、团结以及公民完全、平等参与的要求、尊重他人权利,即在于实现此等社会。[2] 侵权法由权利观念出发,通过权利的革命不断升级社会成员的义务内容:"从不得伤害他人"到"适当关照邻人",最终使得社会责任伦理部分取代道义责任伦理和个人责任伦理。正因为权利文化也是一种义务文化并因此也同时是责任文化,"许多权利反映了某种程度的利他主义,而绝大多数权利当其受到可靠保护的时候也能够有助于增加利他主义和负责任的习性"。[3] 德国哲学家包尔生曾经指出,"我们再次发现一种双重的责任:我们坚持个人本身有责任,然后是塑造他的集体即他的家庭、社会阶级、民族乃至一般人类也有责任,最后是社会本身也有

---

〔1〕 [英]哈特:《法律的概念》,许家馨、李冠宜译,法律出版社2006年版,第39页。

〔2〕 陈聪富:《美国惩罚性赔偿金的发展趋势——改革运动与实证研究的对峙》,载《台大法学论丛》第27卷第1期。

〔3〕 [美]史蒂芬·霍尔姆斯、凯斯·R.桑斯坦:《权利的成本——为什么自由依赖于税》,毕竟悦译,北京大学出版社2004年版,第159页。

责任”。[1] 社会法说服了侵权法朝向集体责任的发展方向,培植了侵权法认同社会团结与合作的文化基因。

即使理论与实践总体上已经意识到补偿是侵权法的根本目标,但是“受到矫正正义之束缚作用所带来的各种限制,使侵权法要是不以矛盾的形式表达就很难破解这个简单的目标及其所带来的虚假的权利。司法机构对受害者态度的改变,以及人们对保护弱者一方当事人的热望已经给侵权行为法的传统界限带来了压力”[2]。限于侵权法内部的思考,一些看似公平的权利,在实际享有时却是空洞而虚假的,可以想见,如果医生完全抛弃对“希波克拉提斯的誓言”的遵从,那么“患者的知情同意权”便会成为医生免责或拒绝治疗的很好借口。另外,侵权法中的赔偿本身即是有矛盾的:如果损害是可以量化并可以移转的,受害人所获得的赔偿与侵权行为人必须承担的赔偿责任会发生相互抵消的现象,即一个受害人在获得赔偿时又产生了另外一个“受害人”……事实上,侵权法并没有赔偿受害人,它仅使受害人的损失发生移转,并改变受害人的身份而已。[3] 而个人的受害,会因社会中基于血缘、婚姻或共同生活中存在的关系,抑或基于同类之间同情与怜悯的感受,借由因果联系扩散至受害人的亲属、朋友、甚或不特定的社会一般人,最终带来的是无尽的社会伤痛。正是因为有社会法这一“沉默的说服者”作为后援,提升了侵权法救济受害人的能力和效果,同时也保证了行为人不致坠入制度的深渊。可以说,作为一种补偿机制的侵权法依赖社会法才能运作良好。“责任保险、社会保险、国家补偿和社会救助等各种补偿方式的发展和完善,强化了侵权责任的损害填补功能,使受害人寻求救济更为便利迅捷。”[4]

法律的特性会因社会生活形态的不同而变化,人们已经不再将其看

〔1〕 参见[德]包尔生:《伦理学体系》,中国社会科学出版社1988年版,第393~395页。

〔2〕 参见[英]卡罗尔·哈洛:《国家责任——以侵权法为中心展开》,涂永前、马佳昌译,北京大学出版社2009年版,第28页。

〔3〕 Stanley Ingber, *Rethinking Intangible Injuries: A Focus on Remedy*, Calif. L. Rev. 772, p. 786(1985).

〔4〕 参见董安生:《民事法律行为》,中国人民大学出版社2002年版,第55页。

作单纯解决纠纷的手段,而逐渐视其为用以创造新型的理想社会的工具。侵权法是社会工程学,妥当地说明了为什么侵权法会触及文化神经,从侵害财产权到侵犯人身权再到侵害知识产权,从机动车事故到专家责任再到环境污染,从侵害人格利益到纯经济损失再到性侵犯或性骚扰……侵权法超越阶级、文化以及区域,最终会影响社会的每一方面和每一阶层,它型塑着我们与他人相互联系的方式,无论在公领域还是私领域。然而,传统侵权法所培植的权利文化相应地忽视了公民对于其他人和社会所负有的义务和责任,成为侵权制度运行成本高昂的渊薮和长期以来招致批判的靶子。温里布认为,侵权法的显著特征就在于它的两极性和直接关联性,即只涉及双方当事人之间的关系,侵权法"通过责任的现象直接将双方当事人联系了起来……私法诉讼所采用的权利要求形式是一个特定的原告威逼一个特定的被告。从学说上讲,例如,伤害的因果关系要求证明,原告的权利要求依赖于被告之手所造成的不当行为,遴选出两人并把他们捆绑在一起,私法看上去既不注意诉讼当事人,也不注意社会整体的利益,而注意责任两端之间的关系。"[1]这样的正义观念和当事人主义所鼓励的可能就是形成"一种对抗式文化,以至于常常使诉讼程序退化为战场的氛围,而不是适用法律规则的场所"[2]。事实上,人与人之间绝不仅是各自独立地实现自己的权利、追求自己的利益的个体,作为社会性动物还需要彼此的照顾和关心,还需要相互合作,人类生活要以基本的信任为前提。陌生人社会的形成与社会分工的深化,不仅加深了人与人之间相互依赖的程度,也更加凸显社会信任的重要性。一个世纪以来侵权法领域发生的关系化和社会化是在现代法律系统内部加强团结和合作的必然趋势,而发生这样的私法转向又是以社会成员的社会心理为文化基础的,需要培植人们以相互信任为基础的安全感和责任心。现代社会的成员维

---

〔1〕［加拿大］欧内斯特·J.温里布:《私法的理念》,徐爱国译,北京大学出版社2007年版,第1~2页。

〔2〕［美］P.诺内特、P.塞尔兹尼克:《转变中的法律与社会:迈向回应型法》,中国政法大学出版社2004年版,第265页。

护社会生活的信任不再像家庭生活那样是人格化的而是制度化的，这种制度化信任主要是由社会法建构的。虽然一些人在谈论欧洲国家的社会福利时称其已进入了“紧缩时代”，但是大多数学术分析表明，“与这些权利有关的法律最近发生的变化，是源于为提高效率所进行的改革，而不是由于对支出的巨大缩减或趋向新自由主义和美国式福利国家”[1]。侵权法十分活跃的美国，虽然跛行于大多数西方福利国家之后，却也梦想着某一天能加入为其所有公民提供普遍的健康关照的文明社会之列。[2] 侵权法将继续填补现行社会福利制度和社会保险制度所留下的巨大空隙，为那些受到侵权损害的人和家庭提供更具人性化的救济。当人们在社会法所营造的环境下被普遍的安全感所包围时，对他人和社会的一种责任心才会由此升腾，在人际交往中才能形成一种相互信任并进而信赖的关系。只有在这样的文化背景下，侵权法才能真正发挥它的教育功能，塑造人的品性与人格，营造出人们渴望身处其中的团结与合作的社会秩序。

五、系统中思考侵权法与社会法

体系中的侵权法与社会法因为有着共同的“人类面孔”和“社会形象”而在构筑社会安全网络的事业中结伴前行，却因为二者关系的面相始终模糊不清而很难求得体系内的安定和谐。事实上，对二者之间关系的定位绝非运用体系的内在视角即可轻松化解。有学者尝言，“一个特定社会的成员可采用的赔偿类型与标准在很大程度上取决于该社会的财富”[3]，也有学者主张，损害赔偿法“在特别程度上，乃是某一特定文化时代中，伦理信念、社会生活与经济关系的产品和沉淀物”[4]。卢曼将高度

---

〔1〕［德］沃尔克玛·金斯纳、［意］戴维·奈尔肯编：《欧洲法律之路——欧洲法律社会学视角》，高鸿钧等译，清华大学出版社 2010 年版，第 66 页。

〔2〕 Allen M. Linden: *Vive Tort Law*, Journal of High Technology Law(2005).

〔3〕［澳］彼得·凯恩：《阿蒂亚论事故、赔偿及法律》，王仰光等译，中国人民大学出版社 2008 年版，第 8 页。

〔4〕 Unger, Handeln auf eigene Gefahr, 1893, S. 1. 转引自王泽鉴：《侵权行为法之危机及其发展趋势》，载《民法学说与判例研究》（第 1 册），中国政法大学出版社 1998 年版，第 142 页。

分化社会的整合界定为:"避免陷入这样一种状态,在该状态中一个子系统的运行产生了另一个子系统所无法解决的问题。"[1]从系统论的观点来看,现代社会被划分为各种交际网络的子系统,其每个子系统根据社会功能的划分以及作用于不同社会领域的任务而承担自己那部分的社会功能。除法律外,最重要的子系统还有经济、社会、艺术、宗教和政治。每个子系统会随着社会事实的变化而不断地也是被迫地调整自己的结构,如法体系中的制度和规则,这种不断地调整确保了每项功能都能够根据社会发展的需要而有效实现。然而,这种改革社会结构的可能性只是事物的积极一面,事实上,通过某一子系统当前决策而提供的新形式并不必然意味着未来社会的受益。现代社会已经意识到科技进步与社会发展会带来一系列事故,风险的现实化也在不断警示我们决策与损害的关联度。侵权法应对这些风险时必须有这样的问题意识:立法和司法的决策可能会与其他制度产生对抗,从而引发其他子系统的机能障碍。例如,产品责任的法律决策会影响科技创新,医疗损害赔偿会牵扯医疗事业的发展,某些侵权类型的处理甚至会改变社会对伦理关系和道德观念的态度。正是这样的警示有助于使侵权法的研究转向对子系统之间各项制度相容性的关注。在侵权责任领域中出现的大规模侵权,因其突出的复杂性特征已经溢出私法体系,开始进入公共决策的视野。社会生活中培植出的损害赔偿文化不断发展,个体向社会、向国家寻求救济的诉求已经成为法律制度的压力点。桎梏于体系化思考之中,会使我们丧失外部考察的能力和机会,毕竟侵权法与社会法的体系和谐仅是外显的形象,其关系的更为深刻之处还在于权利与权力、义务与责任,其灵魂则会触及个体创新、社会利益和人格尊严。这样的一种提示很必要:完美的体系也许会终结经济的发展、社会的和谐与文化的进步。

波斯纳在批判温里布"私法的目的就是成为私法"这一观点时提到,

---

〔1〕 转引自吕付华:《系统视角中的社会分化与整合——卢曼社会分化思想研究》,载《社会理论》2008 年第 1 期。

如果“侵权法的目的就是侵权法”,我们就是在拒绝考虑外部世界的存在。波斯纳还提示我们,决不能低估“法律的许多世俗的但重要的品质(诸如经验、自我约束和人们和睦相处)的意义”。[1] “努力促成的人类社会的团结与合作只有通过多层次的方式才能实现,因而创立行政法和政治法的目的不是为了简单地应付社会经济问题。同时,这些法也是实现特定目标比如相互性和权力变迁的努力的产物。”[2]“法律并不是一个封闭的知识体系,法律并不能够自治。”[3]这一命题同样适用侵权法与社会法。诚然,回答侵权法与社会法之间的关系问题,需先行思考救济受害人与其他公共支出(发展教育、修建交通公路等)何者紧迫这一根本上属政治性的问题,再行回答社会如何寻求事故预防与事故赔偿之间的恰当平衡这样一个经济性问题,如果将人与人之间的容忍、宽容及慈善等关系性和文化性思考加入进去,社会法之于侵权法的关系中便带有了浓重的哲学意味。

---

〔1〕 参见[美]理查德·A.波斯纳:《法理学问题》,苏力译,中国政法大学出版社2002年版,第557~558页。

〔2〕 Lan R.麦克尼尔:《新社会契约论》,雷喜宁、潘勤译,中国政法大学出版社2004年版,第77页。

〔3〕 徐爱国:《解读侵权法的政治学理论》,载《中外法学》2009年第3期。

结论：哲学关照与侵权法的社会担当

《法国民法典》制定时，拿破仑曾经踌躇满志地对法典的起草者说，“革命的故事已经终结。历史从这里开始。现在不是讨论哲学的时候。统治社会吧”。其对立法的见解可谓深刻独到。产生于侵权案件的生命和死亡的痛苦话题在当代还将持续上演下去，作为救济损害的社会治理工具，侵权法有着无尽的生命力量，它不仅要关注现实，还应取向未来。侵权法走出历史的同时也在走入历史。处于世纪交叉点的我国侵权责任法，目送20世纪的身影渐渐远去，带着20世纪的理论迷思与实践难题踌躇地走进了21世纪中国的现实和人们的生活，并希望通过与往昔保持联系来塑造理想的未来社会。卡多佐评价宪法的诞生时尝言，“一部宪法所宣告的或应当宣告的规则并不是为了正在消逝的片刻，而是为了不断延展的未来”。[1] 侵权责任法又何尝不是！然而，侵权法不是被缩减或剥离的一套法律制度的集合，其技术努力还在于政治或社会的变革。即使侵权法的释义学，加强其实证和批判的面向也显得十分必要，侵权法的实证不限于司法事务的研究，还必须扩及社会(管制与市场)的事务，侵权法的批判则不应囿于概念体系一致性的观点，还要考虑广义的民法价值和

〔1〕［美］本杰明·内森·卡多佐：《演讲录：法律与文学》，董炯等译，中国法制出版社2005年版，第54页。

法律政策的一致性。侵权责任法的解读必须倾听民众的声音,除了文本与作者之间的视线往返,还要关注作者、读者与听众之间的主观间性以及社会舆论的力量。如果侵权法适用时的法律推理和相应判决背离市民的公正感觉和利益诉求,法律秩序的正当性危机仍然会不期而至,其结果将是侵权法制度得不到社会的尊重,侵权法的救济手段得不到公正的利用。如果我们还是仅将侵权法看作单纯解决纠纷的裁判依据,就会丧失对其本应具有的创造新型社会工具的洞察力,更会忽视其团结社会成员这一功能的厚重的历史使命。特别是在我国的法院遭遇了"彭宇案"这样的"罗生门"后,法院判决所引起的一系列社会反映和后果逼迫我们必须重新认识侵权法规则、侵权案件的司法裁量及其社会后果。事实上,有学者早已看到了私法不甚明朗的未来:"自从法学形式主义的精神基础被破坏,其体系与建构的威望随之消逝,法学文明在伦理上或精神上兀自弱化,私法在现代社会国、行政国中显现影响力式微的征兆。"〔1〕侵权法基本原理上的努力并非一种抽象思维的无聊游戏,甚或是一种十分引人入胜的工作,对于解决侵权法的实务案件而言,理论性的基础方案是有多方面决定性意义的。"仅仅局限于对社会现实本身的考察(而不力图从中总结出公平的东西),就意味着完全地转向过去,放弃将法看作是一种可能推动进步的因素。"〔2〕具有哲学倾向的法学憧憬是,"如果法律因其在社会制度中的永恒性而受到我们的欢迎,那么我们应该会看到法律使人们的生活愈来愈好而不是每况愈下"〔3〕。思考侵权法的未来,首先应弄清楚哲学在侵权法构造的宏大设计和精巧规定中扮演的角色,在其深深嵌入的社会语境和文化环境中令其担当塑造理想社会和人的品性的社会功能,并在适可的边界收敛起生硬而冰冷的面孔。

---

〔1〕[德]弗朗茨·维亚克尔:《近代私法史——以德意志的发展为观察重点》,陈爱娥、黄建辉译,上海三联书店 2006 年版,第 588 页。

〔2〕[法]雅克·盖斯旦、吉勒·古博、缪黑埃·法布赫—马南协:《法国民法总论》,陈鹏等译,法律出版社 2004 年版,第 22 页。

〔3〕[美]格瑞尔德·J. 波斯特马主编:《哲学与侵权行为法》,陈敏、云建芳译,易继明校,北京大学出版社 2005 年版,第 175 页。

一、哲学对侵权法的关照

考夫曼尝言:为由真正能够专业地进行哲学思维,掌握法律哲学才有意义,而对此正是欠缺所必要的时间……并不需要每位法律人都成为专业的法律哲学家。但每位法律人至少应当有一定的法律哲学的品位,借以扩大他的"难题意识"。[1] 任何法律的理论进化和制度演变都是建立在深层次的法学理念的重构之上,法学理念的思考却是要以哲学为导向的。历尽两千年沧桑的侵权法,其内在的法精神也是随着社会生活的变化而不断进行调整的,其中蕴含了丰富的哲学思想。侵权法学的研究需要哲学的导向作用,这样我们才不会在法律的丛林中迷失方向,或者在社会事实的乱麻中丧失自主判断的能力。离开哲学,也许不影响我们从纷繁复杂的现实迷雾中提炼出规则选择的方案,但这种选择却可能由于缺乏必要的理论支撑而是错误的,或者因无法深入理解规则背后的真正含义而导致实践的背离。侵权法不能抛弃哲学,更不能失去改变历史和社会的力量。侵权法调整个体之间因伤害的发生而导致的关系问题,表面上是在处理原告(行为人)与被告(被害人)之间的侵权纠纷,实质上是在塑造人与人该如何对待的社会类型。尽管司法体系运用侵权法的作用在于解决诉讼当事人之间的双边关系,但它在精神上和效果上往往具有公共性。

(一)侵权法问题的思辨性哲学论证

"任何法律规则背后都需要有妥当的价值判断,追问到终点,所有的价值判断问题都需要在哲学思辨中寻找答案。"[2] 这里的哲学性思辨指的是法律背后诸如经济、社会、政治、伦理等方面的多方考量。法学是一种实践性的科学,在其中,思辨性的论证广为所用。在任何一个时代,法律为了能够实现自己在社会治理中的作用,必须具有使社会上的人们在

---

〔1〕 [德]考夫曼:《法律哲学》,刘幸义等译,法律出版社 2004 年版,第 1 页。

〔2〕 许德风:《论基于法教义学的案例解析规则》,载田士永等主编:《中德私法研究》(总第 6 卷),法律出版社 2010 年版,第 27 页。

心理上服从它的力量。波斯纳认为,存在一种思想的市场:“真理的最佳标准是思想在思想市场竞争中使自己获得人们接受的力量。”[1]温里布更是直接把侵权法定性为“思想的碰撞”和“智慧的展示”[2]。从20世纪早期的霍姆斯开始,西方的法学家就在进行着统一某些侵权法的课题并使之理论化的各种努力。20世纪末期,哲学家开始加入其中,使这一课题的哲学成就迅速发展和日趋成熟,并且逐渐引人注目。法学家和哲学家从不同的视角对侵权法基础所进行的哲学思考,为政治社会提供了一种侵权法理论选择和制度实践的更高境界,在常规性的运用侵权法的过程中融入了作为法的实质根据的社会价值观和伦理。当人们把损害赔偿作为权利来主张,或当法官认为该事实符合法律要件而认可其要求时,虽然乍看起来似乎只是在法的世界中进行封闭式的推论,实际上,背后暗中进行着从法律之外反省性的重新质问法的妥当性的工作。[3] 侵权法学者和哲学家从不同的角度论述了侵权责任的正当性基础:或源于自然理性,或体现人的意志,或实现正义,或协调社会利益,或追求效益最大化,这些都为我们理解侵权法的权源、功能和意义提供了思想基础和高远视角,并对我们确定侵权行为与责任的范围、种类和运行规则等具有重要的指导作用。侵权法需要从借鉴属于哲学领域的反思型思考模式中受益,认识到解释权力运作方式之于一个社会的公正与和谐的重要性,这种权力运作包括法院适用侵权法规则解决纠纷的方式。思辨性的哲学论证不仅能够使侵权法理论达成某种程度的共识,而且为侵权法问题的解决提供了正确的方法论。可以说,哲学思考奇特地照亮了侵权法学的方向。

哲学思辨贯穿民法的诸多具体制度之中,如主体制度中的伦理人格和技术人格、法律行为制度中的自由意志等。“德国民法典所有的这一切,都是建立在欧洲大陆的理性主义哲学的基础之上,这就从思想上决定

---

〔1〕 [美]波斯纳:《法理学问题》,苏力译,中国政法大学出版社1994年版,第278页。

〔2〕 参见[美]温里布:《私法的理念》,徐爱国译,北京大学出版社2007年版,第120页。

〔3〕 [日]棚濑孝雄:《现代日本的法和秩序》,易平译,中国政法大学出版社2002年版,第98页。

了德意志私法的抽象性。"[1]责任问题本身与伦理学、心理学、社会学等哲学性思考紧密相关，侵权法中的很多概念关涉对权利、义务和责任等蕴意深刻的理念思考，对于这些概念的理解往往需要在一个极高的抽象层面上作哲学分析，从而为立法上的制度建构和司法上的纠纷解决提供思想资源和理论武器。有学者为形象化这种思维而做了这样的描述："我所看到的是一个具有详尽的论证和思考结构的哲学从高处落下，但是停留在距离地面20多英尺高的地方。法律的特殊任务是完成这个过程，使它稳稳地、具体地落在地上……哲学的高楼大厦不确定最后的20英尺是什么。如果法律的地基是为整体提供支持，那么价值观和理念必须抑制、限制、告知和启发这个基础。"[2]笔者认为，哲学论证在侵权法与伦理、道德、社会生活和文化之间搭建起的桥梁和纽带，能够帮助侵权法哲学从20英尺的高度稳稳地落于地面。

（二）侵权法理论的批判性哲学思维

耶林曾用这样一句名言宣告其批判性立场及其对法学基本问题的答案："并非由裁判官的告示，也不是由十二表法，而是必须由哲学的最内在层面出发，法学才得以被创造。"[3]温里布在论证私法的理念时，认为法律首先是一种思想的交战，"私法作为人类智力的一种展现，决非全能上帝的旨意，存在自我批评的维度"[4]。侵权法学更早地真正感受到存在于理论学科与实践学科之间的实质关系，即生存于这个世界上的人们应当如何行为及人们应当如何相互对待。侵权法理论还必须清醒于其对社会生活和自身的理解是否存在哲学上的质疑，这种质疑通过侵权法在现实世界的实验中用具体的测试进行检验，测试的事例来自无数的有害于

---

〔1〕 参见[德]弗朗茨·维亚克尔：《近代私法史——以德意志的发展为观察重点》（上），陈爱娥、黄建辉译，上海三联书店2006年版，第442页。

〔2〕 [澳]皮特·凯恩：《法律与道德中的责任》，罗李华译，张世泰校，商务印书馆2008年版，第42页。

〔3〕 [德]鲁道夫·冯·耶林、[德]奥科·贝伦茨：《法学是一门科学吗？》，法律出版社2010年版，第159页。

〔4〕 [美]温里布：《私法的理念》，徐爱国译，北京大学出版社2007年版，第132页。

人类的相互交往情境。

1. 权利思维模式的悖论

美国学者路易斯·亨金曾经在其《权利的时代》一书的“前言”中宣告:“我们的时代是权利的时代。”[1]权利问题历来是政治、经济、社会和法律领域在学术理论和具体实践两个层面都存在尖锐分歧的重大主题,在任何一个领域的任何一个层面对这个主题的探究都意义深远。权利乃法律之子,边沁在论证财产权时曾经指出,“财产权与法律同生共死。在法律产生之前没有任何财产权。把法律撇开,所有的财产权也都会停止”。[2]“权利是私法的核心概念,同时也是对法律生活多样性的最后抽象。”[3]作为私法之组成部分的侵权法正是以权利为体系而构建起来的,因而必然会带上人文主义和自由主义的色彩,进而将自由、平等这些近代社会哲学的基本价值整合进来。只有有效地保证权利行使的安全才能给人们以足够的信心,人们在社会生活中才不至于采取机会主义的短期行为而是致力于长期的规划。这种以权利哲学为基础的侵权法,在近现代确实曾经很好地发挥了其作为私法在缓解人类疾苦和捍卫自由权利方面的社会功能,侵权法秩序是一座由权利构成的大厦。

然而,还存在一个最基本的常识性事实,即“权利”必须始终伴随着“救济”,恰如那个古老的法谚:“哪里有权利,哪里就有救济。”权利是有成本的,正是因为救济是有成本的。“强制执行权利是昂贵的,尤其是统一而公平的强制执行;而在其不能强制执行的意义上,法律权利是空洞的。”[4]“权利在本质上是致力于‘反对’政府的而不是召唤政府的,当适用于有时被称为‘私法’的时候,这个理念明显是错误的。在契约法和侵权法中,权利不仅仅是得到政府机构的强制执行的,而且它们也是由政府

---

〔1〕 [美]路易斯·亨金:《权利的时代》,信春鹰等译,知识产权出版社 1997 年版,前言。

〔2〕 姚建宗:《权利思维的另一面》,载《法制与社会发展》2005 年第 2 期。

〔3〕 转引自[德]迪特尔·梅迪库斯:《德国民法总论》,邵建东译,法律出版社 2001 年版,第 62 页。

〔4〕 [美]史蒂芬·霍尔姆斯、桑斯坦:《权利的成本:为什么自由依赖于税》,毕竟悦译,北京大学出版社 2004 年版,第 43 页。

机构来创造、解释和修正的。"[1]公民享有的权利如果不能得到政府的保护以使其免于私人性的彼此侵害,也就一文不值。权利的权衡不仅是为了作出保护还是不保护的选择,更重要的还在于解决保护到何种程度的问题,这关系到有限的公共资源的投入对象和其投入数量的政治决策。"所有的权利都只是在某种程度上得到保护,而这个程度部分地依靠如何分配稀缺的公共资源的预算决定。"[2]于是,权利的权衡也必然意味着权利并不会受到绝对的保护,权利是可以妥协的。

权利的授予和保护,是为了塑造独立、自治与自我负责的公民形象。"历史证据表明,无权利是最有可能播下个人性的和社会性的不负责任的种子的。在这种更具有社会性的意义上,权利和责任远不是对立的",[3]权利文化也总是责任文化。然而,当新的利益不断逼迫法律要求其以权利的形式加以确认时,过度强调权利会导致权利的泛化,而过度保护利益又会导致权利的爆炸。当权利走得太远时,义务和责任却被忽略掉了或被虚拟成幻影。弗格森就曾抱怨,国家只强调保护个体权利、捍卫公共安全,殊少触及个体的心灵、情感与德性。[4] 美国社会片面的权利文化之下带来的是权利革命,权利培植了人们坚定的主张,在他们之间播下对抗的种子并最终走向法庭。当美国步入诉讼社会的时代,人们才开始反思"为权利而斗争"的社会代价。侵权法改革者认为,侵权法到了转向侧重保护被告利益的时候了,因为侧重保护原告利益的"侵权法扩张"已经超出了必要的限度。[5] 波斯纳曾经批评道:"伴随着权利意识的增长,侵权

---

〔1〕[美]史蒂芬·霍尔姆斯、桑斯坦:《权利的成本:为什么自由依赖于税》,毕竟悦译,北京大学出版社2004年版,第49页。

〔2〕[美]史蒂芬·霍尔姆斯、桑斯坦:《权利的成本:为什么自由依赖于税》,毕竟悦译,北京大学出版社2004年版,第121页。

〔3〕[美]史蒂芬·霍尔姆斯、桑斯坦:《权利的成本:为什么自由依赖于税》,毕竟悦译,北京大学出版社2004年版,第141页。

〔4〕参见谢鸿飞:《民法典与人的美德》,载《中国法律评论》2015年第4期。

〔5〕[美]约翰·C.P.格尔德波格:《20世纪侵权行为法理论》,肖宁译,载易继明主编:《私法》(第5辑·第1卷),北京大学出版社2007年版。

法制度变得耗资巨大,干预太深,而且政治争议也太大。"[1]不可否认,权利革命已经为现代的赔偿文化打下了基础,这种文化呈现出一种迅速蔓延的态势。受这种文化的影响,侵权法认同"权利优先于善(正当)",强调赋予和尊重个人权利,无视社会的"共同善"、权利的道德基础和实践目的。[2] 20世纪的侵权法主张赋予受害人更多的权利来对抗加害人(尤其是企业),并且鼓励法院就侵权案件中的损害赔偿作更侧重保护受害人的裁判,侵权法的诸多贡献遮蔽于"权利保护与救济"的光环之下。权利导向的侵权法文化舍弃了对于现实生活中有血有肉的关系建构的思考,权利救济的名义之下侵权法理论失去了许多分析的路径。最为重要的一点是,权利思维模式减损了这样的认识能力:侵权法的功能可能与其他制度的功能之间存在紧张的关系。

2. 个人主义哲学的省思

18世纪的哲学纯粹以个人主义为根据,社会上所承认之道德即个人之最大限度的自由与对私权之绝对的崇敬。个人(自由)主义的理论,原是建基于物竞天择的社会进化论之上,认为竞争是社会进化的原动力,主张在自由竞争的环境下,人人有平等奋进的机会。法学以社会伦理为基础,因此法学的各个领域也被个人自由主义的思潮浸润了。法律"为成训所感化,为哲家之理性原则所感化,为经济学之个人主义所感化",视"个人即为公道"。[3] 19世纪各国对于法律规定之原则,根本建筑于个人主义法律思想之上,故处处表示对于私人权利之绝对的尊重。[4] 学者认为,个人主义法律具有两方面的含义:首先,它意味着个人为法律的目的,亦即法律应当有助于人们实现其个人利益。换言之,即社会应当为个人

---

[1] [美]理查德·A. 波斯纳:《法理学问题》,苏力译,中国政法大学出版社1994年版,第10页。

[2] 参见谢鸿飞:《民法典与人的美德》,载《中国法律评论》2015年第4期。

[3] [美]庞德:《庞德法学文述》,雷宾南、张文伯译,中国政法大学出版社2005年版,第227页。

[4] 何勤华、李秀清主编:《民国法学论文精萃·基础法律篇》(第1卷),法律出版社2003年版,第136页。

服务而不是相反。其次，个人是法律或至少是主观实体权利的唯一根据。[1] 个人主义这一观点的证立是以个人在享有社会赋予的权利之前享有自然权利为前提的，其中最主要的便是自由权利。因此，庞德主张，法学上的个人主义起源于16世纪末17世纪初、古老的自然法理论之外的自然权利理论。[2] 个人主义法学思潮之下，近代民法确立了三大原则，即："以言财产，则尊重个人所有权之原则与继承权之原则；以言契约，则尊重个人意思自治之原则，即契约自由之原则；以言赔偿损害之责任，则尊重自己责任，采过失责任之原则。"[3] 个人主义在英美法，尤其是美国法律思想中表现出极端化倾向，对个人利益和财产采取不妥协的坚持态度是其法理学的焦点。[4]

19世纪而后的经济发生急剧变动，个人主义妨碍了社会群体的互惠合作，导致哲学观念和社会伦理发生根本转向。随着国家、社会和个人相互嵌入关系的发展，自由主义受到了来自各种名目的"主义"的批判，批判的焦点集中于原子式的自我观念性、缺乏社会认同的法律工具性以及放任公民道德败坏的价值中立性。为矫正自由主义的流弊，共和主义倡导公民参与、重视培养公民德性，在宽容、自主和公正价值之外，培养勇敢、节制等美德。[5] 20世纪支配人类道德的根本哲学是团体主义，进而影响到法律的"个人主义渐次衰替，人群哲学渐次代兴"[6]。法律的目的不仅要保障个人的自由，而且更重要的是要保障个人权益与社会利益的和谐以及个人利益与个人利益之间的协调。简言之，摆脱个人主义的极端性

---

[1] 参见尹田：《契约自由与社会公正的冲突与平衡——法国合同法中意思自治原则的衰落》，载梁慧星主编：《民商法论丛》(第2卷)，法律出版社1999年版，第260页。

[2] [美]庞德：《普通法的精神》，夏登峻等译，法律出版社2010年版，第26页。

[3] 何勤华、李秀清主编：《民国法学论文精萃 · 基础法律篇》(第1卷)，法律出版社2003年版，第136页。

[4] 参见[美]庞德：《普通法的精神》，夏登峻等译，法律出版社2010年版，第25页。

[5] Q. Skinner, *The Idea of Negative Liberty: Philosophical and Historical Perspectives*, in Richard Rorty et al. (eds.), *Philosophy in History: Essays on the Historiography of Philosophy*, Cambridge University Press, 1984, p. 19.

[6] 参见[美]庞德：《庞德法学文述》，雷宾南、张文伯译，中国政法大学出版社2005年版，第19页。

及其所得出的简单结论。于是,法律为一种新的公道观念所感化,开始反对财富过于集中,思考社会成员如何共同分享经济发展的成果,即“凡事为与团体有利虽与个人有损者亦应由国家强迫而为之”[1]。个人主义观念影响下的侵权法只与个人权利有关,不关注社会正义:一方面,它把具有很高社会意义的侵权问题仅当作纯粹的私人争端来处理,忽视自身所应承担的社会功能,结果便是对社会产生不良的引导作用,加剧私人间的冲突与疏离;另一方面,它倾向于把义务和责任附加于个人身上,而无视承担人的意愿和能力,极力维护个体责任和自己责任的道德主张,结果便是忽视个人的生存状态,形成个人与社会的矛盾与对抗。受这种思想力量的驱动,侵权损害赔偿不仅不充分而且不平等,实际上标识、再现并强化了既有的差异。个人主义拒绝身份上的不平等,法律便宣称形式上的平等而模糊了现实中的不平等。随着这些偏见的累积,不可否认,侵权法强化了——至少是忽视了——社会的不平等和结构层级。在今天工业化、城市化的社会中,阶层、集团及各种关系应该得到不低于个体的人所得到的关注。团体主义法学思潮影响下的侵权法理论开始脱离不足以圆满发挥社会功能及实现正义理念的个人自由主义,转而基于社会团结与安全发展自身的社会实践。侵权法“倾向于以人们之间的相互关系而不是个人的法律行为作为法律后果的基础;倾向于把责任和不作为的义务加之于那些作为一个集团的成员、处于一定社会关系中的那些人而非单独的个体身上”[2]。然而,现代侵权法周围仍然萦绕着对19世纪个人主义的向往,危险在于这种向往会蒙蔽现实社会中存在于个体之间的、具有从属关系的权力要素。吉尔莫的洞见很好地反映了这种个人主义省思:“显然,20世纪的观念已不同于19世纪的观念。如今,如果有那么一种理论体系只鼓励人们去做自己的事而不管对其邻人有何损害的话,我们就

[1] [美]庞德:《庞德法学文述》,雷宾南、张文伯译,中国政法大学出版社2005年版,第227页。

[2] 尹田:《契约自由与社会公正的冲突与平衡——法国合同法中意思自治原则的衰落》,载梁慧星主编:《民商法论丛》(第2卷),法律出版社1994年版。

会将它视为为富者和权势者谋利的理论体系。因为这些有钱有势的人能够在该体系中自我照顾和自由行动。也就是说,他们能够进行自我保险。而当我们回顾19世纪的理论时,我想我们首先会因富有者所承担的社会责任范围的狭小而震惊,那时,兄弟成陌路而互不问冷暖,竞争不留情而落后自遭殃。现在……在机器面前我们大家都那么软弱无力,因而必须相互依靠。"[1]在美国,"有相当多的证据表明,侧重保护原告利益的某些自由主义倾向已经消逝;在最近一段时间,自由主义倾向在某些程度上也得到了限制"[2]。

另外,侵权法理论中的权利思维与个人主义哲学之间存在一定的牴牾:一方面,在个人主义和自由主义的氛围中,侵权法理论主张个体的人对其所受到的损害必须能够寻找到救济方式。在德国,联邦宪法法院有时甚至承认侵权行为诉讼的可提供性是一项由联邦宪法保护的人权。这种人权理论,尽管听起来很有吸引力,但是却没有认识到侵权行为的受害人不仅是自然人,同时也可能是法律上的人,如公司、组织体或者基金组织,他们既没有精神可受到损害也没有人身可被伤害,却可以成为侵权人也可以成为受害人。另一方面,权利革命的理念往往带来政府管制的蜂起,而反对政府规制通常会在侵权问题上主张个人主义,这也涉及侵权法制度的供给与需求的问题。

(三)侵权法学说的开放性哲学视角

自当代评价法学兴起之后,越来越多的法学家主张法体系具有开放性。萨维尼认为,所有的体系都通达于哲学。对纯历史性体现的阐述将会通达于某种统一性、某种理念,这种统一性和理念构成体系化阐述的基础,这就是哲学。[3] 拉伦茨则主张,法秩序是一个开放的整体,具有外部

---

〔1〕[美]格兰特·吉尔莫:《契约的死亡》,中国法制出版社2005年版,第127页。

〔2〕[美]约翰·C.P.格尔德波格:《20世纪侵权行为法理论》,肖宁译,载易继明主编:《私法》(第5辑·第1卷),北京大学出版社2007年版。

〔3〕[德]弗里德里希·卡尔·冯·萨维尼、雅各布·格林:《萨维尼法学方法论讲义与格林笔记》,杨代雄译,法律出版社2008年版,第128页。

的概念体系和内部的意义体系，而此一种意义体系就是靠法律原则来体现和承当，并靠法律原则的具体化来实现。外部哲学性研究，侧重于从哲学的视角对法进行整体性观察，萨维尼本人所倡导的哲学性研究属于内部法哲学，侧重于在法学框架之内对法的基本理念、原则及法律素材的内在关联进行洞察，从而实现法的体系化。[1] 价值开放的法律概念彼此联系，组成一张网络，只有在这张网络之中才能被充分理解。因而，在法律制度内部起作用从而决定法律进程的内在逻辑是不容低估的，至少侵权法学家运用逻辑选定的概念和规则可以帮助我们通过 2000 多年这样一个时间段来追溯侵权法持续不断的改进。过错原则是自然法和理性主义发展的产物，是哲学思维对侵权行为的抽象概括，通过这一原则建构了理性的、完美的侵权法体系，设计出人类社会纷繁复杂的侵权行为类型。"在几个世纪的过程中，英国的法官们凭借先例以及由他们的前任们所流传下来的在判决中附带表示的意见耐心地形成了某些基本的规则；那些法官们对摆在他们面前的案子适用了外部的公平合理的普通法原则，而对在他们法庭神圣的大厅外发生的混乱和动乱置若罔闻。"[2]

现代社会是高度复杂的，因此法律的理性论证也只有在开放的体系中才能奏效。法律学说不仅仅旨在追求法律体系的内部平衡，而且旨在追求一种考虑到社会和哲学这些我们的背景知识的平衡。法律在规范上同道德和政治联系在一起。[3] 法律的机能主义就是要研究法律在实施和运行上所产生的效果，这种研究必须倚重于各种社会科学。因而，考察侵权法制度的经济效用就必须求助于经济学，追求侵权法制度的社会效用则必须借重于社会学，思考侵权法制度的心理效用还必须转身面向社

---

〔1〕 杨代雄：《萨维尼早期法学方法论中的三条基本原则——以萨维尼的法学方法论讲义为考察对象》，载田士永等主编：《中德私法研究》（总第 5 卷），北京大学出版社 2009 年版，第 95～104 页。

〔2〕 [日]星野英一：《民法劝学》，张立艳译，北京大学出版社 2006 年版，第 156 页。

〔3〕 [瑞典]亚历山大·佩岑尼克：《法律科学：作为法律知识和法律渊源的法律学说》，桂晓伟译，武汉大学出版社 2009 年版，第 192 页。

会心理学。因此,有学者曾经提出一个所谓“各种社会科学的合作运动”。[1] 侵权法学说不应该“以与现实失去联系为代价去追求”外在体系的完美性。否则,侵权法学永远无法脱离逻辑分析的意味而毫无进步性可言。法律体系内在可理解性与一致性也会限制法律学说的反思平衡的能力,一些侵权法规则如果能够促进市场经济的有效运行并激发人际关系中相互合作的动力,其所体现的非融贯性也许是可以证成或辩护的。

侵权法是深深包含着人类本能中关于正义和责任的公共“容器”。从抽象的意义来讲,人们可能认为侵权法的功能只是关注作为当事人之间实现矫正正义的私人问题,然而,赔偿被害人的结果也是惩罚侵权行为人的需要,通常作出的考量会超出当事人的利益范围,广泛地影响很多他人的行为选择及利益关系。侵权法调整个体之间因伤害的发生而导致的关系问题,表面上是一个单纯涉及相关两方当事人的微观问题,但从社会的视角观察,实质上是人与人该如何对待的宏观问题。尽管司法体系运用侵权法的作用在于解决诉讼当事人之间的双边关系,但它在精神上和效果上往往具有公共性。法院对侵权案件所作出赔与不赔的判决只是分配损失的标志性开端,它最终会在法庭之外的社会中发挥示范作用。譬如,一个产品责任案件涉及的是一个特定的生产者对一个特定的消费者承担责任的问题,由于当事人双方具有扩展性结构,从另一个层面涉及关于生产商与消费者的一个更大的社会问题。换言之,该案不仅涉及一个个体对另一个个体的责任,而且也涉及社会中权利和义务的分配。基于这个原因,在决定如何解决这个案子时,法官不仅考虑原告与被告之间的“公平”问题,同时也要考虑关于双方的判决的更广泛的社会与经济影响。[2] 由于法律是一个社会现象,关于法律责任原则的侵权法具有广泛的适用性,因此政策性考量在侵权责任的实践中至关重要。侵权法将不再困于

〔1〕 何勤华、李秀清主编:《民国法学论文精萃·基础法律篇》(第1卷),法律出版社2003年版,第440~441页。

〔2〕 [澳]皮特·凯恩:《法律与道德中的责任》,罗李华译,张世泰校,商务印书馆2008年版,第82页。

私法的限度之内，而且还具有划定公法范围、规范社会生活中基本行为的作用，其基本原理和思想并非是传统私法理论所能涵盖的。侵权法的原点仍然是对人类自由、平等及和谐共存这些基本价值的探求，这些原点在今天不仅仍然是将趋于支离破碎的侵权法重新整合起来的基础，同时也是处理不断出现的新问题的出发点。

二、当代侵权法的社会担当

罗马法谚云："法律乃良好秩序与正义之技艺。哲学家只是用不同的方式解释世界，而问题在于如何改变世界。"[1]法律并不是一套天生的永恒不变的规则，不是上天赐予我们的最终答案，法律是人的选择，它很多时候包含我们这个社会对不同价值的判断、衡量和比较，很多规则是我们这个社会做出的重要的选择。法律通过规则的设计与适用能够塑造公民的性格和共同生活的品位，因此，人们对法律社会功能的理解是至关重要的。任何一个时代，法律为了能够完成自己的任务，必须具有使社会上的人们在心理上服从它的力量。发现法学社会维度的社会法学家坚决主张，法律秩序乃是社会控制的一个方面，因此除非把法律秩序置于社会现象的背景之中加以理解，否则它就不可能为人们理解。[2] 随着社会的不断演进，侵权法已经不再被看作单纯解决侵权纠纷的手段，而逐渐被视为用以创造新型社会的工具。正如新康德主义学派的领袖施塔姆勒所指出的那样，我们乃是通过法律来寻求正义的。但是，为了通过法律达致正义，我们却必须系统地阐释当下时代的社会理想，并且努力确使法律的制定能够在实践中推进和保障这种思想。[3] 侵权法有着一张"人类的面孔"，并且具有生动的"社会形象"和丰富的"文化神经"，关系到生活在这个世界中的人们该怎样相处的问题，它确立了每个社会成员为避免对他人造成不适当损害而应谨慎行为这一社会义务的规则，最终决定着损害

---

〔1〕［德］马克思：《马克思恩格斯全集》（第1卷），人民出版社1912年版，第136页。
〔2〕［美］罗斯柯·庞德：《法理学》，邓正来译，中国政法大学出版社2004年版，第334页。
〔3〕邓正来编译：《西方法律哲学文选》，法律出版社2008年版，第274页。

赔偿的适当范围与程度。有学者极为悲观地宣称,“我们生活在一个新的‘黑暗时代’,一个道德危机的时代——道德和法律遭到越来越多的蔑视;一个自私自利、享乐主义、虚伪而缺乏对他人关心的时代”[1]。如果我们要重建一个正派的、文明的社会,那么我们的法律制度就必须弘扬并执行那些基本的道德原则。侵权法必须承担起道德教育的功能,并且要提供有关人间秩序的制度想象力。作为一种意义体系,侵权法应将不同社会事实状态下的伦理诉求传达于规则世界,同时借由制度性安排满足社会认同的主流价值追求,进而实现形上意义与形下利益的制度性和谐。“民事侵权法挑起的不是不重要的分摊损失的工作,以社会调节者的身份扮演一个积极及重要的角色,这是民事侵权法对社会的贡献。”[2]由此可见,侵权法理论的根本所在,需深刻洞察人们对其身处的这个时代的社会理解力和价值观,并最终回归改善社会现实的智识努力。

法律的哲学基础和目标将不再像昔日形而上学法学家以为的那样绝对不可动摇,也不会像某些哲学家希望的那样从教条观念派生出来而置历史于不顾。相反,基础和目标将表现为彻底相对性的东西,表现为时代社会政治状况的产物。《拿破仑法典》时代的法律目标,据称是保障自由和平等,这两条目标已经实现;社会状况已然改变,法律的功能如今开始转向建立社会团结以及人伦纽带。[3] 20世纪末,侵权法开始呈现社会冲突与矛盾的新趋势,以往以物质占有和利用关系为中心的冲突协调开始向社会权贵这一问题移动,侵权法努力想干涉制度性压制以及不平等的社会问题,希望破解影响社会团结实现的治理难题,其中包括不同的共同体或阶层之间的关系问题。

---

〔1〕[美]亨利·马瑟:《合同法与道德》,戴孟勇、贾林娟译,中国政法大学出版社2005年版,前言。

〔2〕John G. Fleming:《民事侵权法概论》,何美欢译,香港中文大学出版社1992年版,第10页。

〔3〕[智利]亚历山大·阿尔瓦雷斯(Alexandre Alvarez):《私法教学改革与未来的民法典编纂》,载《苏州大学学报(法学版)》2016年第2期。

(一)加强社会平等与团结合作

社会变革或进步的界定从来不是价值中立的,不同的社会对什么是良善社会或公正社会有着不同的看法。社会共同体的存在以人们对相互命运的关切为基础,将来任何文明所必具有的两项永久条件,就是:“巩固团结”和“个人的加力发展”。[1] 侵权法不断适应文化演进和社会变迁的要求以维持其作为实证法组成部分的有效性。20 世纪的侵权法观念已不同于 19 世纪,19 世纪拥有的一套理论体系只鼓励人们去做自己的事而不考虑对相关人有何损害,20 世纪这样一套理论则被视为是为富者和权势者谋利的理论体系。契约一般理论与放任主义经济理论的衰落,可以看作对 19 世纪的个人主义向福利国家与超福利国家的转变所作出的最初反映。[2] 权利滥用带来的伤害以及资本收益特权的误用越来越阻碍了我们朝向和谐社会的发展,而社会的和谐正是侵权法设计出来以使其成为可能的目的之所在。于是,侵权法呈现出一种移动态势,即从主要是一种补偿机制(正如 20 世纪人们所理解的那样),面向 21 世纪开始渐变为主要是一种加强社会平等和人格利益的机制。侵权法,正如其在当代的理论化发展一样,已经经历了作为物质损害的一种补偿救济机制的阶段。[3] 由于对法学社会维度的发现,侵权法于当代开始担当起努力实现社会平等与正义的责任,而不仅作为一种纯粹的损害赔偿制度。当代侵权法致力于实现社会正义,其努力的目标便成为:补救人格尊严的损害,促进社会平等,加强人类团结与合作。在现代社会中,普遍有效的法律制度是有机团结的基本前提。

如果每个人都是纯粹自治的、独立的个体,人类就无从创造出依赖于人的互助与合作的社会,当今社会的人们很少有人是自足的(无论是作为

---

〔1〕 [美]霍金:《法律哲学现状》,中国政法大学出版社 2007 年版,第 51 页。

〔2〕 [美]格兰特·吉尔莫:《契约的死亡》,曹士兵等译,中国法制出版社 2005 年版,第 127 页。

〔3〕 Leslie Bender: *Tort Law's Role as Tool for Social Justice Struggle*, Copyright Washburn Law Journal (1998).

个人还是作为家庭),联系与依赖渗透我们日常生活中的每件事。“人们只有相依互助才可能加强和扩张各自的集体力量,因此,最终人类的进化是一种融合。”[1]作为人类创造物的侵权法只能依从和反映这种社会性质,并从宏观理念和微观制度上规划和促进人们之间的互助与合作。侵权法应包含着这样一种固有的承诺:承诺社会成员和谐地共同生活,人们既不用担忧人身受到伤害,也不必担忧诚信的行为会构成社会规范的违反。侵权法保护人作为个体的人格完整、保障人的心理健康和安全需求,并通过社会平等和社会正义实现人的人格尊严,因为这是建构人性所要求的团结与合作的社会关系的先决条件。通过侵权法对人格尊严的保护加强了社会平等,而社会不平等会直接损害人格利益。社会平等要求我们每个人都得到公平对待,并且得到作为社会共同体成员的尊重。为了妥当实现救济人格尊严损害的目的,侵权法必须对根除社会不平等产生作用。我国侵权责任的立法已经尽其所能地表现了努力实现社会正义的全貌,而努力的其他部分则需要留给社会实践与司法实践。功利主义的侵权理论和侵权法遮蔽了侵权法在促进社会和谐方面的基础性作用,在侵权法的核心部分中,人格尊严和社会正义失去了其应有的地位。矫正正义的侵权理论,对于解决人身伤害问题或者补偿损害问题方面作用极为有限或者根本就无能为力,而解决这些问题正是侵权法存在的唯一理由。并不是说那些理论是毫无力量的理念而不需进一步发展,而是说他们被错误地置于侵权法的核心地位。这些理论应处于侵权法第二位或者第三位,而不是将其解释为根本性任务或目标,抑制或惩罚的责任方式在今天都表现为侵权法的次要功能。无论侵权法以何种方式回应社会的不正义,它都将服务于遏制与惩罚的功能,都将培育自治,提升功利,矫正不正义并且分配有价值的资源,这些都是侵权法内在的诉求,但是侵权法根本上还必须关注人格尊严和社会和谐的促进,因为这是通过那些手段最

〔1〕[日]穗积陈重:《法律进化论:复仇与法律》,曾玉婷、魏磊杰译,中国法制出版社 2022 年版,第4页。

终要达到的目的,侵权法在维护人格尊严和促进社会正义方面的效力越强,其为安全、创新和更美好的生活提供的机会就越多。没有人会怀疑当其获得尊重和尊严时其生活状况是最好的,没有人会怀疑团结依赖于相互的尊重和信赖。侵权法的强大力量就在于其致力于社会正义与社会平等的实现,这也正是其最有益于社会并且无法为行政制度或保险补偿机制所取代的原因。

(二)注重人际关系的修复与信赖保护

只有对人类的具体存在保持开放的时代性的法律才是真正的人性法律。20 世纪初,以涂尔干为代表的社会法学家提出了社会连带关系理论,认为连带关系是人类的"天赋",是构成社会的"第一要素",是社会中人们之间相互作用、相互依赖的关系,"人们唯一的可以观察到的事实就是社会不过是以共同的目的而相互作用着的各个人"。法律责任被理解成为是一套服务于许多社会功能的社会实践。法律责任具有人际性,它不仅涉及其行为引发责任的个人的境况,还涉及该行为对其他个体,以及更为广泛地对整个社会的影响。人性化的侵权法规则体系,需更加注重社会平等与团结,积极推进社会文明的发展,最终勾勒出人际关系和谐的社会图景。每一类侵权行为的归责、每一起侵权纠纷的处理都会生产出一种人际关系的标准,如何将此标准导向生活理想,是一个"创造关系"的问题,而不是寻找一个先定的"关系真理"。从卢梭的个人化社会契约到麦克尼尔的关系性契约理念,从契约的死亡到契约的再生,这其间经历了社会交往关系、人类生存状况的网络化和依赖性发展。在这样的人际环境之中,基于社会道德对协作的要求,侵权法的制度设计应注重人际关系的修复和信赖关系的维持。"协作是个责任感问题,是对那些其生活以某些方式影响我们的人的责任感以及我们对或多或少地愿意与之共命运的人的责任。协作是具有社会面孔的爱,这是把他人当作人来关心,不是仅把他当作形式上平等的权利和义务的承担者给予尊重或是欣赏他的天赋。"[1]个体之间的关系也一反以自我利益为中心的"个人主义"取向,开始呈现出同构与互助的全新面貌。而这一切的制度条件都是以信赖为基础的,"没有人们相互间享有的普遍信任,社会本身将瓦解。几乎没有一种关系是完全建立在对他人的确切了解之上的。如果信任不能像理性证据或亲自观察一样,或更为强有力,几乎一切关系都不能持久……现代生活远比通常了解的要更大程度上建立在对他人的诚实的信任之上"[2]。

因此,信任是一种社会美德,也是创造经济繁荣的基本要素,更是理想社会的重要指标。如果侵权法还固守道德底线,执拗于惩罚或赔偿,多会导致与社会情势的不合,"信任危机"就不会解除或减少对社会各个领域的侵入,反而会导致侵权法实施时启动防御性机制,以克服法律关系主体采取"不诚信""不信任"的手段避免担责或获得赔偿。

信赖是人类社会十分珍贵的"社会资本",社会资本的核心是人与人之间的信任,即社会成员彼此诚实、合作行为的预期。[3] 只有当人与人之间的信赖至少普遍能够得到维持,信赖能够作为人与人之间的关系基础的时候,人们才能和平地生活在一个哪怕是关系很宽松的共同体中。在一个人与人之间互不信任的社会中,大家就像处于一种潜在的战争状态,这时候就无和平可言了。信赖丧失殆尽时,人们之间的交往也就受到了至深的干扰。[4] 美国法社会学家麦考利,在对契约关系和商事活动进行社会学的调查时发现,在大多数的商事活动中,发生契约纠纷的当事人实际上很少严格地按合同中规定的权利义务、违约责任去处理纠纷。在高度发展的商品社会中,人与人之间已经结成了比契约关系更复杂的社

〔1〕 [美]昂格尔:《现代社会中的法律》:吴玉章、周汉华译,译林出版社 2001 年版,第 199 页。

〔2〕 [美]弗朗西斯·福山:《信任——社会美德与创造经济繁荣》,彭志华译,海南出版社 2001 年版,第 5 页。

〔3〕 参见张维迎:《信息、信任与法律》,生活·读书·新知三联书店 2003 年版,第 4 页。

〔4〕 [德]卡尔·拉伦茨:《德国民法通论》(上册),王晓晔等译,法律出版社 2003 年版,第 58 页。

会关系。当事人往往会考虑到一个长久运作的市场机制、今后的更长远的关系和背后的更复杂的关系，所以他们更多地注重协商。有人将麦考利的研究结果称为合同法理论的革命。侵权法领域发生的革命则是从过去关注行为人之行为应受鼓励或制裁转向关注行为相对人在一定的事件中所受的损害及其救济，这一侧重原告利益保护的改革倾向背后是社会文化进步的反映，折射了社会基本意识形态对人身伤害的思想转变，即从注重规范个人主义的权利及其实现转向关注规范人类生存利益的维护，从强调个人选择和自由转向强调个人获得体面和尊严的生活的权利。这样的转变应以强化人际交往关系中的相互信赖以及受损人际关系的恢复为前提，如果一味地追求受害人的损害赔偿则可能会形成当事人之间的对抗和紧张关系。英美法院从公共政策的角度出发，为了使各种不同的公共利益之间达到相对的平衡，以特殊关系的存在为前提，给当事人课以积极作为的义务并将其作为侵权法上一般规则的例外。在美国的司法实践中，当双方当事人之间有特殊关系时，法院通常判决被告负有积极作为的义务，以期能够在他们之间建立一种信赖关系。这种存在依赖性的特殊关系大致存在于医生与病人、房东与房客、学校与学生以及夫妻之间等。日本学者前田认为，“在社会生活中，从受害人方面来看，与作为加害人的行为者接触的场合，如果无法期待信赖该行为者在当时的情况下实施了与通常情况下普通人相同的行为，则社会生活无法进行。在现代高度化的社会构筑这样的信赖，在我们生活中越来越多。行为义务当然在多数场合是通过裁判来设立的，但实际上，社会生活上预先对各自的行为者设定了行为义务，这就是对社会成员的行为义务的分配，也就是危险的分配。因此，每个人，当其社会成员背叛了其所信赖的应当遵守的行为义务时，可以以‘有过失的侵权行为’为由允许请求损害赔偿。因此，‘有过失的侵权行为’的归责根据是信赖原则”。[1] 人的可诱导性成就侵权法

〔1〕［日］园古峻：《判例形成的日本新侵权行为法》，赵莉译，法律出版社 2008 年版，第 53 页。

的塑造力,这种塑造力具备创造未来的功能,可以将人的行为和人际关系导向美好。

(三)缓解社会矛盾与提升社会理解力

意外事故变得如此显著和普遍以至于侵权第一次成为一个重要的社会问题和政治问题。[1] 侵权法的核心要素是解决和处理基本价值的冲突,企盼生命能够被神圣对待,甚至被需要。"通过经反复地尝试和失败而得出的创造的论理以及巧妙的方法去调解、调和人世间互相斗争的欲望,使之达到妥协的法律的努力"所具有的价值不能忽视。[2] 创制法律的过程不仅涉及普遍的道德,而且涉及伦理(特定个人或共同体的特殊价值)和实用(旨在确保特殊选择的目标的实现)的向度。侵权法调整人与人之间因伤害或损害发生而导致的责任承担,微观上看,仅是一个单纯涉及相关双方当事人的利益关系,但从宏观视角观察,侵权法关涉的是人与人该如何对待的社会问题。

社会是以经济与社会资源为核心的有机体概念,其中个体与整体互动,维持有机互动就是和谐,破坏有机互动就是病态。侵权法须面对社会问题,而社会问题的产生,必然是一种共同的、普遍的现象,而非单一或少数个人的处境。社会问题也是在复杂多元的社会运作中产生,如果不探究社会运作的秩序,就无从了解社会问题产生的原因,更遑论提出有效的对策。所以对社会问题的认知与解决,就成为侵权法体系的着力点,借此得到社会的普遍认同。只有培养了社会对侵权法的理解和认同之后,侵权法才有能力获得普遍性。侵权法赋予受害当事人选择(自主决定)是否主张他们的权利以及如何表达他们的主张。受害方得到了进入公共论坛,并在正义宫殿上由共同体成员作出评价的权利,他们拥有一个值得尊重的政府设置的场所去表达他们受到不公正对待和伤害的权利主张。侵

[1] [美]约翰·格尔德波格:《20 世纪侵权行为法理论》,载《私法》(第 5 辑·第 1 卷),华中科技大学出版社 2008 年版。

[2] [日]我妻荣:《债权在近代法中的优先地位》,王书江、张雷译,中国大百科全书出版社 1999 年版,第 381 页。

权法是受害人拥有要求引起其损害的被告到庭对他们的行为适当举证以及抗辩的权利。即使没有结果的侵权诉讼也不会被忽略。侵权法为受害方提供一种法院作出的救济判决,更重要的是让公众了解到被告是不正当的。一个侵权判决能够在心理上和感情上澄清(维持)原告或被告的公平感和正义感。侵权判决确定被告对其应受责难的行为承担侵权责任能够反射性地满足受害方原告对惩罚或报复的诉求这一值得称道的社会效果。另外,侵权判决通过施加责任能够确立一个先例,而使得与受害方处于类似地位的群体从中收益,使得与潜在被告处于相似情况的有害行为得到抑制,并且使那些因故意或疏忽对他人施加伤害和伤害风险而获得利益的不当行为人得到惩罚。即使受害方达成了和解而不是诉至法庭,那些利益的大部分还是获得了保护。

当侵权行为法的重点从交通事故转移到医疗损失和产品责任,进而从不适当的行政执法到私人的积极的照应义务,都被纳入侵权行为的视野中时,受害者的外延就变得不那么明确了,不仅它所提出的一元救济体制的实效性低下,而且受害者需要获得救济这一目标本身也不再具有自明性。要理解一部法律,你就必须要理解它旨在对治的“社会的伤病”,这样才能够澄清环绕在法律周围的混淆性问题。比如,针对医疗行为或医疗事故引发的损害赔偿案件,在英美国家严格限制严格责任的适用。因为很多情况下,医生采取防卫保守性的医疗手段,或开列高额医疗收费,以规避高昂的损害赔偿,使病人无法获得适当的治疗,反而破坏了原先保护受害病患的良法美意。[1] 在现代公共生活中,维系社会关系的法律力量来自社会理解力和凝聚力,侵权法依靠缓解社会矛盾的责任担当可以赢得社会的理解和信任。可以预期,明天的侵权法将完全脱去旧日的冷漠和专横,成为人类社会走向美好的伙伴。增加侵权法人性化的成分,使其成为大多数人合理地追求自己利益和幸福生活的途径,不再是极少数

〔1〕 参见潘维大:《美国侵权行为法归责原因之变动及发展趋势》,载《复旦大学民商法学评论》(总第2期),法律出版社2005年版,第192页。

人恣意的工具，“还人们以充满理性、正义、平等、自由、人权等人文精神的‘人法’”[1]。

三、侵权法的边界

美国学者斯太芬·苏格曼曾经说过，20世纪的侵权法在接过19世纪侵权法的有用规则和制度的同时，也不得不接受阻碍其社会发展的元素。[2] 侵权法在20世纪的晚近发展已经向我们发出了警示，让我们深刻感受到这一制度在适应社会变迁和损害赔偿新要求时所呈现出来的局促和困厄。21世纪的社会生活更是变化深刻，高新技术的革命更新了社会治理的模式也影响了个体命运的走向。时值中国的民法典时代，关涉生命安全、人身自由及人格尊严的侵权法对民众的社会生活举足轻重，当其身处的世界和所面对的问题呈现出新面貌和新样态时，如果不能作出快速回应和自我修正，自身存在的正当性就会面临重重危机。有的学者乐观地认为侵权法是私法中最具有演进性和生命活力的法部门，因与所处时代的公共政策和道德习俗等密切关联而富有浓郁的文化气息，21世纪的当代侵权法将会生发出社会治理的勃勃生机。也有学者悲观地断言侵权法会因为侵权救济的昂贵成本以及其他赔偿机制和意外伤害预防机制的逐渐发展而减弱其功能并最终丧失其在私法中的重要地位。环视我们所身处的现实世界，当今社会已经进入全球化和信息化的后侵权时代，侵权的社会风险呈现出完全不同于工业事故社会的面相，需要构建的是一个结构和功能全新的“社会安全大厦”，而重新审视侵权法应对现实问题的所能与可能、有为与无为，则是一个必须前置于立法技术和法律解释的思维模式问题。邦达列夫曾经说过，人类一切痛苦的根源，都源于缺乏边界感。一个社会如果过于倚重侵权法解决社会问题，毫无节制地向其索取损害赔偿的制度供给，最终导向的并非最初所期待的良善社会：赔偿额

---

〔1〕 杨震：《法价值哲学导论》，中国社会科学出版社2004年版，第39页。

〔2〕 Stephen D. Sugarman, *A Century of Change in Personal Injury Law*, California Law Review (2000).

越高，对抗性越强，人际关系的破坏越严重。侵权法所谓的危机与困境，也许正是缘于人们对其边界的无意识。

(一)回到侵权法的制度原点

现代法律是“一个权利与资格的体系”，这是法律增多的另一个理由，即更多的权利、更多的资格则意味着更多的法律。经历第二次世界大战之后的社会，各种危害事故频发，工人伤害、交通事故、医疗损害、产品责任及环境侵害等侵权行为新类型不仅损害规模大而且后果严重，致使整个社会生活的风险骤增。此类侵权事故的道德评判已经超出传统侵权法的标准，无法单纯用是与非、对与错、得与失和善与恶加以界定，因其损害后果不仅超出了社会对理性人行为标准的预期，而且还超出了侵害人的经济承受能力，单独依靠侵权损害赔偿的事后责任分配体系，既无法实现对损害的填补，也不能营造出公平稳定的社会秩序。在这种情况下，严格的企业责任和事故保险制度相伴而生，一方面强化了对损害事故中的受害人(社会意义上的弱者)的保护，另一方面侵权诉讼两造结构的对抗性也因保险的加入而得以消解，减轻了侵权法的制度负担。意外事故的法律在20世纪表现出令人惊异的社会化，我们乐见工伤损害事故从侵权法中出逃，也因强制责任保险容忍了交通事故在每天的侵权诉讼目录中占据高比例。今天，侵权法仍然需要不停解答社会问题，但以往那种内向的应对方式——高举救济受害者的大旗，重整侵权理论和制度——已经捉襟见肘，医疗过失责任制度早就发出这样的警示：赔偿受害患者和预防医疗损害的良好愿望很快转化为医患关系急剧恶化得令人惊愕。更根本性的层面上，应以一种反省意识从正面重新发出追问：现在已经侵入我们的生活世界眼皮底下的过度膨胀的侵权行为法，真的与我们所居住着的，或者说我们所希望居住的这个社会相契合吗？(棚濑孝雄语)美国侵权法所奉行的“受害人友好”的司法哲学已经导致侵权法的某种边界被逾越，培植出了一个侵权诉讼过度膨胀的社会。富勒曾经提醒我们，法院并不是解决具有多中心特征的纠纷的好去处，具有“复杂效应”的纠纷由许多线索组成，类似一个“蜘蛛网”，以至于牵动一根网线会对“整个蜘蛛网”产生振荡。环境问题、教育问题、劳工问题、医疗问题、交通问题以及互联网和人工智能问题正是这类具有复杂效应的法律问题,需要制度供给的多维度和多视角,侵权法只能解决其中的一小部分,大部分问题具有社会性和政治性,则需要社会法和公法的新构建。回到侵权法的制度原点,就是要重新思考侵权法到底要解决什么样的问题并且在多大范围内能解决问题。

(二)回归侵权法的伦理基础

有学者批判美国的侵权法"将日常生活浸泡在法律之中",侵权法所作出的法律决策"将人们与判断是非的直觉隔绝开来"。[1] 霍姆斯大法官曾经提示法律是有边界的,法律必须与人们关于是非的合理感受相符合,要让人们从容地进行日常交往,他还告诫法官应适用社会规范去划分合理诉讼请求的边界,"一套合理的法律体系的首要要求就是,它必须与社会的真实感受与需求相吻合"。[2] 一个自由的社会通常要求人们能够理解自己所享有的自由的边界,如果缺乏可靠的法律边界,不信任将会影响人们的日常交往。具体到侵权法领域,受限于私法的结构和机理,只能将损失在加害人和受害人之间进行分担,其利益平衡的支点两边是加害人的行动自由和受害人的损害救济,二者处于竞争状态。自由的边界和保护的限度究竟应该如何划定,同样是一个需要多维度、全方位思考的复杂问题。作为私法的侵权法,其触角遍及社会生活和经济生活的方方面面,而作为伦理性和社会性存在的人,身处侵权法所编织的关系性网络之中。侵权法的思考通常会勾勒出一幅人与人之间关系的社会图景,说服人们该如何相处。传统侵权法的过错责任原则完全是一种道德化的凝聚,道德思想的渗透为其提供了制度保障。现代化的侵权法则需适应城市化、全球市场经济、技术变革以及普遍存在的相互依赖,在人的对待方

〔1〕 [美]菲利普·K.霍华德:《无法生活——将美国人民从法律丛林中解放出来》,林彦、杨珍译,法律出版社2009年版,第15页。

〔2〕 [美]菲利普·K.霍华德:《无法生活——将美国人民从法律丛林中解放出来》,林彦、杨珍译,法律出版社2009年版,第15页。

法方面,都已发生变化,侵权法的道德基础也开始注入尊严、信任等新的元素。婚姻家庭关系中的关爱与照料、邻里交往的互助与忍让、医患关系的信任与仁爱以及经济交往中的诚实与守信都是我们这个社会珍贵的社会资源,不同关系建立在不同的伦理基础之上,认定侵权责任的道德标准也会随之变化。现代侵权法引进了合理注意、实际损害、合理的可预见性等一些新规范,有意识地强调侵权法的其他内在道德意义,例如责任、社会正义与惩罚等。如果侵权法能够更多地致力于社会团结与关系和谐,就会培养人们的安全感和信任感,最终产生一种符合道德原则的相互依赖的归属感。解决权利冲突的根本办法还是要唤起人们的道德意识,让利他之心和仁爱之心觉醒,让进取心、责任心、同情心和正义感成为人们道德生活的主流。侵权法必须以道德基础作为划定人们之间自由和权利索求的边界,实现社会和经济交往关系的伦理回归。

（三）调适侵权法的功能限度

从宏观来看,法律的功能是有限的,“法律需要宗教、道德和教育的支持”[1],非法律调整范围的消失也许正是侵权法扩张的核心问题。侵权法一方面要为道德的进入留下通道,以规避规则与正义相冲突的风险;另一方面也不能忽视多元社会规范对社会生活的调控作用,从侵权法的制度中最多可以期待的就是“建立一个能使善良的人可以自由自在地实施良善行为的空间”。当代中国正处在道德观念变迁、价值追求多元的时代,法律应当严守义务的道德,但也不能为愿望的道德“兜底”。《民法典》颁布后很多学者批评高空抛物规则是对“侵权法是救济法”的功能误读,认为在侵权法构造中通过分配风险方式完成对某一类特定被害人的社会法意义上的救济,属于侵权法不可承受之重。尽管侵权责任法在立法目的中加入了促进社会和谐的价值功能,但公法上的国家责任与私法上的个人责任还是不能凭借立法者的良言美意就被淡化和虚无。侵权法

---

〔1〕［美］庞德:《通过法律的社会控制——法律的任务》,沈宗灵译,商务印书馆1984年版,第33页。

的功能受制于两个边界:一是国家和社会对于侵权法的期待,抑或是国家和社会对侵权法实践的现实需求;二是侵权法作为一种文化实践所具备的条件,也就是解决社会问题的能力和社会接受的程度。随着侵权法之外的赔偿机制和意外伤害预防机制的渐次发展,这些方式已成为更加廉价也是更高效率的救济方式,对侵权诉讼具有重要的补充和缓压作用。当其他更加简捷、方便、高效的选择也具有侵权法的同等功能时,侵权法的重要性就被淹没了:政府的无过错计划将侵权法从工作场所驱逐,强制责任保险使侵权法在交通事故中的作用被削减,社会保险和商业保险促成了公法、商法与侵权法之间的容让。美国学者弗里德曼认为侵权法不是完美的工具,权威性的19世纪侵权法到20世纪初就结束了短暂的统治地位,大量繁殖的侵权法原则迅速死亡,美国在产品责任和医疗事故领域已经发生了侵权法的革命。在加拿大,家庭矛盾和监护争议中的侵权救济被限制,意外伤害只有不到10%在侵权法领域是可诉的,新西兰甚至取消了侵权法在人身损害领域的适用。总之,侵权法的赔偿功能被削弱,它对意外事故的预防功能也丧失了生命力。侵权法的任务在向其他法律领域转移的同时,经济全球化的发展也造就了新的侵权形势和法律政策,建立在领土主权基础上的传统侵权法超越其民族国家的边界,面临多层次体系的价值矛盾和实施困境,出现国家间的、超国家的和非国家的参与者以及由此产生的关于世界风险社会的破碎法律,侵权法在保护社会安全与个人自由方面超越了其功能上的边界。

(四)反思侵权法的治理能力

刑法学者认为,一个社会的法律制度如何对待其最"弱"和最"坏"的个人,反映了这个社会的正义观念和法治理念。这些观点均在指出法律的社会品性。侵权法作为社会工程和社会规划的一部分,负责任的立法和司法绝不应忽视侵权法治理社会的作用。现代侵权法不可逆转地朝向公法性发展,留下了解释性难题。侵权法需要努力缓解社会的不平等但也不能引发道德风险或逆向的道德选择,侵权法参与社会治理的基础首先是了解社会的纵深面和侵权形态的影响面。我们已经注意到这样的社会事实,偏执于规范逻辑的医疗过失责任制度根本无法改良本已紧张的医患关系,忽略侵权法的社会治理能力,最终就是耗费大量有限资源而无助于患者的医疗安全。需要同情和带着希望的病人,渴望从医生那里得到专业的救治和合理的安全,医生则需要病人给予其基本的信任与信赖,因为医疗损害赔偿的实践却导致期盼落空和关系倒错:医生在实施任何诊疗时首先考虑的是如何保护自己不担责任,而病人在面对医生时所担心的是自己会不会被骗钱、医生懂不懂医术、能不能尽职。一旦悲剧真的发生或者医疗出现差错时,病人需要的是真诚的道歉而医生需要的是吸取医疗经验,呈现的事实往往却是出现错误的医生极力否认事故与自己有关,因为承认和道歉会加重责任,病人则更倾向于采取极端的方式威逼医院进而获得高赔偿。这只是一幅图景,而且这样的图景也许并非生活常态,但已经足以警示我们:侵权法是不是丧失了社会治理的能力。我们注意到完全适用过错责任原则会导致过多的诉讼——水闸原理,侵权诉讼中要提防难以证明的精神损害赔偿可能诱发的捏造或夸大伤害,悖德的当事人或代理人会提起虚假的侵权之诉,躲在规则背后的法官经常要直面社会管理问题。侵权法应内置一种促进合作的机制,使信任得以产生和维持,遏制成员的机会主义行为。由此可见,探讨侵权法与国家治理体系和治理能力现代化的关系绝不是一个应景的话题,而是以实现人民群众美好幸福生活为法治目标的背景下思考侵权责任及其相关社会政策的题中应有之义:通过经济侵权规则,构建经济社会的诚信体系;通过知识产权的侵权规则,支持并推动社会创新;通过环境侵权规则,培养全社会的环境保护意识;通过医疗损害规则,恢复民众对医疗安全的信心。实践中的一个有关侵权的裁判可能会决定或影响一种社会生活中的交往模式,改变一个行业或职业的命运,甚至可能决定一个群体或阶层的整体利益和生存状态。所以,把社会成员和组织体个别性的活动融入国家整体秩序,既是当代中国社会治理的现实需求,也是提升侵权法社会治理能力要突出的文化内涵。

参考文献

一、中文著作

1. 杨震:《法价值哲学导论》,中国社会科学出版社 2004 年版;

2. 张新宝:《中国侵权行为法》,中国社会科学出版社 1998 年版;

3. 傅静坤:《二十世纪契约法》,法律出版社 1997 年版;

4. 王卫国:《过错责任原则:第三次勃兴》,中国法制出版社 2000 年版;

5. 沈宗灵:《现代西方法理学》,北京大学出版社 2003 年版;

6. 王明海:《人性论》,商务印书馆 2006 年版;

7. 李响编著:《美国侵权法原理及案例研究》,中国政法大学出版社 2004 年版;

8. 徐国栋:《人性论与市民法》,法律出版社 2006 年版;

9. 法学教材编辑部、《西方法律思想史》编写组编:《西方法律思想史资料选编》,北京大学出版社 1983 年版;

10. 北京大学哲学系外国哲学史教研室编译:《西方古典哲学原著选辑:古希腊罗马哲学》,商务印书馆 1982 年版;

11. 丁玫:《罗马法契约责任》,中国政法大学出版社 1998 年版;

12. 张民安:《法国侵权责任根据研究》,载吴汉东主编:《私法》(第 3 卷),中国政法大学出版社 2003 年版;

13. 张文显:《二十世纪西方法哲学思潮研究》,法律出版社 2006 年版;

14. 周友军:《交往安全义务理论研究》,中国人民大学出版社 2007 年版;

15. 陈兴良:《刑法的人性基础》,中国方正出版社 1999 年版;

16. 朱新力:《行政法律责任研究——多元视角下的诠释》,法律出版社 2004 年版;

17. 李工真:《德意志道路——现代化进程研究》,武汉大学出版社 1997 年版;

18. 张安民:《过错侵权责任制度研究》,中国政法大学出版社 2002 年版;

19. 李梅:《权利与正义:康德政治哲学研究》,社会科学文献出版社 2000 年版;

20. 葛洪义:《法与实践理性》,中国政法大学出版社 2002 年版;

21. 张俊浩主编:《民法学原理》,中国政法大学出版社 1997 年版;

22. 张文显:《法哲学范畴研究》(修订版),中国政法大学出版社 2001 年版;

23. 梁慧星:《民法解释学》,中国政法大学出版社 2000 年版;

24. 何怀宏:《公平的正义》,山东人民出版社 2002 年版;

25. 王利明:《侵权行为法归责原则研究》,中国政法大学出版社 2003 年版;

26. 陈兴良:《刑法的人性基础》,中国人民大学出版社 2006 年版;

27. 田秀云、白臣:《当代社会责任伦理》,人民出版社 2008 年版;

28. 姚辉:《民法的精神》,法律出版社 1999 年版;

29. 何勤华、李秀清主编:《民国法学论文精萃 · 基础法律篇》,法律出版社 2003 年版;

30. 董安生:《民事法律行为》,中国人民大学出版社 2002 年版;

31. 周枏:《罗马法原理》,商务印书馆 1996 年版;

32. 王泽鉴:《民法总论》,中国政法大学出版社 2001 年版;

33. 王泽鉴:《民法物权(1)通则·所有权》,中国政法大学出版社 2001 年版;

34. 杨奕华:《法律人本主义——法理学研究诠论》,台北,汉兴书局有限公司 1997 年版;

35. 邱聪智:《从侵权行为归责原理之变动论危险责任之构成》,中国人民大学出版社 2006 年版;

36. 颜厥安:《规范、论证与行动:法认识论论文集》,台北,元照出版有限公司 2004 年版;

37. [美]霍华德:《无法生活——将美国人民从法律丛林中解放出来》,林彦、杨珍译,法律出版社 2011 年版;

38. [美]罗斯科·庞德:《法理学》(第 2 卷),封丽霞译,法律出版社 2007 年版;

39. [美]艾伦·沃森:《民法法系的演变及形成》,李静冰、姚新华译,中国政法大学出版社 1992 年版;

40. [美]昂格尔:《现代社会中的法律》,吴玉章、周汉华译,译林出版社 2001 年版;

41. [美]约翰·V. 奥尔特:《正当法律程序简史》,杨明成、陈霜玲译,商务印书馆 2006 年版;

42. [美]亨利·马瑟:《合同法与道德》,戴孟勇等译,中国政法大学出版社 2005 年版;

43. [美]罗尔斯:《政治自由主义》,万俊人译,江苏译林出版社 2000 年版;

44. [美]贝勒斯:《法律的原则——一个规范的分析》,张文显等译,中国大百科全书出版社 1996 年版;

45. [美]E. 博登海默:《法理学:法哲学与法律方法》,邓正来译,中国政法大学出版社 1999 年版;

46. [美]约翰·法比安·维特:《事故共和国——残疾的工人、贫穷

的寡妇与美国法的重构》,田雷译,上海三联书店 2008 年版;

47. [美]小奥利弗·温德尔·霍姆斯:《普通法》,冉昊、姚中秋译,中国政法大学出版社 2006 年版;

48. [美]彼得·斯坦、约翰·香德:《西方社会的法律价值》,王献平译,中国人民公安大学出版社 1990 年版;

49. [美]科佩尔·S. 平森:《德国近现代史——它的历史和文化》,范德一译,商务印书馆 1987 年版;

50. [美]波斯纳:《法理学问题》,苏力译,中国政法大学出版社 1994 年版;

51. [美]安德鲁·奥尔特曼:《批判法学——一个自由主义的批评》,信春鹰等译,中国政法大学出版社 2009 年版;

52. [美]文森特·R. 约翰逊:《美国侵权法》,中国人民大学出版社 2004 年版;

53. [美]梯利、伍德:《西方哲学史》,葛利译,商务印书馆 2005 年版;

54. [美]伯纳德·施瓦茨:《美国法律史》,王军等译,中国政法大学出版社 1997 年版;

55. [美]庞德:《通过法律的社会控制——法律的任务》,沈宗灵译,商务印书馆 1984 年版;

56. [美]格瑞尔德·J. 波斯特马主编:《哲学与侵权行为法》,陈敏等译,北京大学出版社 2005 年版;

57. [美]富勒:《法律的道德性》,郑戈泽,商务印书馆 2005 年版;

58. [美]庞德:《庞德法学文述》,雷宾南、张文伯译,中国政法大学出版社 2004 年版;

59. [美]罗斯科·庞德:《法理学》(第 1、2、3、4 卷),封丽霞译,法律出版社 2007 年版;

60. [美]路易斯·亨利·摩尔根:《古代社会》,杨东莼等译,商务印书馆 1981 年版;

61. [美]伯尔曼:《法律与革命》,高鸿钧等译,中国大百科全书出版社 1993 年版；

62. [美]庞德:《普通法的精神》,夏登峻等译,法律出版社 2010 年版；

63. [美]庞德:《法律史解释》,曹玉堂、杨知译,华夏出版社 1989 年版；

64. [美]约翰·罗尔斯:《正义论》,何怀宏、何包钢、廖申白译,中国社会科学出版社 1988 年版；

65. [美]格兰特·吉尔莫:《美国法的时代》,法律出版社 2009 年版；

66. [美]本杰明·内森·卡多佐:《演讲录:法律与文学》,董炯等译,中国法制出版社 2005 年版；

67. [美]亨利·马瑟:《合同法与道德》,中国政法大学出版社 2005 年版；

68. [美]温里布:《私法的理念》,徐爱国译,北京大学出版社 2007 年版；

69. [美]约翰·梅利曼:《大陆法系》,顾培东等译,法律出版社 2004 年版；

70. [美]弗里德曼:《选择的共和国:法律、权威与文化》,高鸿钧译,清华大学出版社 2005 年版；

71. [美]弗里德曼:《美国法律史》,苏彦新译,中国社会科学出版社 2007 年版；

72. [美]理查德·A. 爱泼斯坦:《简约法律的力量》,刘星译,中国政法大学出版社 2004 年版；

73. [美]卡多佐:《司法过程的性质》,苏力译,商务印书馆 2000 年版；

74. [美]尼尔·K. 考默萨:《法律的限度——法治、权利的供给与需求》,申卫星等译,商务印书馆 2007 年版；

75. [美]约翰·法比安·维特:《事故共和国》,田雷译,上海三联书店 2008 年版；

76. [美]史蒂芬·霍尔姆斯、凯斯·R. 桑斯坦:《权利的成本——为什么自由依赖于税》,毕竞悦译,北京大学出版社 2004 年版；

77. [美]P. 诺内特、P. 塞尔兹尼克:《转变中的法律与社会:迈向回应型法》,中国政法大学出版社 2004 年版;

78. [美]Lan R. 麦克尼尔:《新社会契约论》,雷喜宁、潘勤译,中国政法大学出版社 2004 年版;

79. [美]L. 亨金:《权利的时代》,信春鹰等译,知识出版社 1997 年版;

80. [美]格兰特 · 吉尔莫:《契约的死亡》,中国法制出版社 2005 年版;

81. [美]安德鲁 · 奥尔特曼:《批评法学》,信春鹰、杨晓锋译,中国政法大学出版社 2009 年版;

82. [美]詹姆斯 · 戈德雷:《私法的基础:财产侵权合同和不当得利》,张家勇译,法律出版社 2007 年版;

83. [美]肯尼斯 · S. 亚伯拉罕:《责任的世纪——美国保险法和侵权法的协同》,武亦文等译,中国社会科学出版社 2019 年版;

84. [日]棚濑孝雄:《现代日本的法和秩序》,易平译,中国政法大学出版社 2002 年版;

85. [日]大木雅夫:《比较法》,范愉译,法律出版社 1999 年版;

86. [日]四宫和夫:《日本民法总则》,唐晖、钱孟珊译,台北,五南图书出版公司 1995 年版;

87. [日]牧野英一:《法律上之进化与进步》,中国政法大学出版社 2002 年版;

88. [日]星野英一:《民法劝学》,张立艳译,于敏校,北京大学出版社 2006 年版;

89. [日]川岛武宜:《现代化与法》,王志安等译,中国政法大学出版社 1994 年版;

90. [日]美浓部达吉:《公法与私法》,黄冯明译,商务印书馆 1974 年版;

91. [日]穗积陈重:《法律进化论:复仇与法律》,曾玉婷、魏磊杰译,中国法制出版社 2022 年版；

92. 渠涛主编:《中日民商法研究》(第 2 卷),法律出版社 2004 年版；

93. [德]拉德布鲁赫:《法学导论》,米健、朱林译,中国大百科全书出版社 1997 年版；

94. [德]弗朗茨·维亚克尔:《近代私法史——以德意志的发展为观察重点》,陈爱娥、黄建辉译,上海三联书店 2006 年版；

95. [德]考夫曼:《法律哲学》,刘幸义等译,法律出版社 2004 年版；

96. [德]蓝德曼:《哲学人类学》,彭富春译,工人出版社 1988 年版；

97. [德]鲁道夫·冯·耶林、奥科·贝伦茨:《法学是一门科学吗?》,李君韬译,法律出版社 2010 年版；

98. [德]黑格尔:《法哲学原理》,范扬、张企泰译,商务印书馆 1961 年版；

99. [德]康德:《法的形而上学原理——权利的科学》,沈叔平译,商务印书馆 1991 年版；

100. [德]马克西米利安·福克斯:《侵权行为法》,法律出版社 2002 年版；

101. [德]卡尔·拉伦茨:《德国民法通论》(上册),王晓晔译,法律出版社 2003 年版；

102. [德]考夫曼:《法律哲学》,刘幸义等译,法律出版社 2011 年版；

103. [德]诺贝特·埃利亚斯:《个体的社会》,翟三江、陆兴华译,译林出版社 2003 年版；

104. 梁慧星主编:《民商法论丛》(总第 23 卷),金桥文化出版(香港)有限公司 2002 年版；

105. [德]克里斯蒂安·冯·巴尔、乌里希·德罗布尼希主编:《欧洲合同法与侵权法及财产法的互动》,吴越等译,法律出版社 2007 年版；

106. [德]卢曼:《信任》,翟铁鹏、李强译,上海人民出版社 2005 年版；

107. [德]拉德布鲁赫:《法学总论》,中国大百科全书出版社 1997 年版；

108. [德]乔治·恩德勒:《经济伦理学大辞典》,王淼洋等译,上海人民出版社 2001 年版;

109. [德]H. 科殷:《法哲学的特征》,华夏出版社 2004 年版;

110. [德]N. 霍恩:《法律科学与法哲学导论》,罗莉译,法律出版社 2005 年版;

111. [德]K. 茨威格特、H. 克茨:《比较法总论》,潘汉典、米健译,贵州人民出版社 1992 年版;

112. [德]马克思·舍勒:《人在宇宙中的地位》,李伯杰译,贵州人民出版社 2000 年版;

113. [德]哈贝马斯:《在事实和规范之间:关于法律和民主法治国的商谈理论》,童世骏译,生活·读书·新知三联书店 2003 年版;

114. [德]N. 霍恩:《法律科学与法哲学导论》,罗莉译,法律出版社 2005 年版;

115. [德]迪特尔·施瓦布:《民法导论》,邓冲译,法律出版社 2006 年版;

116. [德]罗尔夫·克尼佩尔:《法律与历史——论〈德国民法典〉的形成与变迁》,朱岩译,法律出版社 2003 年版;

117. [德]鲁道夫·冯·耶林:《罗马私法中的过错因素》,柯伟才译,中国法制出版社 2009 年版;

118. [德]迪特尔·梅迪库斯:《德国债法总论》,杜景林、卢谌译,法律出版社 2004 年版;

119. [德]黑格尔:《法哲学概论》,商务印书馆 1961 年版;

120. 田士永等主编:《中德私法研究》(2007 年第 3 卷),北京大学出版社 2007 年版;

121. [德]拉德布鲁赫:《法律智慧警句集》,舒国滢译,中国法制出版社 2009 年版;

122. [德]包尔生:《伦理学体系》,何怀宏、廖申白译,中国社会科学出版社 1988 年版;

123. [德]沃尔克玛·金斯纳、[意]戴维·奈尔肯编:《欧洲法律之路——欧洲法律社会学视角》,清华大学出版社 2010 年版;

124. [德]弗里德里希·卡尔·冯·萨维尼、雅各布·格林:《萨维尼法学方法论讲义与格林笔记》,杨代雄译,法律出版社 2008 年版;

125. [德]魏德士:《法理学》,丁小春等译,法律出版社 2003 年版;

126. [德]海因里希·罗门:《自然法观念史和哲学》,生活·读书·新知三联书店 2007 年版;

127. [英]哈耶克:《法律、立法与自由》(第 1 卷),邓正来等译,中国大百科全书出版社 2000 年版;

128. [英]彼得·凯恩:《阿蒂亚论事故、赔偿及法律》,王仰光等译,中国人民大学出版社 2008 年版;

129. [英]韦恩·莫里森:《法理学——从古希腊到后现代》,李桂林等译,武汉大学出版社 2003 年版;

130. [英]弗里德里希·冯·哈耶克:《自由秩序原理》,邓正来译,生活·读书·新知三联书店 1997 年版;

131. [英]亚当·斯密:《国民财富的性质和原因的研究》(下卷),郭大力、王亚南译,商务印书馆 1974 年版;

132. [英]泽格蒙特·鲍曼:《自由》,杨光、蒋焕新译,吉林人民出版社 2005 年版;

133. [英]A. J. M. 米尔恩:《人的权利与人的多样性——人权哲学》,夏勇、张志铭译,中国大百科全书出版社 1995 年版;

134. [英]霍布斯:《论公民》,应星、冯克利译,贵州人民出版社 2003 年版;

135. [英]大卫·休谟:《人性论》,商务印书馆 1981 年版;

136. [英]哈耶克:《哈耶克论文集》,邓正来选编/译,首都经贸大学出版社 2001 年版;

137. [英]梅因:《古代法》,沈景一译,商务印书馆 1959 年版;

138. [英]布莱恩·麦基:《哲学的故事》,季桂保译,生活·读书·新知三联书店 2002 年版；

139. [英]哈耶克:《自由秩序原理》,邓正来译,生活·读书·新知三联书店 1997 年版；

140. [英]John G. Fleming:《民事侵权法概论》,何美欢译,香港中文大学出版社 1992 年版；

141. [英]麦考密克、[奥]魏因贝格尔《制度法论》,周洁谦译,中国政法大学出版社 1994 年版；

142. [英]丹尼斯·罗伊德:《法律的理念》,张茂柏译,新星出版社 2005 年版；

143. [英]卡罗尔·哈洛:《国家责任——以侵权法为中心展开》,北京大学出版社 2009 年版；

144. [英]哈特:《法律的概念》,许家馨、李冠宜译,法律出版社 2006 年版；

145. [法]卢梭:《社会契约论》,何北武译,商务印书馆 1994 年版；

146. [法]拉法格:《思想起源论》,王子野译,上海三联书店 1963 年版；

147. [法]爱米尔·杜尔凯姆:《自杀论》,钟旭辉等译,浙江人民出版社 1988 年版；

148. [法]勒内·达维德:《当代主要法律体系》,漆竹生译,上海译文出版社 1984 年版；

149. [古希腊]亚里士多德:《政治学》,吴寿彭译,商务印书馆 1995 年版；

150. [古希腊]亚里士多德:《尼各马克伦理学》,廖申白注,中国社会科学出版社 1990 年版；

151. [古希腊]亚里士多德:《亚里士多德选集·伦理学卷》,苗力田译,中国人民大学出版社 1999 年版；

152. [古罗马]西塞罗:《论共和国　论法律》,王焕生译,中国政法大学出版社 1997 年版；

153. [澳]彼得·凯恩:《侵权法解剖》,汪志刚译,北京大学出版社2010年版;

154. [澳]胡·贝弗利·史密斯:《人格的商业利用》,李志刚、缪因知译,北京大学出版社2007年版;

155. [奥]凯尔森:《法与国家的一般理论》,沈宗灵译,中国大百科全书出版社1996年版;

156. [苏]雅维茨:《法的一般理论》,朱景文译,辽宁人民出版社1986年版;

157. [瑞典]亚历山大·佩岑尼克:《法律科学:作为法律知识和法律渊源的法律学说》,桂晓伟译,武汉大学出版社2009年版;

158. [加拿大]欧内斯特·J. 温里布:《私法的理念》,徐爱国译,北京大学出版社2007年版;

159. [意]彼德罗·彭梵得:《罗马法教科书》,黄风译,中国政法大学出版社1992年版;

160. 易继明主编:《私法》(第5辑·第1卷),华中科技大学出版社2008年版。

二、论文

1. 程宗璋:《侵权法的危机初探》,载《中国矿业大学学报(社科版)》1999年第1期;

2. 王利明:《我国侵权法的体系构建——以救济法为中心的思考》,载《中国法学》2008年第4期;

3. 严存生:《探索法的人性基础》,载《华东政法学院学报》2005年第5期;

4. 姜淑梅:《法律的人性基础》,载《山东社会科学》2008年第1期;

5. 马俊驹等:《人与人格分离技术的形成、发展与变迁——兼论德国民法中的权利能力》,载《现代法学》2006年第4期;

6. 章礼强:《民法本位的人性基础论析》,载《学术探索》2006年第

2 期；

7. 胡玉鸿:《个人独特性与法律普遍性之调适》,载《法学研究》2010 年第 6 期；

8. 杨宏山:《公共政策的人性预设》,载《行政与法》2004 年第 1 期；

9. 朱岩:《社会基础变迁与民法双重体系建构》,载《中国社会科学》2010 年第 6 期；

10. 谢鸿飞:《论法律行为概念的缘起与法学方法》,载易继明主编:《私法》(第 4 卷),北京大学出版社 2003 年版；

11. 沈晓阳:《论矫正的正义》,载《攀登》2000 年第 2 期；

12. 丁南:《从"自由意志"到"社会利益"——民法制度变迁的法哲学解读》,载《法制与社会发展》2004 年第 2 期；

13. 傅鹤鸣:《亚里士多德矫正正义观的现代诠释》,载《兰州学刊》2003 年第 6 期；

14. 易军:《法律行为制度的伦理基础》,载《中国社会科学》2004 年第 6 期；

15. 翟志勇:《哈贝马斯论域中的法律与道德》,载《比较法研究》2007 年第 5 期；

16. 张新宝:《侵权责任法立法:功能定位、利益平衡与制度构建》,载《中国人民大学学报》2009 年第 3 期；

17. 王利明:《走向私权保护的新时代——侵权责任法功能探讨》,载《社会科学战线》2010 年第 9 期；

18. 张新宝:《设立大规模侵权损害救济(赔偿)基金的制度构想》,载《法商研究》2010 年第 6 期；

19. 徐爱国:《解读侵权法的政治学理论》,载《中外法学》2009 年第 3 期；

20. 李拥军:《论权利的生成》,载《学术研究》2005 年第 8 期；

21. 张道义:《社会理论与社会国理论:史坦恩的模式》,载《台大法学论丛》2010 年第 41 期；

22. 雷来·卡布里亚克:《论侵权法上的损害》,载《法律适用》2008 年第 8 期;

23. [美]丹克:《过错在现代侵权行为法中的地位》,载《外国法学译丛》1992 年第 2 期;

24. [美]庞德:《法律与道德——历史法学派与哲理法学派的视角》,邓正来译,载《法制与社会发展》2005 年第 3 期;

25. 理查德·L. 阿倍尔:《侵权法》,载戴维·凯瑞斯编辑:《法律中的政治——一个进步性批评》,信春鹰译,中国政法大学出版社 2008 年版;

26. [美]哈里斯:《美国侵权法的改革》,载《法学译丛》1992 年第 2 期;

27. [意]毛罗·布萨尼:《西方对待过失侵权法的态度:一项比较性的批判研究》,载《中外法学》2009 年第 5 期;

28. [日]北川善太郎:《不久未来的法律模型——由不久未来而思考现代》,华夏、吴晓燕译,载《比较法研究》2006 年第 1 期;

29. [荷]亨克·J. 施奈德:《荷兰民法典中的文化》,载王卫国主编:《荷兰经验与民法再法典化》,中国政法大学出版社 2007 年版。

三、英文著作及论文

1. Dand G. Owen (ed.), *Philosophical Foundations of Tort Law*, Oxford University Press, 1995.

2. Izhak Englard, *The Philosophy of Tort Law*, Aldershort: Dartmouth, 1993.

3. Louis Kaplow and Steven Shavell, *Fairness versus Welfare*, Harvard University Press, 2002.

4. Peter Cane, *Responsibility in Law and Morality*, Australian National University.

5. Alan Calnan, *Justice and Tort Law*, Carolina Academic Press, 1944.

6. Williams and Hepple, *Foundation of the Law of Tort*, 2nd, Butterworths,

1984.

7. Peter H. Schuck, *Tort Law and the Public Interest: Competition, Innovation, and Consumer Welfare*, W. W. Norton & Company, New York, London, 1991.

8. Marc A. Franklin, *Replacing the Negligence Lottery: Compensation and Selective Reimbursement*, 53 Va. L. Rev. 774 (1967).

9. Calabresi & Guido, *Ideal, Belief, Attitude, and the Law—Private Law Perspectives on a Public Law Problem*, Syracuse University Press, 1984.

10. Lon. L. Fuller, *The Morality of Law*, Rev. ed., Yele University Press, 1969.

11. Richard A. Posner, *Rational Choice, Behavioral Economics, and the Law*, Stanford Law Review (1998).

12. John C. P. Goldberg, *Tort Law Federalists and The Rest of Us: Private Law in Disguise*, Harvard Journal of Law and Public Policy, 2004.

13. John C. P. Goldberg, *The Constitutional Status of Tort Law* (2004).

14. Green, *Tort Law as Public Law in Disguise*, 38 Tex L. Rev. (1995).

15. John G. Fleming, *Is there a Future for Tort Law?*, 44 L. L. Rzv. 1193 (1984).

16. F. Kessler & Gilmore, *Contracts, Cases and Materials*, 1118, 2nd ed. (1970).

17. David G. Owen, *Deterrence and Desert in Tort Law: A Comment*, 73 Cal. L. Rev. 665 (1985).

18. Richard Rorty, "*Human Right, Rationality, and Sentimentality*", in Stephen Shute and Susan Hurleu (ed.) On Human Rights Basic Books, 1993.

19. Arthur Ripstein, *Philosophy of Tort Law*, in Jules Coleman & Sotto Shapiro, *Jurisprudence and Philosophy of Law*, Oxford University Press, 2012.

20. Gary T. Schwartz, *The Beginning and the Possible End of the Rise of Modern American*, 26 Ga. L. Rev. 601 (1992).

21. Gary Schwartz, *Tort Law and Economy in 19th Century American: A Reinterpretation*, The Yale Law Journal (1990).

22. James Q. Whitman, *The Two Western Cultures of Privacy: Dignity versus Liberty*, Yale L. Jour. 113(2004).

23. Benjamin C. Zipursky, *Civil Recourse, Not Corrective Justice*, 91 Geo. L. J. 695, 718 - 721(2003).

24. See S. R. Perry, *The Moral Foundations of Tort Law*, 77 Iowa L. Rev. 449, 453(1992).

25. Green, *Tort Law as Public Law in Disguise*, 38 Tex. L. Rev., 1995.

26. Jules Coleman & Arthur Ripstein, *Mischief and Misfortune*, 41 McGill L. J. 91, 102(1995).

27. J. Finnis, *Natural Law and Natural Rights*, Oxford University Press, 1980.

28. Markesinis, *The German Law of Torts*(4th ed.), Hart Publishing, 2002.

29. George L. Priest, *Modern Tort Law and Its Reform*, 22 VAL. U. L. Rev. 1, 7 (1987).

30. Leslie Bender, *Tort Law's Role as Tool for Social Justice Struggle*, Washburn Law Journal (1998).

31. L. Friedman, *Legal Culture and Social Development*, Law and Society Review, 6(1969).

32. Marshall S. Shapo, *Tort Law and Culture*, Carolina Academic Press, 2003.

33. Allen M. Linden, Viva Torts, Journal of High Technology Law (2005).

34. Jay M. Feinman, *Unmaking and Remaking Tort Law*, Journal of Technology Law (2005).

35. Domenico Tosini, *The Welfare Court: A Socio-legal Analysis of Risk Management through Modern Strict Liability*, International Journal of the Sociology of Law(2005).

36. Howard A. Latin, *Problem-Solving Behavior and Theories of Tort Liability*, 73 Cal. L. Rev. 677, 679 – 82 (1985).

37. John C. P. Goldberg, *Tort Law for Federalist and the Rest of US: Private Law in Disguise*, Harvard Journal and Public Policy(2004), 28, 1.

38. Stanley Ingber, *Rethinking Intangible Injuries: A Focus on Remedy*, Calif. L. Rev. 772, 1985.

39. Andre Tunc, *International Encyclopedia of Comparative Law*.

40. Q. Skinner, *Philosophy in History: Essays on the Historiography of Philosophy*, Boston: Cambridge University Press, 1984.

41. Steven Shavell, *On Liability and Insurance*, The Bell Journal of Economics, Vol. 13, 1982.

42. Stephen D. Sugarman, *Alternative Compensation Schemes and Tort Theory: Doing Away with Tort Law*, 73 Calif. L. Rev. 558, 1985.

43. Kenneth S. Abraham, *Liability Insurance and Accident Prevention: The Evolution of an Idea*, 64 Md. L. Rev. 573, 2005.

44. Fleming James, Jr. and John V. Thornton, *The Impact of Insurance on the Law of Torts*, Law and Contemporary Problems, Vol. 15, Summer, 1950.

45. John G. Fleming, *Contemporary Roles of the Law of Torts: Introduction*, The American Journal of Comparative Law, Vol. 18, p. 1 (1970).

46. Gary Schwartz, *The Ethics and the Economics of Tort Liability Insurance*,75 Cornell L. Rev. 143.

47. Peter H. Schuck, *The New Judicial Ideology of Tort Law*, Proceedings of the Academy of Political Science, Vol. 37(1988).

48. Gary T. Schwartz, *Mixed Theories of Tort Law: Affirming Both Deterrence and Corrective Justice*, 75 Tex. L. Rev. 1801(1997).

49. Gary T. Schwartz, *Reality in the Economic Analysis of Tort Law: Does Tort Law Really Deter*, 42 UCLA L. Rev. 377(1994).

50. Stephen D. Sugarman, *A Century of Change in Personal Injury Law*, 88 Calif. L. Rev. 2403(2000).

51. John G. Fleming, *A Symposium in Honor of Wax Malone: Is there a Future for Tort*, 44 La. L. Rev. (1984).

52. George L. Priest, T*he Modern Expansion of Tort Liability: Its Sources, Its Effects, and Its Reform*, The Journal of Economic Perspectives, Vol. 5, p.37(1991).

53. Ernest J. Weinrib, *The Insurance Justification and Private Law*, The Journal of Legal Studies, Vol. 14(1985).

54. George L. Priest, *The Invention of Enterprise Liability: A Critical History of the Intellectual Foundations of Modern Tort Law*, The Journal of Legal Studies, Vol. 14(1985).

55. William K. Jones, *Strict Liability for Hazardous Enterprise*, Columbia Law Review, Vol. 92, p.1777 –1778(1992).

56. Richard B. Stewart, *Crisis in Tort Law: The Institutional Perspective*, The University of Chicago Law Review, Vol. 54, p.186 –187 (1987).

57. John A. Sebert, Jr., *Products Liability: The Expansion of Fraud, Negligence, and Strict Tort Liability*, Michigan Law Review, Vol. 64(1966).

58. Steven Shavell, *An Analysis of Causation and the Scope of Liability*

in the Law of Torts, The Journal of Legal Studies, Vol. 9(1980).

59. Mary Jane Sheffer, *Market Share Liability: A New Doctrine of Causation in Product Liability*, Journal of Marketing, Vol. 47(1983).

60. Anthony M. Marino, *Market Share Liability and Economic Efficiency*, Southern Economic Journal, Vol. 57(1991).

61. Susan Rose-Ackerman, *Market-Share Allocations in Tort Law: Strengths and Weaknesses*, The Journal of Legal Studies, Vol. 19(1990).

62. George Priest, *The Current Insurance Crisis and Modern Tort Law*, 96 Yale L. J. 1521(1987).

63. Peter Cane and Patrick Atiyah, *Atiyah's Accidents, Compensation and the Law*, fifth edition, Cambridge University Press, 1993.

64. Stanley Ingber, *Rethinking Intangible Injuries: A Focus on Remedy*, 73 Calif. L. Rev. (1985).

65. Gregory C. Keating, *The Idea of Fairness in the Law of Enterprise Liability*, Michigan Law Review, Vol. 95(1997).

66. Dorsey D. Ellis, *Fairness and Efficiency in the Law of Punitive Damages*, 56 S. Cal. L. Rev. 1(1982).

67. Gary T. Schwartz, *Directions in Contemporary Products Liability Scholarship*, 14 J. Legal Stud. (1985).

68. Franz Werro, *Tort Law at the Beginning of the New Millennium—A Tribute to John G. Fleming's Legacy*, The American Joural of Comparative Law, Vol. 49, No. 1, 147 - 159.